Guide de classe

3

Catherine Adam
Sonia Gonzalez

didier

Coordination éditoriale : NADIA CLINQUART
Couverture et maquette intérieure : MASSIMO MIOLA / AMARANTE
Mise en page : AMARANTE / ZOHRA BEROUAL
Illustrations : GABRIEL REBUFELLO / MARC DRUEZ / BERNARD VILLIOT

© Les Éditions Didier, Paris 2012 – ISBN : 978-2-278-07491-4
Achevé d'imprimer par Jouve en octobre 2012 – N° 2004832X – Dépôt légal : 7491/01

Introduction méthodologique

Tip Top ! est destiné à des élèves de fin de primaire à partir de 9 ans, les « préadolescents », débutant leur apprentissage du français en contexte scolaire.

La méthode *Tip Top !*, en accord avec les recommandations du *Cadre Européen Commun de référence* (CECR), propose un entraînement régulier dans les 5 compétences (compréhension orale, compréhension écrite, production orale individuelle, production orale en interaction, production écrite) pour un enseignement / apprentissage du français à la fois concret, porteur de sens, stimulant et motivant.

Dans une démarche actionnelle, *Tip Top !* favorise la communication orale par la réalisation de tâches en interaction en vue d'objectifs communicatifs clairs et réalistes.

Tip Top ! 3 vient compléter l'ensemble de la collection *Tip Top !* pour mener les élèves vers le niveau A2 du CECR.

Tip Top ! a été envisagé et conçu comme un ensemble pédagogique complet s'intégrant à la classe de langue et aux réalités quotidiennes des élèves et de l'enseignant à l'école primaire.

Les choix pédagogiques de *Tip Top !* s'articulent autour de 4 axes majeurs :

1. Donner du sens à cet apprentissage

L'apprentissage d'une première ou d'une deuxième langue étrangère en contexte scolaire à l'école primaire résulte rarement d'un besoin immédiat de l'enfant. À nous de lui transmettre l'envie d'apprendre le français, de découvrir un univers nouveau, de s'ouvrir aux autres et à la différence.

Les « préadolescents » sont dans une période de construction du raisonnement, ils commencent à avoir une réflexion sur des idées abstraites. Ils arrivent à relier des hypothèses et des conclusions. Ils sont avides de savoirs, de savoir-faire, de savoir-être. Ils veulent souvent tout comprendre et surtout participer aux prises de décision.

Les premiers objectifs de *Tip Top !* sont alors qu'ils puissent se dire : « *Je sais ce je vais apprendre / faire, je comprends pourquoi, j'adhère au projet et je participe avec plaisir.* »

Pour cela, *Tip Top !* propose aux élèves de comprendre à chaque étape ce qu'ils vont apprendre, pourquoi et comment, grâce à :
- la mise en place d'un **pacte d'apprentissage** entre l'enseignant(e) et les élèves dès les premières heures de français avec l'unité « *Ça continue, c'est top !* » ;
- des **contrats d'apprentissage** pour chaque unité avec des objectifs communicatifs et linguistiques rédigés dans un vocabulaire simple pour une meilleure compréhension ;
- des **thèmes sélectionnés** en fonction de leurs goûts, de leurs centres d'intérêt, de leurs besoins et de leurs attentes (l'école, les loisirs, les goûts, la vie quotidienne, les contes, la Planète, le futur…) ;
- 6 personnages de leur âge (Maé, Noé, Djamila, Martin, Camille et Wang) qui les accompagnent, qui grandissent avec eux et auxquels ils peuvent s'identifier ;
- des situations proches de leur vie quotidienne (parler de quelqu'un, de ses habitudes, de l'actualité, de l'environnement, de leur avenir, organiser un concours, donner son opinion, raconter des histoires…) ;

- dans chaque unité, des tâches qui leur permettent d'« agir en français » et des projets qui aboutissent à des réalisations concrètes, utiles au quotidien et / ou en rapport avec leurs centres d'intérêt, favorisant leur créativité (l'affiche de leur héros fantastique, le journal de la classe, la boîte à « idées vertes »…) ;
- des éléments (inter)culturels intégrés dans les unités (de manière implicite) pour sensibiliser les élèves et leur permettre de porter un regard (nouveau) sur les autres et sur eux-mêmes. En complément, des pages spécifiques « Un peu de… » nourrissent leurs réflexions par rapport au monde qui les entoure et les encouragent à s'ouvrir aux autres et à la différence, en recherchant des points communs, en mettant en regard des situations et en confrontant des points de vue dans une démarche pluriculturelle et interdisciplinaire.

2. L'élève au cœur de son apprentissage

Tip Top ! propose une pédagogie centrée sur l'élève pour le rendre acteur de son apprentissage et actif en classe de langue.

Les unités d'apprentissage de *Tip Top !* proposent une structure pédagogique récurrente qui sécurise les élèves et les implique à chaque étape. Cette structure comporte les phases nécessaires à l'acquisition progressive et globale de cette langue de communication par de jeunes élèves. L'apprentissage progressif et en spirale proposé respecte les rythmes d'apprentissage et les fonctionnements de chaque élève.

Les étapes-clés de l'unité didactique *Tip Top !*

- Découverte / Sensibilisation
- Compréhension (orale ou écrite)
- Reproduction / Systématisation
- Production
- Réinvestissement

Évaluation(s)
Auto-évaluation

Découverte et sensibilisation

Les situations sont ancrées dans la vie quotidienne des élèves. Elles font appel à leurs connaissances préalables, à leur vécu. Les illustrations leur permettent d'émettre des hypothèses sur les situations, de déduire un certain nombre d'éléments et de mieux comprendre les dialogues.

Compréhension orale et écoute active

Chaque unité propose plusieurs documents sonores (dialogues, chansons ou poésies, virelangues et activités phonétiques) accompagnés d'activités d'écoute active pour guider les élèves et les rendre actifs dès les premières phases de l'apprentissage de la langue. À cet âge, il est important d'accorder un temps suffisant à cette phase de l'apprentissage pour que les élèves s'imprègnent pleinement des structures linguistiques et phonétiques de la langue avant toute (re)production.

Compréhension écrite

Les consignes de *Tip Top !* accompagnées des pictogrammes / personnages de la méthode sont rédigées dans un vocabulaire simple et clair pour une compréhension rapide et facile par les élèves. Elles leur fournissent également les expressions indispensables de la langue de la classe.

Chaque pictogramme / personnage est associé à une phrase rédigée à la première personne : « *J'écoute* », « *Je lis* »… indiquant aux élèves l'action attendue. Pour l'enseignant, il permet un repérage rapide de la compétence visée.

Des documents écrits (les chansons, les poésies, les dialogues, les modes d'emploi, les histoires…) intégrant certaines structures de l'unité, accompagnés d'activités de « compréhension active » (lectures guidées, questionnaires à choix multiples, messages codés, activités d'association graphie-phonie...) guident l'élève pas à pas dans sa découverte de la langue.

Reproduction / Systématisation

Des activités variées et très guidées permettent de véritables ancrages des nouvelles structures et la création d'automatismes nécessaires à l'acquisition réelle de la langue. Elles sollicitent les élèves à chaque instant du processus d'acquisition.

Activités orales deux par deux avec la « Boîte à outils », activités rythmiques, activités d'appariement (associer) ou lacunaires (à compléter), messages codés, exercices structuraux, mots fléchés, activités de repérage…).

Production

De nombreuses activités de production individuelle ou en groupes ont été développées pour permettre à l'élève d'utiliser et de s'approprier la langue sans crainte et de manière ludique en contexte (jeux de rôles, jeux de plateau, interview, sondages, création de poésies, d'articles, de lettres, de fiches, d'emails…).

Réinvestissement

Les pages « Projet » sont des supports privilégiés dans *Tip Top !* 3.

Ils offrent la possibilité aux élèves de s'impliquer pleinement dans des réalisations créatives, multisensorielles, collaboratives nécessitant le réinvestissement de tous leurs acquis dans des situations authentiques.

Des outils au service du développement de l'autonomie de l'élève

Plus tout à fait des petits mais pas encore des adolescents, les enfants, entre 9 et 12 ans, sont à un âge charnière : « la pré-adolescence ». Tout l'enjeu est alors de répondre à leurs envies de grandir et d'autonomie tout en préservant leur enfance, leur sensibilité, leur imaginaire.

Tip Top ! contient des outils personnalisés, adaptés à cette tranche d'âge, favorisant le développement de leur autonomie.

Pour le développement de l'autonomie

- Un mode d'emploi simplifié
- Un portfolio
- Un petit précis de grammaire
- Un auto-dictionnaire
- Des stratégies d'apprentissages : « Les astuces de… »

Un environnement adapté et chaleureux

La classe de français devrait être un lieu agréable, offrant un environnement sécurisant, familier, stimulant et motivant aux élèves mettant l'accent sur la notion de plaisir.

Pour cela, *Tip Top !* propose notamment d'accorder une place privilégiée à l'affichage dans la classe. L'affichage est à disposition et permet aux élèves de visualiser les nouveaux éléments, les acquis, de mémoriser les structures en cours d'acquisition, de se souvenir des bons moments et de s'approprier ce lieu comme l'univers premier de réalisation de leur(s) apprentissage(s).

Affichage dans la classe

- Affiches *Tip Top !*
- Cartes-images du guide de classe
- Productions / Créations des élèves
- Documents authentiques

3. Vers une évaluation constructive

L'évaluation fait partie intégrante du processus d'apprentissage de la méthode *Tip Top !* Elle intervient à toutes les étapes, sous différentes formes complémentaires dans une démarche constructive. Elle permet ainsi à l'élève et l'enseignant de comprendre, visualiser les progrès et poursuivre l'apprentissage de manière équilibrée.

À cet âge, les élèves sont capables de raisonner de manière plus abstraite, d'avoir un regard sur leur apprentissage et leur manière d'apprendre. Aussi, les différents types d'évaluation proposés offrent la possibilité aux élèves **d'apprendre à apprendre**, **de mieux gérer leur apprentissage** et valorisent leurs progrès dans une **pédagogie de la réussite**. Grâce à ces étapes d'une évaluation globale et positive, l'enseignant, lui, peut **ajuster** rapidement et régulièrement son enseignement en fonction des réelles avancées et des besoins de ses élèves.

L'évaluation formative

Présente à chaque étape de l'apprentissage, elle permet de percevoir les points forts et les points faibles des élèves, les acquis et les erreurs.

Elle offre alors la possibilité aux enseignant(e)s d'adapter / ajuster leur enseignement en fonction des besoins de leurs élèves et aux élèves de mieux gérer leur apprentissage (observations, analyses et conseils au fil des activités, jeux, bilans *« Je fais le point ! »*…).

L'auto-évaluation

Regard de l'enfant sur son propre apprentissage, c'est une évaluation de ses progrès et de ses faiblesses.
Elle développe l'autonomie de l'élève et le responsabilise par rapport à son apprentissage (bilans, activités de réflexion sur son apprentissage *« retour sur… »*, portfolio…).

Apprentissage

Certification : le DELF Prim

Le DELF Prim s'adresse à tous les enfants de 8 à 12 ans, débutants en français langue étrangère, scolarisés au niveau de l'enseignement élémentaire ou de l'âge requis selon la réglementation en vigueur dans leur pays.
Il permet d'évaluer les quatre compétences langagières : CO/CE-PO/PE
Les thématiques sont adaptées à la classe d'âge du public.
Il donne droit à la délivrance d'un diplôme (source : http://www.ciep.fr) (activités d'entraînement aux différentes étapes du DELF Prim : *« Je m'entraîne au DELF Prim »*).

Évaluation sommative

Située à la fin de l'apprentissage, elle contrôle les savoirs acquis lors d'une séance, d'une séquence, d'une unité d'apprentissage…
Souvent obligatoires à l'école, les résultats, traduits en notes, attestent du niveau atteint à un moment donné par chaque élève vis-à-vis d'un programme établi (tests par unité dans le guide de classe comprenant des exercices de CO/CE et PO/PE).

Dans *Tip Top !* 3, vous trouverez :

• des exemples de grilles d'observation pour l'enseignant dans le guide de classe.
• *« Je fais le point »* : des activités de bilan dans le cahier d'activités associées à des grilles de co-évaluation dans le guide.

• une page *« Portfolio »* par unité dans le cahier d'activités

• *« Je m'entraîne au DELF Prim »* : des exercices d'entraînement permettant de préparer les élèves aux différentes épreuves officielles du DELF Prim A2 par compétence.
• un exemple de DELF Prim blanc complet dans le guide de classe.

• Un test noté (facultatif) par unité avec corrigé et barème pour répondre aux attentes et aux besoins de certaines écoles en matière d'évaluation sommative.

4. L'enseignant(e) indispensable « responsable du projet »

Tip Top ! a été rédigé en pensant aux élèves mais aussi à l'attention des enseignant(e)s, qui œuvrent au quotidien avec leurs élèves et sans qui rien ne serait possible. Ils / Elles enseignent souvent plusieurs matières, font le choix de l'enseignement du français par passion, manquent parfois de temps, sont souvent très motivé(e)s et enthousiastes. Enseigner le français à leurs jeunes élèves est un nouveau projet / défi dont ils / elles sont responsables. Aussi, *Tip Top !* a également été élaboré en fonction de leurs besoins, des exigences de terrain souvent complexes et de leurs situations d'enseignement si diverses.

Il n'est pas toujours aisé de trouver une « recette » efficace et de la renouveler chaque jour, tout au long de l'année et des années pour enseigner une langue étrangère aux préadolescents. L'enseignant(e) a **un rôle et une place** qui évolue en permanence en fonction des objectifs fixés, des activités, des besoins des élèves, il / elle doit trouver un juste dosage entre ses différents rôles. À la fois guide, passeur de savoir, conseiller, inspirateur, accompagnateur, surveillant, arbitre, soutien…, *Tip Top !* se doit de l'accompagner pas à pas dans sa démarche.

L'enseignant est aussi :
- **le garant d'un environnement riche, stimulant et sécurisant** dans lequel les élèves pourront s'épanouir et pratiquer la langue sans crainte et sans *a priori* ;
- **le garant du choix de la langue de la classe :** la langue de la classe peut / doit vraiment être **la langue cible**. C'est la meilleure façon pour l'enseignant de s'assurer la motivation des élèves qui utiliseront la langue lors des activités mais aussi pour tous les moments de classe. S'exprimer en langue cible donne aussi la possibilité aux élèves d'être plus autonomes et de vraiment réaliser des projets **en** français. L'enseignant est le garant de l'utilisation du français pendant la classe : *« Si vous le faites, ils le feront ! »*
Dès le début, *Tip Top !* permet à l'enseignant(e) de communiquer les phrases-clés aux élèves qui leur permettront de vivre tous les moments de classe en français (les salutations, les phrases de politesse…). Les supports visuels permettront également de soutenir cette communication authentique en français en rappelant aux élèves les phrases importantes, les consignes de classe (affiches « La langue de la classe », « La journée de Léo »…).

« Recette de l'enseignant *Tip Top !* »

Ingrédients :
- une bonne méthode
- une dose de pratique
- un peu de théorie
- une part de créativité
- une louche de générosité
- un panel d'encouragements
- un temps de préparation
- un brin de fantaisie
- une pincée d'humour
- une grain d'auto-évaluation
- un soupçon d'auto-dérision
- beaucoup de motivation

Préparation :
Mélangez le tout ! C'est prêt !
Prenez plaisir à enseigner chaque jour !
« C'est en forgeant que l'on devient forgeron ! »

La « parenthèse en langue maternelle »

Tip Top ! encourage vivement les enseignants à utiliser le français comme langue de la classe et à ne pas traduire systématiquement les nouveaux mots dès les premières petites difficultés. De nombreux conseils se trouvent dans les guides de classe 1 et 2 pour contourner ces difficultés sans traduction.
En revanche, il arrive parfois, qu'un problème plus important freine, bloque ou place un / des élève(s) en difficulté. *Tip Top !* propose alors de recourir à la **« parenthèse en langue maternelle »**. Cette parenthèse est un moment, signifié aux élèves par un geste, une image ou un bruit reconnaissable qui permet de s'exprimer en langue maternelle, un court instant, pour élucider le problème. La parenthèse est ensuite refermée de la même façon. À utiliser sans en abuser. L'enseignant peut également prévoir un bilan en langue maternelle à la fin d'une séance ou d'une unité s'il en ressent le besoin chez ses élèves.
Au niveau 3, les élèves étant plus conscients du fonctionnement de leur langue maternelle, l'enseignant peut aussi mettre en place des activités de comparaison avec la langue cible.

- le lien avec les parents :

Certains enseignants expriment parfois leur difficulté à faire comprendre aux parents les finalités de l'enseignement d'une langue étrangère, à les sensibiliser à cet apprentissage, de surcroît le français (pas l'anglais).

Impliquer les parents dans le processus d'apprentissage de leurs enfants est souvent un gage de réussite. Présenter le programme, les objectifs, montrer le travail effectué, les progrès réalisés par leurs enfants en matière de communication (pas seulement les notes), proposer de soutenir les devoirs, participer à la préparation des ateliers, des événements en français sont des actions relativement simples à mettre en place et qui permettent à l'enseignant(e) de remporter l'adhésion des parents. Désormais, participants au processus, ils feront preuve de plus d'intérêt pour cette nouvelle matière auprès de leurs enfants. Ils pourront les soutenir dès le début de l'année et seront une aide précieuse si leurs enfants rencontrent de petites difficultés. Ils seront sûrement là aussi pour participer à l'organisation d'un projet tel qu'un voyage de classe s'ils sont impliqués.

Idées pour impliquer les parents

- Réunion de rentrée (brise-glace, programme, rôle des parents, moments forts de l'année…).
- Lettre explicative (démarche utilisée, programme, rôle des parents…).
- Lien école / parents par le biais de la pochette de français.
- Journée « Classe ouverte » permettant de percevoir les progrès de leurs enfants en contexte (pas uniquement les notes).
- Participation à la préparation d'événements (spectacle de fin d'année, anniversaire en français, échanges…).

- le lien avec l'institution et les collègues :

Entretenir la communication régulière avec la direction de l'école à propos de son enseignement permet à l'enseignant(e) de trouver la plupart du temps le soutien nécessaire lorsqu'il / elle veut améliorer les conditions de travail des élèves, organiser des activités nécessitant plus de matériel ou des moyens particuliers ou tout simplement quand il / elle a besoin d'un conseil.

Malgré une certaine réticence pour certains, les enseignants qui se sont lancés et ont pratiqué des échanges, notamment sur les pratiques pédagogiques avec leurs collègues, indiquent que c'est stimulant et enrichissant. De plus, confronter ses idées, partager, échanger du matériel, préparer des activités communes sont un gain de temps.

Idées de liens avec les collègues et l'institution

- Présenter *Tip Top !* à la direction et / ou à vos collègues.
- Proposer d'assister à une séance (la réalisation d'un projet par exemple).
- Proposer d'afficher les créations ou de les présenter à d'autres classes (les affiches de leurs héros fantastiques).
- Impliquer d'autres collègues lors des activités interdisciplinaires ou des projets (professeur d'histoire, de sciences, de musique, de biologie, d'arts plastiques…).
- Échanger sur ses pratiques de classe avec *Tip Top !*

Tip-Top ! 3 Comment ça marche ?

Les différents supports de la méthode *Tip Top !* : le livre de l'élève, le cahier d'activités, les affiches, le CD audio, le pack numérique et le guide de classe, sont totalement complémentaires pour un enseignement / apprentissage du français progressif et en spirale permettant un entraînement des 5 compétences orales et écrites avec un accent mis sur la communication orale contextualisée.

Tip Top ! 3, c'est :

→ **Le livre de l'élève** constitué de 6 unités comportant chacune :

• *La page d'ouverture*

Une **illustration** en lien direct avec le thème abordé dans l'unité permettant aux élèves d'émettre des hypothèses. Elle développe leur curiosité et leur motivation.

Un **contrat d'apprentissage** dans un vocabulaire simple à la première personne indiquant à l'élève les objectifs communicatifs et linguistiques de l'unité et la **tâche finale** de l'unité (le projet).

• *La double page de découverte et de compréhension*

Un **titre** sous la forme d'une expression communicative courante. Une **illustration** faisant découvrir aux élèves l'univers des personnages et le contexte des dialogues.

Un **document sonore** : une chanson, une poésie ou un document semi-authentique, pour l'acquisition de nouvelles structures et de la « musique » du français de façon ludique et dynamique.

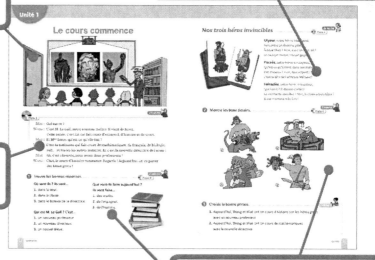

Un **dialogue fonctionnel** intégrant les nouvelles structures linguistiques à acquérir.

Des **activités d'écoute** pour une compréhension globale des documents sonores.

Compréhension orale et écoute active

Les documents sonores proposés dans chaque unité permettent aux élèves de découvrir en contexte les nouvelles structures linguistiques et phonétiques à acquérir. Des possibilités d'exploitations variées par unité sont détaillées dans le guide de classe. Les mélodies et activités associées aux chansons ont été choisies en fonction des goûts des « pré-adolescents » et pour ne pas les infantiliser à un âge où l'opinion de leurs camarades compte énormément et les bloque parfois.

• *La double page « Boîte à outils »*

Un bandeau comprenant les **phrases communicatives clés.**

Une partie reprenant séparément **les nouveaux points de grammaire** abordés dans l'unité.

Une partie comprenant le **vocabulaire (illustré)** que l'élève pourra consulter à tout moment.

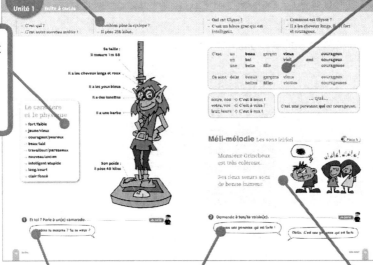

Des **activités de (re)production orale** en binôme pour l'exploitation directe des nouvelles structures et la création d'automatismes.

Méli-mélodie : des virelangues pour permettre aux élèves de jongler avec les sons du français / de la langue de manière ludique et détendue.

Grammaire et vocabulaire

La boîte à outils commence toujours par des phrases en situation de communication reprenant les structures et le vocabulaire à acquérir dans l'unité pour que les élèves comprennent l'intérêt et le fonctionnement des nouveaux éléments. Puis, elle met en valeur les éléments grammaticaux et lexicaux importants séparément pour leur permettre de les repérer. Des exercices de reproduction / systématisation oraux et écrits sont à réaliser avec l'aide de cette boîte à outils pour fixer ces éléments. La langue est ainsi envisagée comme un outil dynamique et indispensable pour la communication.

Un code couleur, proche de celui utilisé dans les écoles primaires françaises, permet aux élèves de repérer rapidement les éléments de grammaire et de conjugaison qui structurent la phrase en français (bleu pour le masculin, rose pour le féminin, vert pour le pluriel, rouge pour les verbes ; la négation est en gras).
La boîte à outils ne contient pas de métalangage afin que les élèves puissent repérer les éléments structurants de la langue sans être perturbés par un vocabulaire technique complexe au moment des premières acquisitions. Ce métalangage se trouve dans leur « Précis de grammaire » et pourra être abordé avec l'enseignant(e) lors d'activités particulières de fixation.

Phonétique

Tip Top ! 3 continue à mettre l'accent sur la phonétique par des virelangues dans le livre de l'élève et des activités d'écoute, d'observation et de répétition sur les sons et la prononciation, l'intonation (« la musique du français ») dans le cahier d'activités. Ces activités de phonétique, de prosodie et d'association graphie-phonie permettent aux élèves de produire des énoncés oraux plus proches des réalités sonores du français et d'améliorer leurs compétences en CE et PE. Le choix des points abordés a été effectué en fonction des difficultés les plus fréquemment rencontrées chez les élèves apprenant le français au niveau international.

• *La double page « Jeux »*

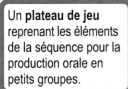

Un **plateau de jeu** reprenant les éléments de la séquence pour la production orale en petits groupes.

Des **règles simples et illustrées** pour permettre aux élèves de jouer et interagir en français.

Une **activité ludique** à réaliser par deux pour la production orale contextualisée.

Les jeux de plateau

Le jeu est un support idéal pour la production orale en petits groupes. Pour participer à ces jeux et gagner, l'élève doit mobiliser les nouveaux acquis de l'unité. Les règles illustrées permettent aux élèves de jouer en autonomie. Cette approche ludique les stimule, dédramatise les erreurs qui sont envisagées comme une simple étape vers la réussite.

Les activités ludiques en binôme

Tip Top ! 3 propose des activités ludiques à réaliser en binôme pour permettre à tous les élèves de prendre la parole dans le cadre de tâches amusantes et stimulantes. Elles offrent la possibilité aux élèves de mobiliser leurs acquis en contexte.

• *La page « Un peu de... »*

L'onglet bleu interpelle les élèves et attise leur curiosité sur un sujet particulier d'une **autre discipline scolaire.**

Des **documents (semi-)authentiques** en lien avec le thème de l'unité.

Des **activités transdisciplinaires et (inter)culturelles** dans le livre et / ou le cahier.

Transdisciplinaire et (inter)culturel

Les pages « Un peu de... » sont conçues pour permettre aux élèves de développer leur compétence interculturelle par le biais d'activités transdisciplinaires.

Les documents (semi-)authentiques en lien avec le thème de l'unité sont des déclencheurs de discussions collectives ou de réflexions personnelles sur le monde qui les entoure, les différences culturelles, l'ouverture aux autres. Des pistes d'exploitation sont proposées à l'enseignant dans le guide de classe pour susciter l'intérêt, les remarques et les discussions des enfants.

Les activités offrent la possibilité d'utiliser la langue cible au travers d'autres disciplines de l'école primaire (histoire, éducation civique, éducation musicale, littérature, sciences, géographie).

• *La page « Ma bibliothèque »*

Des **textes variés** pour développer les compétences des élèves en compréhension écrite vers le niveau A2 du CECR.

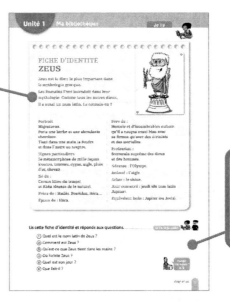

Des **activités de lecture guidée** pour faciliter la compréhension globale des textes proposés.

Les documents écrits

Dans chaque unité, *Tip Top !* 3 propose une page « Ma bibliothèque » comprenant un document écrit (fiche d'identité, page de blog, article, histoire, mode d'emploi, fiche d'orientation). Ces textes permettent aux élèves de découvrir différents supports écrits. À ce stade les élèves sont capables d'accéder à la compréhension globale de documents écrits (semi-)authentiques plus complexes. Cette page, conçue pour aider les élèves à dépasser leurs appréhensions face à des documents (semi-)authentiques complexes est envisagée comme une étape vers la découverte d'autres documents authentiques en classe ou en dehors.

• *La page « Projet »*

Un **mode d'emploi** à découvrir en groupe présente les tâches intermédiaires à réaliser, avec des consignes brèves et fonctionnelles.

La **tâche finale** est illustrée pour permettre aux élèves de visualiser un / des exemple(s) de ce qu'ils vont accomplir et les motiver.

Certaines **tâches intermédiaires** guidées sont à réaliser dans le cahier d'activités.

Les projets

Ils permettent le réinvestissement des nouveaux acquis dans une situation concrète et valorisante. Les créations proposées sont guidées et à la portée de tous élèves. Ces projets demandent un travail en collaboration, suscitant l'entraide et la communication orale et écrite. Les productions finales proposées sont en lien direct avec les centres d'intérêt des élèves de cet âge afin de développer leur motivation.
Le matériel nécessaire est peu onéreux et peut se trouver facilement dans la majorité des écoles primaires des quatre coins du monde.

→ Le cahier d'activités

Complément indispensable du livre de l'élève, il propose des activités permettant d'ancrer les nouveaux apprentissages / les nouvelles connaissances grâce à des exercices complémentaires de systématisation et des activités de production. Il propose un véritable entraînement en compréhension orale, phonétique, compréhension écrite, production écrite ainsi que des outils pour le développement de l'apprentissage en autonomie.

Il contient pour chaque unité :
- des activités de compréhension orale et écrite complémentaires permettant une compréhension approfondie des documents sonores et écrits proposés dans le livre ;
- des exercices de systématisation pour l'acquisition et l'ancrage des nouveaux éléments grammaticaux et lexicaux ;
- des activités de production orale et écrite (interviews, jeux de rôles, mises en situation, présentations, descriptions, lettres, articles, créations…) ;
- un bilan dans la rubrique « *Je fais le point* » ;
- des exercices d'entraînement aux épreuves du DELF Prim par compétences ;
- une page « Portfolio » ;
- des stratégies d'apprentissage : « *Les astuces de…* » ;
- des outils pour chaque projet (tâches intermédiaires).

> **« *Les astuces de…* »**
> Chaque page du portfolio comporte un encadré présenté par l'un des personnages de la méthode. Il / Elle parle aux élèves de ses astuces pour mieux apprendre le français.

> **Portfolio :** L'élève est invité à lire les items du tableau reprenant les différents éléments travaillés par **compétences** (CO / CE / PO individuelle / PO en interaction / PE) et à colorier les lignes d'après son auto-évaluation. La phrase à compléter en-dessous représente une trace plus personnelle et affective de ses nouveaux apprentissages.

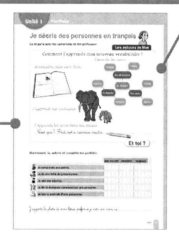

En complément dans le livre et le cahier :

• Un *mode d'emploi* au début du livre de l'élève

Ce mode d'emploi simplifié, rédigé dans un vocabulaire abordable, permet à l'élève de comprendre la structure de son livre d'être plus autonome, de le manipuler facilement pour y (re)trouver des éléments importants et le responsabiliser dans son apprentissage.

• Un *précis de grammaire* à la fin du livre de l'élève

Il récapitule les structures de grammaire et de conjugaison du niveau dans des tableaux les associant au métalangage (termes grammaticaux) approprié. À cet âge, l'introduction de ce métalangage lors d'activités particulières de structuration peut être utile pour la fixation des acquis, le développement de stratégies d'apprentissage, notamment par comparaison avec la langue maternelle ou d'autres langues apprises. Les élèves pourront se référer à leur précis de grammaire lors des diverses activités de (re)production orale et écrite.

• Un *auto-dico* à la fin du cahier d'activités

Ce dictionnaire personnel est complété par l'élève, au fur et à mesure de son apprentissage de la langue par des mots ou expressions nouvelles qu'il choisit et qu'il illustre. L'auto-dico responsabilise l'enfant et développe son autonomie. Selon les séances et les situations, l'enseignant peut choisir d'attribuer un temps pour le compléter après de nouveaux apprentissages, à la fin d'une séquence, d'une séance ou demander aux élèves de le compléter à la maison.

• Des *annexes* à la fin du cahier d'activités

Elles fournissent du matériel complémentaire pour certains jeux (des cartes, des fiches à compléter) et certains ateliers (la lettre d'invitation).

→ Le CD audio

Il reprend :
• l'ensemble des activités de compréhension orale du livre de l'élève et du cahier d'activités ;
• les chansons, les poésies et les documents oraux (semi-)authentiques de la méthode ;
• les exercices de compréhension orale des tests et du DELF Prim blanc proposés.

→ Le guide de classe

Le guide pédagogique contient tous les éléments pour mettre en œuvre *Tip Top !* dans la classe. C'est **un réel guide de classe qui décrit le déroulement des séquences, des séances et le fonctionnement des activités, en contexte.**

Le guide de classe *Tip Top !* a été conçu comme une partie essentielle de l'ensemble pédagogique complet. Il détaille au fil des unités toutes les activités. Il est rédigé simplement pour un enseignement adapté et flexible.

Les enseignant(e)s *Tip Top !* sont maintenant des pédagogues imprégnés de la démarche pédagogique proposée. *Tip Top !* 3 souhaite les accompagner et les encourager en leur proposant des fiches « séances » plus concises, laissant plus de place à leur imagination pour transformer, piocher, ajuster, en fonction de leur expérience de terrain, de leur situation d'enseignement, de leurs élèves, de leur créativité, de leur personnalité ou de leur motivation face à une activité.

Pour chaque unité de la méthode, des séquences, divisées en séances, sont détaillées pour que tous les enseignant(e)s, puissent mettre en œuvre rapidement et facilement *Tip Top !* 3 dans leurs classes.

Les conseils pratiques et remarques pédagogiques incontournables de la méthode *Tip Top !* (niveaux 1 et 2) sont repris à la fin de ce guide de classe, niveau 3, sous la forme d'un glossaire pour permettre aux enseignant(e)s de s'y référer à tout moment et de faciliter la lecture des fiches « séances » au quotidien.

Des activités complémentaires, du matériel (fiches photocopiables), des conseils spécifiques, des suggestions, des « trucs et astuces » sont également proposés dans chaque unité pour agrémenter, pimenter, renouveler son enseignement au fil des séances et des semaines, afin de faire vivre la classe de français au quotidien. Ces éléments sont signalés dans le déroulement de la séance par 💡 et sont décrits dans la rubrique « remarques et conseils ». L'objectif est avant tout que les enseignant(e)s aient autant de plaisir à utiliser *Tip Top !* avec leurs élèves que ces derniers en auront à apprendre le français pendant leurs cours.

Les rituels

Comme dans les niveaux 1 et 2, *Tip Top !* 3 souligne la fonction essentielle des rituels au début et à la fin de chaque séance. Ces rituels sont structurants et formateurs pour les élèves. Les enseignants trouveront à la fin de ce guide une page rappelant la constitution de ces rituels et quelques exemples de rituels intéressants pour chaque unité.

Les transitions

Dans une démarche actionnelle, visant l'apprentissage de la langue par les tâches, chaque activité, chaque séance, chaque séquence sont envisagées comme un ensemble vers la production finale. Lorsque cela est nécessaire, des transitions sont proposées entre les activités pour faire sens et pour que chaque tâche s'insère pleinement dans cet ensemble : l'enfant connaît les objectifs, sait ce que l'on attend de lui et ce qu'il doit faire et comprend pourquoi.

La durée des activités

Elle est donnée à titre indicatif. Elle variera en fonction des situations d'enseignement, des groupes et des choix de l'enseignant(e). Conscientes de la diversité des situations d'enseignement et afin d'être proche des réalités de chacun, une ou deux indications de durée par activité sont fournies, en fonction des besoins, pour **des séances soit de 45 minutes, soit de 60 minutes environ.**

Ça continue, c'est top !

Nombre de séances (≈ 45 min / ≈ 60 min)	**2 séances**
Objectifs	• Préparer les enfants à poursuivre l'apprentissage du français et entrer dans *Tip Top !* 3 • Renouveler le pacte d'apprentissage • Découvrir le livre de l'élève *Tip Top !* 3 • Rappeler le fonctionnement et les règles de la classe de français • Réactiver les connaissances acquises
Révisions / Réactivation	• Parler des goûts, des loisirs et de son environnement proche (ce que l'on aime, ce que l'on n'aime pas, ce que l'on fait) • Dire et demander ce que l'on a et ce que l'on n'a pas • Les questions : *qu'est-ce que… ? Où… ? Quel(le)…. ? Combien… ?* • Les consignes et les phrases de la classe
(Inter)culturel	• La France • Le monde francophone
Matériel complémentaire	• Les affiches *Tip Top !* (facultatif) • Une carte du monde (facultatif : http://www.carte-monde.org)

REMARQUES PRÉLIMINAIRES

« Ça continue, c'est top ! » est une unité qui va préparer les élèves à la poursuite de leur apprentissage du français et à l'entrée dans *Tip Top !* 3. Il est primordial dans cette unité de les guider, de les stimuler, de leur faire (re)découvrir la structure de la méthode, les outils à leur disposition, et ne pas hésiter à répéter, rassurer, (re)montrer, particulièrement pour les élèves qui auraient commencé l'apprentissage du français sans *Tip Top !* 1 et 2.

À partir de cette unité, l'enseignant(e) va pouvoir renouveler le « pacte d'apprentissage » entre les élèves et lui-même. Il va également leur rappeler les bases du fonctionnement et les règles de la vie de la classe de français, qui seront à appliquer tout au long de l'année.

Désormais, les élèves ont déjà un bagage linguistique important en français, il faudra penser à faire appel à celui-ci et à réactiver toutes ces connaissances acquises afin de guider les élèves vers l'autonomie et les mener vers le niveau A2 du CECR en français.

Ça continue, c'est top ! ▶ 2 séances

OBJECTIFS • Préparer les élèves à poursuivre l'apprentissage du français et à entrer dans *Tip Top !* 3
• Réactiver les connaissances acquises en français

MATÉRIEL • Les affiches *Tip Top !* (facultatif)

DÉROULEMENT

5/8 min Premières minutes
• Avant la classe, penser à décorer la salle pour stimuler, motiver et attiser la curiosité des élèves : les affiches *Tip Top !*, une carte du monde, des symboles francophones, des photos / des documents authentiques…
• Commencer tout de suite en français : saluer collectivement les élèves « *Bonjour (les enfants) !* » et les inviter à vous répondre « *Bonjour (Madame / Monsieur) !* » puis à se saluer entre voisin(e)s « *Salut* + prénom ».
• Annoncer avec enthousiasme aux élèves qu'ils vont continuer l'apprentissage du français en leur montrant les documents affichés dans la classe et le livre de l'élève *Tip Top !* 3.
• Distribuer le livre *Tip Top !* 3 aux élèves et leur laisser quelques minutes pour le toucher, le regarder, le manipuler. Faire observer la couverture, demander aux élèves qui ils voient, s'ils se souviennent des prénoms des personnages de la méthode.

8/10 min Lecture de la lettre

Livre de l'élève, page 3 : *Bienvenue !*
• Proposer aux élèves de lire la lettre que les personnages ont écrite pour eux.
• Demander ce qu'ils ont compris et expliciter ensemble le sens général de la lettre.

20/25 min Entrée dans l'unité « *Ça continue, c'est top !* »

Livre de l'élève, pages 8 et 9
• Demander aux élèves de lire le titre de l'unité page 8 : « *Ça continue, c'est top !* », et l'expliciter.
• Laisser quelques instants aux élèves pour observer cette illustration.

Livre de l'élève, page 8, activité 1 : *Qu'est-ce que c'est ? Trouve sur le dessin.* [CD Piste 2]
• Expliquer aux élèves qu'ils vont écouter des devinettes et qu'ils devront chercher les réponses sur l'image. Passer l'enregistrement. Après chaque devinette, laisser le temps aux élèves de trouver l'élément sur l'illustration, puis procéder à une correction collective.

Livre de l'élève, page 8, activité 2 : *Qu'est-ce qu'ils font ? Cherche Maé, Noé, Wang, Djamila, Martin et Camille et réponds.*
• Inviter les élèves à retrouver les 6 personnages de *Tip Top !* sur l'image et à dire ce qu'ils font.

Livre de l'élève, page 9, activité 3 : *Regarde bien le dessin et parle avec tes camarades.*
• Demander à certains élèves de lire les questions à haute voix. Pour chaque question, laisser le temps à tous les élèves de trouver la réponse sur l'image, puis procéder à une correction collective.

Livre de l'élève, page 9, activité 4 : *À toi ! Demande à un(e) camarade.*
• Demander aux élèves de se mettre deux par deux et de réaliser l'activité en se posant des questions à la manière de celles de l'activité 3 (avec « *qu'est-ce que, où, quel(le), combien…* »). Circuler dans la classe pour écouter, aider et soutenir ces premières productions orales.

10/15 min Les outils et l'environnement de la classe de français

Découverte de l'affichage et des lieux de la classe pour le français (facultatif)
• Montrer aux élèves les éléments affichés dans la classe, comme les affiches *Tip Top !* (*La langue de la classe, la France…*), qui sont à leur disposition et les lieux de la classe dédiés à ce nouvel apprentissage.
• En fonction du temps, rappeler les premières phrases-clés de l'affiche *La langue de la classe*.

2/3 min Clôture / Rituel de fin de séance [voir page 187 de ce guide]

TRANSCRIPTIONS

Livre de l'élève, page 8, activité 1

Qu'est-ce que c'est ? Écoute bien et trouve sur le dessin.

1. C'est un objet. Il est petit et rond. Il est noir et blanc. Il est génial pour jouer au football. Qu'est-ce que c'est ?
2. C'est un animal. Elle est grande. Elle est jaune avec des tâches. Elle habite en Afrique. Qu'est-ce que c'est ?
3. C'est un dessert ou un goûter. C'est froid. Il y a beaucoup de parfums : vanille, fraise, chocolat, pistache… Qu'est-ce que c'est ?
4. C'est un objet. Il est petit. Il est génial pour écrire ou dessiner. Qu'est-ce que c'est ?
5. C'est un animal. Il est grand, gros et gris. Qu'est-ce que c'est ?
6. C'est un jeu. Un copain compte jusqu'à 20 : 1, 2, 3… Les autres copains courent et ils se cachent derrière les arbres, sous une table. Qu'est-ce que c'est ?

CORRIGÉS

Livre de l'élève, page 8, activité 1 : *Qu'est-ce que c'est ? Trouve sur le dessin.* (CD Piste 2)

1. C'est un ballon. – **2.** C'est une girafe. – **3.** C'est une glace. – **4.** C'est un stylo. – **5.** C'est un éléphant. – **6.** C'est le jeu de cache-cache.

Livre de l'élève, page 8, activité 2 : *Qu'est-ce qu'ils font ? Cherche Maé, Noé, Wang…*

Maé mange une glace. Noé lit un livre. Wang et Camille jouent au football. Djamila regarde le cheval. Martin écoute de la musique / une chanson.

Livre de l'élève, page 9, activité 3 : *Regarde bien le dessin et parle avec tes camarades.*

Exemple de production attendue :
1. *La girafe est derrière l'âne.* – **2.** *Il est 14 h 30.* – **3.** *Il fait beau.* – **4.** *Il y a 5 oiseaux.* – **5.** *Mon animal préféré est l'éléphant.*

REMARQUES ET CONSEILS

La lettre de bienvenue

Bien entendu, il ne s'agit pas ici de faire une activité de compréhension orale et écrite détaillée mais de stimuler les élèves en leur rappelant que les personnages sont des enfants français, qu'ils leur ont écrit une nouvelle lettre pour commencer le niveau 3 et qu'ils vont continuer à les accompagner dans toutes les activités de *Tip Top !* 3. Cette lecture et ce temps de découverte doivent être assez rapides.

Illustration pages 8 et 9

C'est une illustration très riche qui reprend de nombreux éléments connus des élèves. Vous pouvez commencer par proposer aux élèves une petite activité ludique à partir de l'observation de cette image : les élèves regardent l'image 2/3 minutes puis ils ferment leur livre, et disent toutes les choses dont ils se souviennent (en faisant des phrases complètes).

Livre de l'élève, page 8, activité 1 : *Qu'est-ce que c'est ? Trouve sur le dessin.* (CD Piste 2)

En fonction du niveau de vos élèves, vous pouvez former des équipes et faire de cette activité un jeu de rapidité. Passez plusieurs fois l'enregistrement si nécessaire. Cette première activité est assez intuitive et fait appel à la mémoire des élèves. Elle doit être réalisée assez rapidement.

Les types de corrections

Pour chaque activité de *Tip Top !* 3, vous avez la possibilité de procéder à différents types de correction en fonction de vos objectifs : correction collective, correction individuelle, correction deux par deux ou par petits groupes avec co-évaluation… Toutefois, lorsque qu'un type de correction semble plus approprié pour une activité, il sera mentionné dans le déroulement.

Livre de l'élève, page 9, activité 4 : *À toi ! Demande à un(e) camarade.*

À partir de l'illustration, vous pouvez poursuivre cette activité de production orale en demandant aux élèves de s'exprimer sur leurs goûts, leurs loisirs : dire ce qu'ils font au parc, ce qu'ils aiment et ce qu'ils n'aiment pas faire, s'ils ont des animaux ou non, lesquels…

L'affichage en classe : voir conseil général page 190.

Ça continue, c'est top ! ▶ 2 séances

OBJECTIFS • Découvrir le livre de l'élève *Tip Top !* 3
• Renouveler le pacte d'apprentissage
• Réactiver les connaissances acquises en français

MATÉRIEL • Une carte du monde (facultatif : http://www.carte-monde.org)

DÉROULEMENT

2/3 min **Rituel de début de séance** [voir page 187 de ce guide]

20/30 min **Réactivation et interculturel**

Livre de l'élève, pages 11 et 12 : *La France et la francophonie – Quiz*
• Indiquer aux élèves qu'ils vont participer à un jeu de quiz sur leurs connaissances de la France et de la francophonie. Commencer par attiser la curiosité des élèves en rappelant qu'il y a de nombreux pays où l'on parle français et leur demander d'en nommer certains (avec l'aide d'une carte du monde).
• Faire ensuite lire et expliciter la consigne du jeu. Demander aux élèves de se mettre deux par deux et de réaliser le quiz : un élève lit une question et l'autre cherche la réponse le plus rapidement possible. À la question suivante, les élèves inversent les rôles. L'activité se poursuit ainsi avec toutes les questions.
• Circuler dans la classe pour soutenir les productions orales et valider les bonnes réponses.
• Lorsque tous les élèves ont terminé, procéder à une correction collective du quiz et poursuivre l'activité par une discussion de groupe autour des connaissances des élèves sur le monde francophone, les ressemblances et les différences avec leur propre pays. Pour chaque item du quiz, penser à demander aux élèves de trouver une réponse similaire pour leur pays (exemples : une spécialité de leur pays, les couleurs de leur drapeau, trois monuments…).

15/20 min **Découverte de *Tip Top !* 3**

Livre de l'élève, page 12 : *Nous découvrons Tip Top ! 3*
• Expliquer aux élèves qu'ils vont découvrir leur nouveau livre. Faire lire le titre, le sous-titre et attiser la curiosité des élèves.
• Faire lire le premier item de la fiche à haute voix et demander aux élèves de trouver une chanson dans les autres unités de leur livre. Laisser suffisamment de temps aux élèves pour chercher et découvrir leur livre. Demander aux élèves de faire leurs propositions en indiquant la page et le titre, puis valider tous ensemble les bonnes réponses.
• Procéder de la même façon avec les autres items de la fiche. Pour chaque recherche, prendre le temps de découvrir les éléments trouvés par les élèves et de les motiver pour la suite de leur apprentissage avec *Tip Top !* 3. 💡

Livre de l'élève, pages 6 et 7 : *Comment ça marche ?*
• Demander aux élèves d'ouvrir à nouveau leur livre aux pages 6 et 7 et d'observer le mode d'emploi. Laisser le temps à tous les élèves de bien regarder.
• Leur demander s'ils comprennent les éléments présentés et faire un point rapide sur chaque élément (les détails seront revus au fur et à mesure de l'apprentissage). 💡

8/10 min **Bilan en langue maternelle et pacte d'apprentissage**
• Proposer aux élèves de faire un bilan des deux séances : ce qu'ils ont appris, ce qu'ils ont compris. Laisser le temps à chaque élève qui le souhaite de s'exprimer.
• Demander aux élèves s'ils ont des questions, les rassurer le plus possible.
• Demander aux élèves ce qu'ils aiment faire en français (leur donner des pistes). Leur laisser aussi la possibilité d'exprimer ce qu'ils aiment moins faire et donner des arguments pour contourner le problème. 💡
• Expliquer aux élèves qu'à partir de la séance suivante ils vont apprendre de nouvelles choses pour communiquer en français et que, pour marquer le début de cette troisième étape / année de leur apprentissage et les en féliciter, ils reçoivent aujourd'hui leur cahier d'activités personnel *Tip Top !* 3. 💡
• Faire compléter la première page du cahier d'activités *Tip Top !* 3 et demander aux élèves d'apporter une photo ou de dessiner leur portrait sur la page d'ouverture pour la prochaine fois.
• Finir par une chanson de *Tip Top !* ou une chanson / comptine célèbre pour la motivation (facultatif).

Livre de l'élève, pages 11 et 12 : *La France et la francophonie – Quiz*

Réponses possibles à partir des photos présentes sur la double page :

1. le Québec, la Suisse, La France, La Belgique
2. un croissant, une baguette, des crêpes
3. la tour Eiffel, les châteaux de la Loire, l'arc de Triomphe
4. Paris
5. le 14 juillet, le carnaval de Nice
6. un caribou
7. rouge, jaune, noir
8. le gruyère
9. en bus, en tramway, en métro, à vélo
10. Vanessa Paradis, Tony Parker

Livre de l'élève, page 12 : *Nous découvrons Tip Top !* 3

Exemples de réponses possibles :

- *Qu'en penses-tu ?* page 35, *Qu'est-ce que tu feras demain ?* page 55.
- « Comment ça marche » : pages 6 et 7.
- Mon précis de grammaire : pages 74 à 79.
- « Je parle de mon école et de mes habitudes » : page 23 dans le contrat d'apprentissage de l'unité 2.
- Le méli-mélodie de l'unité 6 : page 67.
- Un projet : le journal de classe, un concours des chansons de *Tip Top !* …
- Les nouvelles pages de lecture : « Ma bibliothèque ».
- La boîte à outils de l'unité 4 : pages 46 et 47.
- : pages 20, 30, 40…

Découverte de *Tip Top !* **et du mode d'emploi**

C'est un moment de plaisir et de découverte de leur nouveau livre. Par ailleurs, à cet âge, ils ont déjà une réflexion sur leurs apprentissages et il est important de les impliquer, de répondre à leurs questions, de les rassurer. C'est une phase d'appropriation de la méthode indispensable pour rendre les élèves acteurs de leur apprentissage. Dès ces premiers moments de classe nous vous invitons à laisser les enfants manipuler leur livre comme un véritable outil pour apprendre en français. Incitez-les à chercher par eux-mêmes, s'entraider en toute circonstance pour développer leur autonomie. Les activités « *Les astuces de…* » leur permettront également de développer leurs propres techniques et stratégies d'apprentissage (« apprendre à apprendre »).

Les pictogrammes : voir conseil général page 191.

« Pacte d'apprentissage » et motivation

Aux élèves qui manqueraient réellement de motivation, donnez des indications sur toutes les choses sympathiques qu'ils vont faire dans la classe, en français, notamment les projets. Puis, indiquez-leur qu'ils vont découvrir la suite et qu'ils pourront au fur et à mesure de leur apprentissage donner leurs impressions et faire des propositions pour les activités. Il faut penser à impliquer au maximum ces élèves dans l'apprentissage.

Parenthèse en langue maternelle : voir conseil général page 191.

Distribution du cahier d'activités

Faites en sorte que ce moment et cette distribution soient assez solennels pour faire comprendre aux enfants qu'ils font véritablement partie du projet, d'un nouveau projet important pour eux et que vous leur remettez leur troisième cahier de français avec fierté.

Unité 1 : Pendant les cours

Séquence	**1** Apprentissage	**2** Apprentissage	**3** Apprentissage
Nombre de séances (≈ 45 min / ≈ 60 min)	**2 séances**	**3 séances**	**3 séances**
Objectifs communicatifs	• Parler de son environnement scolaire : les personnes, les salles, les cours… • Exprimer l'appartenance	• Dire comment est une personne • Demander et donner la taille et le poids d'une personne	• Caractériser une personne
Grammaire	• Les adjectifs possessifs : *notre / votre / leur, nos / vos / leurs*	• Les adjectifs qualificatifs irréguliers et l'accord en genre et en nombre	• Le relatif *qui* : *c'est une personne qui…*
Lexique	• Révisions du vocabulaire de la classe et des matières scolaires • *Il vient de…*	• Le caractère et le physique • La taille et le poids	• Le caractère et le physique (suite)
Phonétique	Les sons [ø] / [œ]		
(Inter)culturel	Les héros d'hier et d'aujourd'hui		
Interdisciplinaire	Un peu d'histoire		
Fiches photocopiables dans le guide		• Fiche n° 1 (p. 44) : *Les personnages de la poésie – Unité 1* • Fiche n° 2 (p. 45) : *Le jeu des sosies*	• Fiche n° 3 (p. 46) : *Grille d'observation d'un jeu*
Matériel complémentaire	• Trombinoscope ou photos des élèves et du personnel de l'école (facultatif)		

4 Apprentissages transdisciplinaires et interculturels	**5** Bilans et (auto)évaluations	**6** Projet
2 à 3 séances	**2 à 3 séances**	**1 à 3 séances**
• Ancrage des nouveaux acquis de l'unité au travers d'activités transdisciplinaires et interculturelles	• Rebrassage	• Réinvestissement des acquis de l'unité dans le cadre d'un projet collaboratif
• Ancrage	• Rebrassage	• Réinvestissement
• Ancrage • Découverte de certains éléments d'un cours d'histoire en français	• Rebrassage	• Réinvestissement

Les sons [ø] / [œ]

Les héros d'hier et d'aujourd'hui

Un peu d'histoire

	• Fiche n° 4 (p. 47) : *Grille de co-évaluation* • Fiche n° 5 (p. 48) : *Lettre aux parents* (facultatif) • Test 1 (p. 49)	
• Livres d'histoire et / ou Internet (facultatif)		• Matériel pour le projet : des grandes feuilles blanches (A3 - une par groupe de trois élèves), des stylos, des feutres, des ciseaux, de la colle…

Séquence 1 ▸ 2 séances

OBJECTIFS
- Parler de son environnement scolaire : les personnes, les salles, les cours...
- Réviser les matières scolaires et les mots de l'école
- Exprimer les origines de quelqu'un : « *Il vient de...* » (facultatif)

MATÉRIEL
- Aucun

DÉROULEMENT

5 min **Rituel de début de séance** [voir page 187 de ce guide]

5/8 min **Découverte / Présentation de l'unité**

Livre de l'élève, page 13 : *Pendant les cours*
- Annoncer aux élèves qu'ils vont commencer une nouvelle unité : l'unité 1. Faire observer l'illustration. 💡
- Demander aux élèves ce que représente l'image, ce qu'ils voient.
- Demander aux élèves quel est le titre de l'unité et ce que signifie pour eux « pendant les cours ». Faire lire le contrat d'apprentissage et attiser la curiosité des élèves pour cette nouvelle unité. Proposer aux élèves de rentrer dans l'unité pour découvrir ce que font les personnages de *Tip Top !* pendant les cours.

5 min **Découverte**

Livre de l'élève, page 14, illustration : *Le cours commence*
- Faire observer la nouvelle illustration et demander aux élèves de dire qui ils voient et ce qu'ils voient puis faire lire le titre.

5/8 min **Compréhension orale / Compréhension orale guidée**

Livre de l'élève, page 14, situation 1 ⟮CD Piste 3⟯
- 1ère écoute ◦ Passer l'enregistrement, dialogue caché.
  - ◦ Demander aux élèves de dire qui parle et ce qu'ils ont entendu / compris, sans confirmer pour l'instant.
- 2ème écoute ◦ Avant l'écoute, montrer l'enseignant sur l'image et dire aux élèves de bien écouter pour savoir comment il s'appelle et de quelle ville il vient. 💡

10/15 min **Écoute active**

Livre de l'élève, page 14, activité 1 : *Trouve les bonnes réponses.* ⟮CD Piste 3⟯
- Avant d'écouter, faire lire la consigne et les questions. Écouter phrase par phrase et demander aux élèves de trouver les bonnes réponses.

Livre de l'élève, page 14, activité 1 : *Barre quand c'est faux.* ⟮CD Piste 3⟯
- Demander aux élèves de lire le mail deux par deux.
- Poser quelques questions : « *Qui écrit le mail ? À qui ?* »
- Demander aux élèves de barrer les erreurs. Si besoin, passer à nouveau l'enregistrement.
- Corriger en demandant aux élèves de donner les bonnes réponses. En cas d'oubli(s), passer à nouveau l'enregistrement.

5/10 min **Reproduction orale**

Jeu de rôle
- Proposer à certains élèves de reprendre le dialogue devant leurs camarades.

10/15 min **Révision et production orale guidée**
- Demander aux élèves quelles matières et quels professeurs ils ont cette année.
- Reprendre l'illustration de la page d'ouverture (p. 13). 💡
  Demander aux élèves de nommer les éléments communs et différents entre l'école *Tip Top !*
  et leur école (réviser les matières scolaires, les lieux de l'école, les personnes, les objets de la classe...).

2/3 min **Clôture / Rituel de fin de séance** [voir page 187 de ce guide]

TRANSCRIPTIONS

Livre de l'élève, page 14, situation 1

> **Maé :** Qui est-ce ?
>
> **Wang :** C'est M. Le Gall, notre nouveau maître. Il vient de Brest. Cette année, c'est lui qui fait cours d'espagnol, d'histoire et de sport.
>
> **Maé :** Et Mme Leroy, qu'est-ce qu'elle fait ?
>
> **Wang :** C'est la maîtresse qui fait cours de mathématiques, de français, de biologie, euh… et toutes les autres matières. Et c'est la nouvelle directrice de l'école !
>
> **Maé :** Ah, c'est chouette, nous avons deux professeurs !
>
> **Wang :** Chut, le cours d'histoire commence. Regarde ! Aujourd'hui, on va parler des héros grecs !

CORRIGÉS

Livre de l'élève, page 14, activité 1 : *Trouve les bonnes réponses.*

Ils sont dans la classe. **> 2** - C'est un nouveau professeur. **> 1** - Ils vont faire de l'histoire. **> 3**

Cahier d'activités, page 4, activité 1 : *Barre quand c'est faux.* `CD Piste 3`

Salut John !

Cette année, nous avons ~~trois~~ professeurs. Il y a un nouveau maître, M. Le Gall. Il vient de ~~Paris~~. Cette année, c'est lui qui fait cours ~~d'anglais~~, d'histoire et de sport. Aujourd'hui, on a parlé des héros ~~celtes~~. Les cours d'histoire, c'est super ! Et toi, comment ça va ?

À bientôt !

Maé

REMARQUES ET CONSEILS

Les pages d'ouverture de *Tip Top ! 3*

Les élèves connaissent déjà un certain nombre d'éléments en français et ils peuvent donner quelques informations en langue maternelle que l'enseignant(e) reprend et confirme en français : *« Oui, c'est la salle de musique, le couloir... ».* Penser à faire participer tous les élèves afin de les motiver et de les placer en situation de réussite.

[+ voir conseil général page 191]

Livre de l'élève, page 14, situation 1, 2ème écoute

En fonction du niveau des élèves et de leurs connaissances préalables, l'enseignant(e) pourra choisir de passer un temps plus ou moins long sur la révision ou l'acquisition de l'expression des origines d'une personne *« Il vient de* + nom de ville ou de pays »,* sachant que l'expression de la provenance des objets pourra être révisée dans l'unité 5.

Pack numérique et affichage

Les pages d'ouverture des unités de ce niveau sont des illustrations très détaillées qui permettront aux élèves de découvrir des éléments, de rebrasser certains acquis et de progresser. Ils pourront revenir à ces illustrations régulièrement pendant vos séances en fonction des thèmes abordés ou des activités. Pour cette première séance permettant la révision du vocabulaire de l'école ou de la classe, si vous disposez du pack numérique, vous pouvez projeter l'image au tableau pour la décrire ou vous pouvez la photocopier, l'agrandir et l'afficher dans la classe. Puis, invitez les élèves à coller des étiquettes-mots reliées aux différents éléments connus de cette situation : la classe, le professeur, le tableau, la trousse, le cartable, le couloir… Ils pourront ajouter des étiquettes au fur et à mesure des apprentissages.

BLOC-NOTES

....

....

....

....

Séquence 1 ▶ 2 séances

OBJECTIFS • Exprimer l'appartenance
• Réviser le lexique de l'école et de la classe (suite)

MATÉRIEL • Trombinoscope ou des photos anciennes ou actuelles du personnel
et des élèves de votre école (facultatif)

DÉROULEMENT

5 min **Rituel de début de séance** [voir page 187 de ce guide]

8/10 min **Compréhension orale détaillée**

Livre de l'élève, page 14, situation 1 **CD Piste 3**
• Passer à nouveau l'enregistrement et faire remarquer la formulation *« C'est notre nouveau maître »* en insistant sur *« notre »*. Les élèves connaissent déjà les adjectifs possessifs des 3 premières personnes. Montrer un stylo et rappeler : *« C'est à moi ! C'est mon stylo »*. Puis montrer le tableau et dire (avec un geste explicite) : *« C'est à nous ! C'est notre tableau »*. Procéder de la même façon avec d'autres éléments *« C'est notre classe, notre école »* puis passer à une personne *« Monsieur / Madame + nom de famille, c'est notre directeur / directrice »*.

8/10 min **Compréhension / Systématisation**

Livre de l'élève, page 17, boîte à outils
• Faire observer l'encart sur les adjectifs possessifs et afficher le même au tableau.
• Rappeler aux élèves les adjectifs possessifs connus : *mon / ton / son, ma / ta / sa, mes / tes / ses*.
• Introduire les nouveaux adjectifs possessifs : *notre / votre / leur, nos / vos / leurs* par des exemples comme dans l'activité précédente.
• Faire déduire les règles d'accord des adjectifs possessifs aux élèves : variation en genre et en nombre en fonction de l'objet et de son possesseur.

10/15 min **Production écrite et ancrage**

Cahier d'activités, page 6, activité 7 a : *Regarde et complète.*
• Demander aux élèves de lire la consigne et de bien observer les trois dessins.
• Faire compléter l'activité aux élèves deux par deux ou individuellement.
• Procéder à une correction collective.

Cahier d'activités, page 6, activité 7 b : *Place les mots de l'exercice a) dans le tableau.*
• Rappeler le code couleur grammatical. 💡
• Faire réaliser l'activité individuellement et circuler dans la classe pour aider et vérifier la compréhension de tous les élèves.
• Procéder à une correction collective.

15/20 min **Reproduction orale / Production orale guidée**

Livre de l'élève, page 17, boîte à outils
• Faire remarquer le bandeau du haut avec *« C'est qui ? C'est notre nouveau maître ! »*. Désigner une autre personne de la classe et demander *« C'est qui ? »* et aider les élèves à répondre : *« c'est notre / votre / leur copain / copine »*.

Trombinoscope 💡
• Afficher le trombinoscope au tableau, désigner des personnes et demander aux élèves *« C'est qui ? »*, puis les aider à répondre en utilisant les nouveaux adjectifs possessifs.

Jeu de rôle
• Inviter les élèves à reprendre le dialogue 1 deux par deux en modifiant le nom des professeurs et les matières scolaires par rapport à leurs propres situations. 💡

2/3 min **Clôture / Rituel de fin de séance** [voir page 187 de ce guide]

CORRIGÉS

Cahier d'activités, page 6, activité 7 a : *Regarde et complète.*
1. notre ballon, **notre** frère, **nos** crayons, **notre** chien, **nos** amis, **nos** professeurs
2. vos cahiers, **votre** maison, **votre** mère, **vos** voisins, **votre** camarade, **vos** feuilles
3. leur ami, **leur** affiche, **leurs** grands-pères, **leurs** tortues, **leur** directrice, **leur / leurs** héros

Cahier d'activités, page 6, activité 7 b : *Place les mots de l'exercice a) dans le tableau.*

	masculin ou féminin *(notre, votre, leur)*	Pluriel *(nos, vos, leurs)*
à nous	notre ballon, notre frère, notre chien	nos crayons, nos amis, nos professeurs
à vous	votre maison, votre mère, votre camarade	vos cahiers, vos voisins, vos feuilles
à eux	leur ami, leur affiche, leur directrice, leur héros	leurs grands-pères, leurs tortues, leurs héros

REMARQUES ET CONSEILS

Vocabulaire de l'activité 7
Les élèves retrouveront la signification des différents mots de l'activité soit dans leurs auto-dicos des niveaux 1 et 2, soit en demandant à leurs camarades. Incitez-les toujours à chercher et à travailler en autonomie.

Code couleur grammatical
Rappelez le code couleur à partir d'exemples (**bleu** pour les noms masculins, **rose** pour les noms féminins et **vert** pour les noms au pluriel). Faites remarquer que l'adjectif possessif change en fonction du genre (masculin / féminin) et du nombre (singulier / pluriel) de l'objet et du sujet à qui appartient cet objet.

Trombinoscope
Si vous n'avez pas de trombinoscope vous pouvez utiliser des photos ou simplement nommer les personnes puis demandez : *« C'est qui ? »*. Si les élèves ont un nouveau professeur cette année, commencez par le / la nommer et invitez-les à dire *« C'est notre nouveau / nouvelle maître(sse) »*.

Variante : pour augmenter la difficulté et la curiosité des élèves, demandez au personnel de l'école et aux élèves d'apporter une photo d'eux quand ils étaient petits. Fabriquez un trombinoscope amusant avec ces photos anciennes, puis jouez avec les élèves pour retrouver qui est qui. Ce trombinoscope pourra ensuite être affiché dans la classe ou dans l'école.

Prolongement
Pour aller plus loin, vous pouvez réutiliser / reprendre la fiche n° 22 de *Tip Top !* 1 (Le jeu de *« mon / ton / son »* et leur proposer une variante avec *« notre / votre / leur »*. Faites des groupes de six élèves minimum et distribuez-leur un jeu de *« notre / votre / leur »* (Guide de classe, *Tip Top !* 1, fiche n° 22, p. 118). Faites fabriquer par chaque groupe trois cartes avec *« à nous », « à vous », « à eux »*. Chaque groupe constitue des équipes de deux joueurs (minimum). La première équipe lance un dé et se déplace vers la case correspondante. Elle prend une étiquette au hasard. Si elle est sur la case 2 avec la carte *« à nous »*, elle doit par exemple produire la phrase *« Ce sont nos feuilles ! »*. C'est également l'occasion de rappeler l'utilisation des structures *« c'est… / ce sont… »*.

BLOC-NOTES

....
....
....
....
....
....
....
....
....

Séquence 2 ▶ 3 séances

OBJECTIFS
- Comprendre comment est une personne
- Découvrir une poésie

MATÉRIEL
- Fiche n° 1 : *Les personnages de la poésie – Unité 1*, **page 44**

DÉROULEMENT

5 min **Rituel de début de séance** [voir page 187 de ce guide]

8/10 min **Découverte et compréhension**

Livre de l'élève, page 15, poésie : « *Nos trois héros invincibles* » `CD Piste 4`
- Demander aux élèves s'ils se souviennent quel cours commence pour Wang et Maé : « *le cours d'histoire* » et de quoi ils vont parler pendant ce cours : « *des héros grecs* ». Demander aux élèves s'ils connaissent des héros grecs. 💡
- Annoncer aux élèves qu'ils vont découvrir une nouvelle poésie qui parle de trois héros grecs. Lire et expliquer le titre de la poésie pour leur permettre de mieux entrer dans ce texte et dans l'écoute qui va suivre.
- 1ère écoute : écoute-plaisir et découverte de la poésie par les élèves 💡
  Proposer aux élèves d'écouter et de découvrir cette poésie. Après l'écoute, demander aux élèves ce qu'ils ont entendu, s'ils ont reconnu des mots. Toutes les propositions sont écoutées et reprises distinctement en français par l'enseignant(e).

10/15 min **Écoute active / Compréhension détaillée**

Livre de l'élève, page 15, activité 2 : *Montre les bons dessins.* `CD Piste 4`
- Faire observer et décrire rapidement les quatre dessins.
- Demander aux élèves de bien écouter la poésie puis de montrer les dessins correspondant à ce qu'ils ont entendu. 💡
- Regarder le texte de la poésie ensemble et demander aux élèves quels mots les ont aidés à faire leur choix.

Cahier d'activités, page 4, activité 2 : *Coche les bonnes phrases.* `CD Piste 4`
- Demander aux élèves de lire attentivement les 6 propositions : les élèves peuvent travailler deux par deux et émettre des hypothèses (sans confirmation pour l'instant). 💡
- Passer l'enregistrement et demander aux élèves de compléter l'activité individuellement.
- Pour la correction, passer à nouveau l'enregistrement de la poésie, phrase par phrase, avec le texte. Demander ensuite aux élèves de montrer dans leur livre, sur les trois dessins choisis page 15, qui sont, selon eux, le cyclope, Méduse et Cerbère puis, par déduction, Ulysse, Persée et Héraclès.

10/15 min **Compréhension orale détaillée et reproduction orale**

Cahier d'activités, page 4, activité 3 : *Entoure les bonnes réponses.* `CD Piste 4`
- Procéder comme dans l'activité précédente en faisant au besoin réécouter l'enregistrement.
- Afficher au tableau les images des 6 personnages de la poésie (fiche n° 1).
- Demander aux élèves de dire ce qu'ils savent de chaque personnage d'après la poésie et leurs connaissances préalables de la mythologie grecque.
- Faire deviner la signification des adjectifs *intelligent, courageux, travailleur* et *fort*. 💡

8/10 min **Reproduction orale**

Livre de l'élève, page 15, poésie : « *Nos trois héros invincibles* »
- Montrer aux élèves le pictogramme « *Je récite* » et leur proposer de lire tous ensemble la poésie. Montrer qu'elle peut être lue de plusieurs façons, avec des intonations et une attitude différentes. Laisser libre cours à leur imagination dans un moment de reproduction orale assez souple.

2/3 min **Clôture / Rituel de fin de séance** [voir page 187 de ce guide]

TRANSCRIPTIONS

Livre de l'élève, page 15, poésie

 Piste 4

Nos trois héros invincibles

Ulysse, notre héros intelligent,
Rencontre un énorme géant.
À deux têtes ? Non, avec un seul œil !
Le cyclope tombe, Ulysse gagne.
Persée, notre héros courageux,
Qu'est-ce qu'il tient dans ses mains ?

Des cheveux ? Non, des serpents !
C'est la tête de l'affreuse Méduse !
Héraclès, notre héros travailleur,
Que fait-il ? Il dresse Cerbère.
La méchante sorcière ? Non, le chien à trois têtes !
Il est vraiment très fort !

CORRIGÉS

Livre de l'élève, page 15, activité 2 : *Montre les bons dessins.* (CD Piste 4)
    Dessins **a, c, d**

Cahier d'activités, page 4, activité 2 : *Coche les bonnes phrases.* (CD Piste 4)
    Réponses **1, 4, 5**

Cahier d'activités, page 4, activité 3 : *Entoure les bonnes réponses.* (CD Piste 4)
    1. intelligent – **2.** un œil – **3.** un héros – **4.** affreuse – **5.** fort – **6.** un chien

REMARQUES ET CONSEILS

Livre de l'élève, page 15, avant la poésie
    Possibilité de faire une parenthèse en langue maternelle sur les connaissances des élèves au sujet de la mythologie et des héros grecs. S'ils n'ont pas encore étudié cela au programme, c'est l'occasion d'en dire quelques mots ici avant la découverte de la poésie pour contextualiser les choses et intégrer des apprentissages transversaux.

Livre de l'élève, page 15, poésie, 1ère écoute
    Les élèves connaissent déjà les parties du corps citées dans la poésie.

Livre de l'élève, page 15, activité 2 : *Montre les bons dessins.*
    Les élèves s'aident du dialogue et procèdent par déduction à partir des mots connus et de leurs connaissances transversales préalables. Ils peuvent travailler à deux.

Cahier d'activités, page 4, activité 2 : *Coche les bonnes phrases.*
    Pour ces activités d'écoute active, les élèves font appel à leurs connaissances préalables et à leur capacité de discrimination orale, les nouveaux mots (dont les adjectifs) seront explicités dans les activités suivantes.

Nouveaux adjectifs / Nouveaux mots
    Lorsque de nouveaux mots sont introduits dans l'unité, vous pouvez faire deviner leur signification aux élèves à l'aide de différentes techniques, sans les traduire :
    • donner un exemple imagé du type : « *intelligent : Einstein est intelligent* » ;
    • faire des gestes explicites : pour *fort* montrer les muscles de son biceps ;
    • mettre en regard un mot contraire connu des élèves : *courageux – peureux* ;
    • rechercher la racine du mot : *travailleur* vient de *travailler, travail* : « *c'est quelqu'un qui travaille beaucoup* ».

Je récite
    Pour réciter cette poésie, vous pouvez faire trois groupes et attribuer une strophe à chaque groupe. Les groupes récitent leur strophe avec une intonation et un style différents.

BLOC-NOTES

....

....

....

....

Séquence 2 ▶ 3 séances

OBJECTIFS • Poser la question : « *Comment est* + nom de personne *?* »
• Dire comment est une personne (le caractère et le physique)

MATÉRIEL • Fiche n° 1 : *Les personnages de la poésie – Unité 1*, **page 44**

DÉROULEMENT

5 min **Rituel de début de séance** [voir page 187 de ce guide]

8/10 min **Reproduction orale et systématisation**

Livre de l'élève, pages 16 et 17, boîte à outils
• Faire observer dans le bandeau vert du haut les phrases : « *Comment est Ulysse ? Il a les cheveux longs, il est fort et courageux.* »
• Afficher au tableau les images des 6 personnages de la poésie (fiche n° 1).
Poser la question : « *Comment est Méduse ?* »
• Demander aux élèves de décrire rapidement ce personnage. Ils peuvent s'aider du texte de la poésie.
Procéder de la même façon avec les autres personnages.
• Faire lire les adjectifs de l'encadré « *Le caractère et le physique* ».
• Demander aux élèves quels adjectifs ils connaissent déjà (*beau, travailleur…*) et de faire des exemples de phrases
(« *Hercule est travailleur.* »).

8/10 min **Systématisation et reproduction écrite**

Cahier d'activités, page 5, activité 4 : *Relie et écris les contraires.*
• Proposer aux élèves de découvrir la signification des autres adjectifs à l'aide de cette activité. Les élèves peuvent
travailler deux par deux : ils relient les adjectifs à la bonne image puis écrivent le contraire de chaque adjectif sur
les lignes du dessous en consultant leur boîte à outils pour l'orthographe.

5/8 min **Reproduction orale et production orale guidée**

• Montrer à nouveau les images des 6 personnages.
• Reprendre collectivement l'activité de reproduction orale « *Comment est* + personnage de la poésie *?* » : inviter les
élèves à poser la question puis à répondre en utilisant des adjectifs de l'encadré.

15/20 min **Systématisation et ancrage**

Livre de l'élève, page 17, boîte à outils
• Rappeler aux élèves que tous les adjectifs s'accordent en fonction du sujet / de l'objet auquel ils se rapportent.
• Faire observer le tableau des adjectifs irréguliers : observer les variations et comparer avec l'accord d'un adjectif
régulier comme *intelligent*.

Cahier d'activités, page 6, activité 6 : *Complète avec beaux, belle, courageux…*
• Faire réaliser l'activité individuellement à l'aide de la boîte à outils puis procéder à une correction collective.
• Insister sur les accords des adjectifs irréguliers et les différences de prononciation : « *courageux / courageuse* »,
« *travailleur / travailleuse* ». Pour cela, nommer les personnages du texte et dire un adjectif de l'encadré, puis
demander aux élèves de l'accorder le plus vite possible : « *Pénélope – courageuse, Ulysse – courageux ,
les cyclopes – courageux* »…

2/3 min **Clôture / Rituel de fin de séance** [voir page 187 de ce guide]

Cahier d'activités, page 5, activité 4 : *Relie et écris les contraires.*

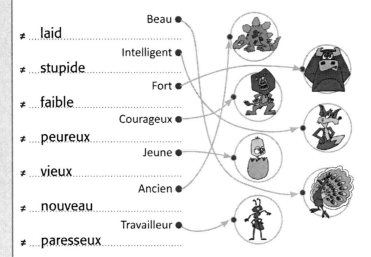

≠ ..laid..

≠ ..stupide..

≠ ..faible..

≠ ..peureux.......................................

≠ ..vieux...

≠ ..nouveau.......................................

≠ ..paresseux.....................................

Beau ●

Intelligent ●

Fort ●

Courageux ●

Jeune ●

Ancien ●

Travailleur ●

Cahier d'activités, page 6, activité 6 : *Complète avec beaux, belle, courageux…*

1. Ulysse est un héros **intelligent**.

2. Son vieil ami Achille est **courageux**.

3. Sa femme Pénélope est **belle** et **travailleuse**.

4. Télémaque et ses copains sont **jeunes** et **beaux**.

5. Les cyclopes sont **laids** et **stupides**.

6. Héraclès est **fort**.

REMARQUES ET CONSEILS

Description des personnages de la poésie

En fonction de la durée de votre séance, vous réaliserez cette activité autour d'un des 6 personnages, de plusieurs ou des 6.

Reproduction orale et production orale guidée

En fonction de la durée de votre séance, vous pouvez ensuite faire réaliser cette activité en binôme : un élève pose la question et l'autre répond puis ils inversent les rôles.

L'accord des adjectifs

Pour un travail plus approfondi sur les adjectifs qualificatifs réguliers et irréguliers et les accords en genre et en nombre, vous pouvez utiliser « Mon précis de grammaire » page 74. C'est également l'occasion de proposer aux élèves une comparaison du fonctionnement de ces adjectifs en français avec le fonctionnement dans leur langue maternelle en introduisant certains éléments de métalangage si nécessaire.

BLOC-NOTES

....

....

....

....

....

....

....

....

....

Séquence 2 ▶ 3 séances

OBJECTIFS • Dire comment est une personne (suite)
• Demander et donner la taille et le poids d'une personne

MATÉRIEL • Fiche n° 1 : *Les personnages de la poésie – Unité 1*, **page 44**
• Fiche n° 2 : *Le jeu des sosies*, **page 45**

DÉROULEMENT

5 min **Rituel de début de séance** [voir page 187 de ce guide]

10/15 min **Systématisation et reproduction orale**

Livre de l'élève, page 16, boîte à outils
• Faire observer le troll et lire une par une les phrases reliées à ce personnage. Aider les élèves à répéter chaque phrase et à bien prononcer les mots nouveaux.
• Décrire des personnes connues des élèves avec ce vocabulaire et demander aux élèves de trouver qui c'est : « *Il a les cheveux courts. Il a les yeux bleus... Qui est-ce ?* » « *C'est Paul.* »

Livre de l'élève, page 16, activité 1 : *Et toi ? Parle à un(e) camarade.*
• Demander aux élèves de se mettre deux par deux : un élève pose des questions comme dans l'exemple, l'autre répond et pose à son tour une question.
• Commencer par un ou deux exemples collectifs.
• Circuler dans la classe pour aider les élèves.

8/10 min **Production orale guidée**

Jeu des sosies
• Demander aux élèves de lire les phrases du bandeau : « *Combien pèse le cyclope ? Il pèse 256 kilos.* » 💡
• Faire répéter la question aux élèves et répéter la réponse avec des gestes explicites pour indiquer qu'il est très lourd : « *Énorme, c'est un énorme géant.* »
• Expliquer aux élèves qu'ils vont jouer au jeu des sosies : chaque élève reçoit une carte avec le nom d'un héros célèbre, son poids et sa taille. Il y a plusieurs héros mais il y a des cartes identiques. Les élèves circulent dans la classe, se rencontrent, se posent des questions et répondent : « *Combien tu mesures ? Je mesure…* » ; « *Combien tu pèses ? Je pèse…* » ; « *Tu es* + nom de héros *? Oui / Non* ». Le but du jeu est de se poser des questions pour retrouver son / ses sosie(s). 💡

8/10 min **Reproduction écrite et systématisation**

Cahier d'activités, page 5, activité 5 a : *Comment est Marta ? Complète les phrases.*
• Lire et expliquer la consigne tous ensemble.
• Faire réaliser l'activité individuellement avec l'aide de la boîte à outils. Circuler dans la classe pour aider les élèves et vérifier leur compréhension des nouveaux éléments.
• Procéder à une correction collective.

10/15 min **Productions écrite et orale guidées**

Cahier d'activités, page 5, activité 5 b : *Et toi ? Comment es-tu ? Complète et dis à ton / ta voisin(e).*
• Demander aux élèves de compléter individuellement la production écrite puis de présenter leur description oralement à leur voisin(e). Inciter les élèves à s'entraider et à se corriger.

5/8 min **Phonétique**

Livre de l'élève, page 17, méli-mélodie, les sons [ø] / [œ] CD Piste 5
• Faire observer les trois personnages et proposer aux élèves de découvrir comment ils sont grâce à l'enregistrement.
• Répéter le méli-mélodie tous ensemble.

2/3 min **Clôture / Rituel de fin de séance** [voir page 187 de ce guide]

TRANSCRIPTIONS

Livre de l'élève, page 17, méli-mélodie, les sons [ø] / [œ]

Piste 5

> Monsieur Grincheux est très coléreux. Ses deux sœurs sont de bonne humeur.

CORRIGÉS

Livre de l'élève, page 16, activité 1 : *Et toi ? Parle à un(e) camarade.*

Exemple de production attendue :
- *Combien tu mesures ?*
- *Je mesure 1 m 52. Tu es courageux ?*
- *Oui, je suis courageux. Tu as des lunettes ?*
- *Non, je n'ai pas de lunettes. Et toi ?*
- *Oui, j'ai des lunettes.*

Cahier d'activités, page 5, activité 5 a : *Comment est Marta ? Complète les phrases.*

Marta a les **cheveux roux**. Elle a les yeux **verts**. Elle pèse **(65)** kilos. Elle mesure **(1)** m **(70)**. Elle est **jeune** et **intelligente**.

Cahier d'activités, page 5, activité 5 b : *Et toi ? Comment es-tu ? Complète et dis à ton / ta voisin(e).*

Exemple de production attendue :
Je suis *grand, jeune* et *intelligent.*
J'ai *les cheveux blonds* et *les yeux noirs.*
Je pèse *45* kilos.
Je *mesure un* mètre *cinquante-quatre.*

REMARQUES ET CONSEILS

« Il pèse 256 kilos. »

En fonction de la durée de vos séances et des connaissances préalables de vos élèves, cet énoncé peut être l'occasion d'effectuer une révision des nombres, notamment les centaines.

Préparation du jeu des sosies

L'enseignant(e) choisira le nombre de sosies en fonction du nombre d'élèves dans sa classe afin qu'il y ait au moins deux cartes identiques de chaque héros. Pour un grand groupe, il peut y avoir trois fois le même héros (ou plus), il suffit de photocopier et découper plusieurs fois la fiche n° 1.

Grâce à l'attribution de rôles, ce jeu permet de contourner certains *a priori* en évitant aux élèves de parler de leur taille et de leur poids. Toutefois, si vous estimez que cette activité peut perturber certains de vos élèves, notamment du fait de complexes personnels, nous vous conseillons de ne pas inclure cette activité dans la séance. N'oubliez pas que la classe devrait toujours être un lieu enrichissant et sécurisant, où règne un climat de confiance.

BLOC-NOTES

Unité 1

Séquence 3 ▸ 3 séances

OBJECTIFS • Caractériser une personne
• Comprendre et utiliser le pronom relatif *qui*

MATÉRIEL • Aucun

DÉROULEMENT

5 min **Rituel de début de séance** [voir page 187 de ce guide]

5/8 min **Compréhension écrite et production orale guidée**

Livre de l'élève, page 15, activité 3 : *Choisis la bonne phrase.* 💡
• Demander aux élèves d'observer les pages 14 et 15 de leur livre et de rappeler avec leurs mots ce que les élèves de *Tip Top !* font dans cette unité.
• Lire les deux phrases tous ensemble. Demander aux élèves d'identifier les différences et de choisir la bonne phrase, puis valider la bonne réponse.
• Demander aux élèves de préciser qui est le nouveau professeur, qui est la nouvelle directrice et ce qu'ils savent sur eux. Attirer l'attention des élèves sur les structures de phrases du dialogue 1 : « *C'est lui qui…* », « *C'est la maîtresse qui fait…* ».

10/15 min **Systématisation**

Livre de l'élève, page 17, boîte à outils
• Poser la question « *Qui est Ulysse ?* » et faire observer la réponse dans le bandeau vert en haut. Noter la phrase au tableau : « *C'est un héros grec qui est intelligent.* »
• Montrer aux élèves que cette grande phrase correspond à deux phrases plus simples : « *C'est un héros grec.* » et « *Il est intelligent.* »
• Entourer le pronom relatif *qui* et faire observer l'encadré de grammaire « *…qui…* » page 17.
• Expliquer aux élèves que le pronom relatif *qui* permet de faire une seule grande phrase avec deux informations sur le même sujet (un héros / une personne, un objet…) sans le répéter.
• Demander aux élèves de lire la phrase de l'encadré et de chercher les deux informations : « *c'est une personne* » et « *elle est courageuse* » = « *C'est une personne* [*qui*] *est courageuse.* »

8/10 min **Reproduction orale**

Livre de l'élève, page 17, activité 2 : *Demande à ton / ta voisin(e).*
• Proposer aux élèves de réaliser cette activité de devinettes deux par deux en utilisant la nouvelle structure : « *C'est une personne qui…* »
• Circuler dans la classe pour aider les élèves à formuler les phrases avec la bonne structure.

10/15 min **Ancrage / Production écrite et orale guidée**

Cahier d'activités, page 7, activité 8 : *Fais deux phrases sur ton / ta voisin(e).*
• Lire la consigne tous ensemble et faire quelques exemples pour bien matérialiser la structure attendue : phrase principale (sujet - verbe - complément) + *qui* + verbe 2 + complément.
• Faire réaliser l'activité de production écrite individuellement. Circuler dans la classe pour aider les élèves.
• Proposer aux élèves d'échanger leur cahier avec leur voisin(e) pour effectuer une correction ensemble.

5/8 min **Ancrage phonétique**

Cahier d'activités, page 7, activité 9, les sons [ø] / [œ] : *Coche la bonne case.* (CD Piste 6)
• Rappeler les sons à l'aide de l'exemple.
• Passer l'enregistrement une première fois en s'arrêtant après chaque mot, les élèves font l'exercice individuellement.
• Passer une deuxième fois l'enregistrement en continu, les élèves vérifient leurs réponses.
• Procéder à une correction collective en écoutant une dernière fois.
Cahier d'activités, page 7, activité 10, les sons [ø] / [œ] : *Barre l'intrus.* (CD Piste 7)
• Demander aux élèves de bien écouter, de lire les mots et de réaliser l'activité individuellement.
• Procéder à une correction collective avec l'enregistrement.

2/3 min **Clôture / Rituel de fin de séance** [voir page 187 de ce guide]

TRANSCRIPTIONS

Cahier d'activités, page 7, activité 9, les sons [ø] / [œ]

1. Paul aime le beurre.
2. Ton chat est peureux.
3. Il est paresseux.
4. Comment va ta sœur ?
5. Martine a les yeux marron.
6. Il est huit heures.
7. J'adore cet acteur.
8. Il a les cheveux longs.

Cahier d'activités, page 7, activité 10, les sons [ø] / [œ]

1. la sœur – deux – la fleur
2. le cœur – paresseux – courageux
3. travailleur – leur – affreux
4. la couleur – vieux – les cheveux

CORRIGÉS

Livre de l'élève, page 15, activité 3 : *Choisis la bonne phrase.*
Réponse **1**

Cahier d'activités, page 7, activité 9, les sons [ø] / [œ] : *Coche la bonne case.* (CD Piste 6)
[ø] comme dans **bleu** : **2, 3, 5, 8**
[œ] comme dans **fleur** : **1, 4, 6, 7**

Cahier d'activités, page 7, activité 10, les sons [ø] / [œ] : *Barre l'intrus.* (CD Piste 7)
1. deux
2. le cœur
3. affreux
4. la couleur

REMARQUES ET CONSEILS

Livre de l'élève, page 15, activité 3 : *Choisis la bonne phrase.*
Cette troisième activité de compréhension globale est une activité mutualisante. Elle permet de percevoir la compréhension globale de l'ensemble des documents déclencheurs de cette double page par les élèves.

BLOC-NOTES

Séquence 3 ▸ 3 séances

OBJECTIFS • Caractériser une personne (suite)
• Ancrer les nouvelles structures et le lexique

MATÉRIEL • Aucun

DÉROULEMENT

5 min **Rituel de début de séance** [voir page 187 de ce guide]

8/10 min **Compréhension écrite et reproduction orale**

Cahier d'activités, page 7, activité 8 : *Fais deux phrases sur ton / ta voisin(e).*
• Reprendre les productions écrites de la séance précédente.
• Proposer aux élèves d'échanger leur cahier avec un(e) autre camarade. Faire lire chaque production écrite par un élève différent et demander aux autres de deviner de qui il s'agit.

CONSEIL : en fonction de la taille du groupe, soit réaliser l'activité collectivement, soit faire quelques exemples collectivement, puis faire des petits groupes.

25/30 min **Production orale**

Mise en contexte
• Dire aux élèves qu'ils ont écrit des phrases sur leurs voisin(e)s d'après ce qu'ils pensaient savoir d'eux / d'elles. Puis, expliquer qu'ils vont maintenant faire un test de personnalité comme dans les magazines pour mieux connaître leurs camarades de classe.

Livre de l'élève, page 19 : *Test : « Es-tu travailleur ou paresseux ? »*
• Faire lire le titre, leur demander de rappeler la signification de ces deux adjectifs et de dire quelle réponse ils donneraient pour eux-mêmes sans faire le test.
• Lire et expliquer le sous-titre tous ensemble et déduire qu'Héraclès est un héros travailleur.
• Demander aux élèves s'ils connaissent d'autres personnages célèbres (de l'histoire, de films, de BD…) travailleurs ou paresseux.
• Faire lire la consigne et l'expliciter.
• Inviter les élèves à se mettre deux par deux et à faire le test : un des élèves lit les questions et note les réponses, l'autre élève répond. Puis, ils inversent les rôles.

REMARQUE : les questions et propositions de réponses ont été rédigées dans un vocabulaire à la portée des élèves commençant *Tip Top !* 3. Toutefois, ils peuvent ne pas connaître la signification de certains mots, de certaines expressions ou l'avoir oubliée. Afin de développer l'autonomie des élèves et l'entraide dans la classe lors de ces moments ludiques de production orale, pensez à les laisser d'abord chercher eux-mêmes le sens de ces mots / expressions grâce à leur auto-dico, un dictionnaire, des questions à leurs camarades… avant d'intervenir. La traduction n'intervient ici qu'en dernier recours.

• Demander à chaque élève de compter les réponses *a* et *b* de son camarade.
• Lire deux par deux les résultats.

Mise en commun
• Proposer aux élèves d'annoncer leurs résultats et compter tous ensemble le nombre de « paresseux » et de « travailleurs » dans la classe.
• Discuter collectivement des avantages et des inconvénients de ces deux traits de caractère à partir des deux textes : « *Tu as beaucoup de a ? »*, « *Tu as beaucoup de b ? ».*

5/10 min **Compréhension et production orales**
• Demander aux élèves de se mettre deux par deux et d'inventer des devinettes sur des héros célèbres travailleurs (comme Héraclès) ou paresseux (comme Garfield) à partir de la structure : « *C'est une personne / un animal qui… »*
• Jouer collectivement au jeu des devinettes.

2/3 min **Clôture / Rituel de fin de séance** [voir page 187 de ce guide]

Séquence 3 ▶ 3 séances

OBJECTIFS • Utiliser les structures et le vocabulaire appris en contexte

MATÉRIEL • Fiche n° 3 : *Grille d'observation d'un jeu*, page 46

DÉROULEMENT

5 min ## Rituel de début de séance [voir page 187 de ce guide]

8/10 min ## Ancrage
- Demander aux élèves de se mettre par petits groupes.
- Distribuer à chaque groupe trois phrases avec le pronom relatif *qui* découpées comme un puzzle.

CONSEIL : vous pouvez utiliser les phrases écrites par les élèves dans l'activité 8 page 7 du cahier d'activités.

- Demander aux élèves de reconstituer trois phrases correctes grammaticalement et lexicalement.
- Laisser un temps suffisant pour la réflexion et la manipulation des cartes.
- Proposer une correction collective : chaque groupe présente ses phrases, les élèves comparent et valident.

20/25 min ## Production orale

Livre de l'élève, page 18, jeu : « *Devine qui c'est ?* »
- Présenter le jeu aux élèves : faire lire le titre et remarquer le pictogramme « *Nous jouons* ».
- Faire lire les règles à haute voix et les expliciter grâce aux illustrations et à des exemples.
- Demander aux élèves de se mettre par groupes de trois à quatre.
- Insister sur l'importance de réaliser le jeu en français, de faire des phrases complètes et faire répéter les phrases-clés : « *Est-ce qu'il est* + adjectif *?* » ; « *C'est une personne qui est* + adjectif *?* »…
- Pendant le jeu, observer les productions orales des élèves (évaluation formative) à l'aide de la grille d'observation (fiche n° 3).
- Encourager les productions, être l'arbitre en cas de litige.
- À la fin du jeu, identifier les gagnants et inviter tous les élèves à les féliciter en leur disant « *Bravo ! Tu as gagné !* ».

Pour aller plus loin…

1) Qui est-ce ? Par petits groupes, un élève décrit l'un des héros représenté dans le jeu « *Devine qui c'est ?* » et les autres essayent de trouver de qui il s'agit.

2) Les devinettes : pour prolonger l'activité autour des héros préférés des élèves et amorcer certains éléments du projet, vous pouvez proposer aux élèves un jeu de devinettes : un élève pense à son héros préféré, les autres lui posent des questions pour deviner qui c'est.

10/15 min ## Stratégies d'apprentissage

Cahier d'activités, page 11 : *Les astuces de Maé*
REMARQUE : « *Les astuces de…* » ont été insérées dans la page du portfolio pour permettre aux élèves de développer leurs stratégies d'apprentissage, pour « apprendre à apprendre », progresser et accroître leur autonomie dans l'apprentissage. Dans cette unité, Maé partage avec les élèves ses stratégies pour apprendre son nouveau vocabulaire.

- Lire et découvrir tous ensemble les astuces de Maé.
- Demander aux élèves ce qu'ils pensent de ces astuces, s'ils les utilisent aussi et s'ils en connaissent d'autres.

CONSEIL : noter les meilleures astuces des élèves pour apprendre leur vocabulaire et les afficher dans un espace réservé aux « astuces » d'apprentissage. Lors des séances suivantes, inciter les élèves à consulter régulièrement le coin des astuces.

8/10 min ## Auto-dictionnaire

Cahier d'activités, page 57 : *Mon auto-dico*
- Inviter les élèves à écrire dans leur auto-dico les mots de l'unité 1 qui leur semblent importants, puis à les illustrer pendant la séance ou à la maison.

2/3 min ## Clôture / Rituel de fin de séance [voir page 187 de ce guide]

Séquence 4 ▶ 2 à 3 séances

OBJECTIFS • Ancrer les acquis de l'unité par des activités transdisciplinaires et interculturelles en français : un peu d'histoire en français

MATÉRIEL • Livres d'histoire, Internet (facultatif)

DÉROULEMENT

3/5 min **Rituel de début de séance** [voir page 187 de ce guide]

de 40 min à 1h30 **Activité transdisciplinaire et civilisation : histoire**

Le pictogramme
• Faire observer le nouveau pictogramme « *J'explore* » et expliquer aux élèves que dans ces pages ils vont explorer le monde en français (voir mode d'emploi page 6).

Le titre et le bandeau bleu
• Faire remarquer en haut de la page « *Un peu d'histoire* » et dire aux élèves que dans l'unité 1, ils vont faire un peu d'histoire en français comme les élèves de *Tip Top !* et les élèves en France.
• Faire lire le titre de la page « *Un héros qu'est-ce que c'est ?* » et le bandeau bleu pour attiser la curiosité des élèves puis essayer de répondre tous ensemble à la question : « *Pour vous, un héros qu'est-ce que c'est ?* » Toutes les propositions sont écoutées et discutées par les élèves. Par exemple : « *c'est une personne qui est forte* » ou « *c'est une personne qui est intelligente* »…

Livre de l'élève, page 20, activité 1
• Lire la consigne tous ensemble. Laisser suffisamment de temps aux élèves pour découvrir les photos des personnes / personnages présentées. Demander aux élèves qui ils connaissent et ce qu'ils savent de ces personnes / personnages.

Livre de l'élève, page 20, activité 2
• Faire lire la consigne.
• Découvrir tous ensemble et expliquer les différents items pour chaque catégorie : époque, métier, pays.
• Réaliser l'activité individuellement ou en binôme puis procéder à une correction collective.
• Demander aux élèves de décrire collectivement le caractère de chacun de ces personnages, d'après eux, avec les adjectifs appris dans l'unité.
• Les inviter à prendre leur cahier d'activités pour décrire en détail l'un de ces héros.

Cahier d'activités, page 8, activité 11 : *Choisis et présente un héros de la page 20 de ton livre.*
• Demander aux élèves de compléter individuellement leur texte à partir des éléments découverts dans leur livre. Circuler dans la classe pour les aider et corriger les productions.

Cahier d'activités page 8, activité 11 b : *Est-ce que tu sais ce qu'il / elle a fait ? Cherche dans un livre ou sur l'Internet et note les informations ici.*
• Proposer aux élèves de faire des recherches sur les personnages

qu'ils ont choisis à l'aide de leur livre d'histoire ou de l'Internet. Les accompagner et les aider à sélectionner des informations simples et claires en français.

CONSEIL : comme un clin d'œil aux séances précédentes, vous pouvez leur dire « *le cours d'histoire commence* ».

CORRIGÉ
Arthur : le Moyen-Âge – chevalier – Grande-Bretagne
Léonard de Vinci : la Renaissance – peintre et inventeur – Italie
Ulysse : l'Antiquité – navigateur – Grèce
Gandhi : le XXe siècle – philosophe et politicien – Inde
Lionel Messi : le XXIe siècle – footballeur – Argentine
Pasteur : le XIXe siècle – docteur – France
Marie Curie : le XIXe siècle – scientifique – France

REMARQUE : cette page propose de faire percevoir aux élèves que les héros changent, évoluent en fonction des époques et des gens et que eux aussi ils peuvent avoir des visions différentes de ce qu'est un héros. Ce travail de réflexion collective en amont du projet leur permettra d'imaginer un héros fantastique, idéal pour eux, selon leurs propres critères.

REMARQUE : en fonction de votre temps et du programme scolaire de l'année en histoire, vous pouvez intégrer ce travail à votre propre cours d'histoire en langue maternelle. Vous ferez alors des passerelles entre le cours d'histoire et le cours de français en mutualisant les travaux. Les enfants acquerront les notions d'histoire au programme, en français. Ils pourront ensuite les transposer en langue maternelle avec votre aide (ou celle du professeur d'histoire si c'est une personne différente). De la même manière, vous pouvez les interpeller ici sur des connaissances préalables en histoire et les aider à les transposer en français. Vous pouvez cibler le travail sur l'ensemble de ces personnes / personnages célèbres de l'histoire ou sur un seul en fonction de votre programme. Pour aller plus loin, la réalisation d'un exposé sur un(e) personnage / personne célèbre de l'histoire peut être très enrichissant.

2/3 min **Clôture / Rituel de fin de séance** [voir page 187 de ce guide]

Séquence 4 ▶ 2 à 3 séances

OBJECTIFS • Développer la compréhension écrite globale d'un document (semi-)authentique : une fiche de présentation
• Rédiger le portrait d'un héros grec

MATÉRIEL • Livres d'histoire, Internet (facultatif)

DÉROULEMENT

5 min **Rituel de début de séance** [voir page 187 de ce guide]

20/25 min **Découverte d'un document écrit semi-authentique**

Remue-méninges
• Demander aux élèves de dire tout ce qu'ils savent déjà sur Zeus avant la lecture de cette fiche et noter ces éléments sur une feuille.

Livre de l'élève, page 21 : *Fiche d'identité « Zeus »*
• Annoncer aux élèves qu'ils vont découvrir un nouveau texte.
REMARQUE : les pages *« Ma bibliothèque »* sont conçues pour rassurer les élèves face à la découverte d'un document écrit (semi-)authentique et pour aider les élèves à développer leurs compétences en compréhension et production écrites. L'unité 1 commence par une fiche d'identité. Il n'est pas attendu des élèves de comprendre en détail l'ensemble du texte, mais d'être capable de repérer certains éléments dans un document écrit (semi-)authentique pour une compréhension globale du texte.
• Demander aux élèves d'observer la page et de dire de quel type de texte il s'agit selon eux et ce qu'ils pensent apprendre à partir de ce texte.
• Réaliser une découverte globale du document : demander aux élèves de trouver le titre du document et de décrire l'image.

Lecture et compréhension écrite
• Inviter les élèves à lire le texte une première fois individuellement dans le cadre d'une lecture-plaisir.

Compréhension écrite guidée
• Lire et expliciter les questions tous ensemble.
• Proposer aux élèves de chercher les réponses dans le texte en binôme.
• Corriger en repérant tous ensemble les éléments importants dans le texte.

CORRIGÉ **1.** Jupiter (ou Jovis)
2. Il est majestueux. Il porte une barbe et une abondante chevelure.
3. Il tient dans une main la foudre et dans l'autre un sceptre.
4. L'Olympe
5. Le jeudi
6. Il est souverain suprême des dieux et des hommes.
REMARQUE : les élèves on déjà appris l'association entre les jours de la semaine et les planètes comme Jupiter dans *Tip Top !* 1, lors de l'apprentissage des jours de la semaine (voir *Tip Top !* 1, cahier d'activités, unité 3, activité 3, page 21).

10/15 min **Production écrite**

Livre de l'élève, page 8, activité 12 : *Regarde les dessins et fais le portrait de Zeus.*
• Proposer aux élèves de rédiger une présentation de Zeus à partir de tous les éléments qu'ils connaissent désormais. Les illustrations sont présentes pour leur rappeler les éléments importants concernant ce personnage mais ne sont que des exemples (non imposés).
REMARQUE : en fonction de la durée de vos séances et de vos objectifs transversaux (programme d'histoire, d'informatique…), vous pouvez proposer aux élèves de poursuivre leur découverte de Zeus dans des livres d'histoire ou sur l'Internet avant de rédiger leur portrait.

10/15 min **Production orale guidée**
• Faire lire les productions écrites des élèves soit collectivement soit par petits groupes.
• Reprendre l'activité de remue-méninges à propos de Zeus avec les élèves et noter les (nouveaux) éléments sur une autre feuille. Puis, faire comparer les deux feuilles aux élèves pour leur permettre de visualiser leurs progrès.

2/3 min **Clôture / Rituel de fin de séance** [voir page 187 de ce guide]

Séquence 5 ▸ 2 à 3 séances ▷ Bilan, Portfolio et DELF Prim

OBJECTIFS • Rebrasser les nouveaux acquis de l'unité
• Faire un bilan et une auto/co-évaluation

MATÉRIEL • Fiche n° 4 : *Grille de co-évaluation*, **page 47**
• Fiche n° 5 : *Lettre aux parents*, **page 48 (facultatif)**

DÉROULEMENT

3/5 min **Rituel de début de séance** [voir page 187 de ce guide]

25/30 min **Bilan oral et écrit**

Cahier d'activités, page 9, activité 1 : *Je fais le point !*
• Faire lire la consigne, aider les élèves à formuler ce qu'ils doivent faire : « *Nous allons présenter un personnage.* »
• Faire observer et décrire oralement les deux dessins collectivement.
• Faire travailler les élèves par groupes de deux. Chaque groupe choisit l'un des deux personnages et le décrit en quelques lignes en dessous.
• Circuler dans la classe pour aider les élèves, vérifier les acquis et corriger la production écrite.

Retransmission orale et co-évaluation
• Distribuer aux élèves la grille de co-évaluation (fiche n° 4) et la faire relire à haute voix.
• Faire des petits groupes de 4 ou 6 élèves.
• Laisser un temps de préparation / répétition de la production orale.
• Demander à chaque groupe de présenter le dessin choisi, à l'aide de son texte. Les autres élèves doivent deviner de quel dessin il s'agit, ils peuvent poser des questions et co-évaluent les présentations orales.
• Procéder à une discussion finale avec tous les élèves à partir des grilles (inciter aux critiques constructives et aux encouragements).

15/20 min **Auto-évaluation**

Cahier d'activités, page 11, portfolio : *Je décris des personnes en français !*
• Demander aux élèves ce qu'ils ont fait en français dans l'unité 1 : accepter toutes les propositions et reprendre distinctement les plus importantes en français.
• Faire remarquer le titre de la page et demander aux élèves si, eux aussi, ils savent décrire des personnes en français et les aider à donner des exemples.

Et toi ? Lis, colorie et complète.
• Faire lire et rappeler la signification de la consigne et des pictogrammes.
• Demander aux élèves de lire chaque phrase du tableau une par une et les laisser colorier individuellement. Les guider en fonction des questions et des difficultés. Si un élève se sous- ou se survalue, l'aider à s'interroger, proposer une petite activité ou une question qui lui permette de voir plus juste. Pour cette première séance, ils vont colorier entre 1 et 5 compétences au choix de l'enseignant(e) par rapport aux avancées de ses élèves et au parcours effectué.

J'apporte… et je note…
• Expliquer ce qui est attendu et inviter les élèves à compléter la phrase sous le tableau à la maison ou en classe à la prochaine séance.

La pochette de français
• Distribuer aux élèves une pochette de français ou la faire réaliser à la manière de celle de *Tip Top !* 1 (unité 1).
• Facultatif : distribuer aux élèves une lettre à l'attention de leurs parents pour évoquer la poursuite de l'apprentissage du français par leurs enfants et rappeler leur rôle dans cet apprentissage et l'importance du lien entre l'école et les parents (fiche n° 5).

2/3 min **Clôture / Rituel de fin de séance** [voir page 187 de ce guide]

CORRIGÉS

Cahier d'activités, page 9, activité 1

Exemple de production attendue :

Le cyclope a un œil noir et une barbe blanche. Il est laid.

Il mesure deux mètres quarante-trois et il pèse cent soixante-dix-huit kilos. Il est fort et méchant.

Méduse a les yeux noirs et des cheveux de serpents. Elle mesure un mètre cinquante-trois et pèse quarante-huit kilos.
Elle est méchante et laide.

REMARQUES ET CONSEILS

Remarque préliminaire

Cette séance est conçue pour permettre aux élèves de percevoir le chemin parcouru, leurs progrès, leurs difficultés et comment s'améliorer grâce à une partie « bilan » et une partie « (auto-)évaluation ». Elle est présentée comme une grande séance qui pourra être divisée en deux en fonction de la situation d'enseignement de chacun. Le temps par activité est donné à titre indicatif.

Co-évaluation

Chaque groupe est écouté et évalué par les autres élèves sur la compréhension (c'est clair / audible), sur l'expression (le vocabulaire et les structures utilisés) et sur la prononciation. Commencez par demander aux élèves de faire leurs remarques en français, puis laissez-leur la possibilité de faire quelques remarques complémentaires en langue maternelle s'ils le souhaitent. **[+ voir conseil général page 190]**

Portfolio

Pour cette première page de l'outil « portfolio », nous vous conseillons de prévoir un temps suffisant pour permettre aux élèves de se rappeler son fonctionnement, la démarche de l'auto-évaluation et son utilité. Dans la mesure où c'est une auto-évaluation, l'explication doit être bien comprise et ressentie positivement par l'élève afin de l'aider à progresser et à devenir acteur de son apprentissage. **[+ voir conseil général page 191]**

Tip Top ! propose de compléter la tableau du portfolio après le bilan car les élèves viennent de percevoir leurs acquis par rapport à l'unité. Libre ensuite à l'enseignant(e) de choisir s'il souhaite faire compléter le portfolio au fur et à mesure des séances par petits moments ou lors de temps plus importants en fin de séquence ou d'unité. En revanche, par souci de lisibilité, le mode d'emploi détaillé de la page du portfolio de chaque unité sera donné après chaque séance de bilan dans ce guide.

Les pictogrammes repris dans le tableau illustrent les 5 compétences évaluées :

• *J'écoute* = compréhension orale (CO)
• *Je lis* = compréhension écrite (CE)
• *Je parle* = production orale (PO) individuelle
• *Nous jouons* = production orale (PO) en interaction
• *J'écris* = production écrite (PE)

J'apporte… et je note…

Dans *Tip Top !* 3, nous renforçons le lien entre les apprentissages en classe et l'extérieur. Cette activité et la phrase à compléter sont une trace affective de ce lien dans leur portfolio.

Pochette de français

Pour les élèves ayant utilisé *Tip Top !* niveau 1 et / ou 2, nous vous suggérons de demander aux élèves d'apporter en classe leur(s) ancienne(s) pochettes de français pour cette séance. Ils pourront ainsi se remémorer le chemin parcouru, les apprentissages et découvertes effectués aux niveaux précédents, avant de recevoir ou de créer cette nouvelle pochette de français (niveau 3). **[+ voir conseil général page 191]**

BLOC-NOTES

....

....

....

Séquence 5 ▶ 2 à 3 séances ▷ Bilan, Portfolio et DELF Prim

OBJECTIFS • Rebrasser les nouveaux acquis de l'unité et des connaissances préalables
• Préparer le DELF Prim A2

MATÉRIEL • Aucun

DÉROULEMENT

5 min **Rituel de début de séance** [voir page 187 de ce guide]

30/45 min **Je m'entraîne au DELF Prim**

Cahier d'activités, page 10 : *Compréhension de l'oral* CD Piste 8
• Rappeler la compétence qui va être travaillée.
• Faire écouter et lire les consignes.
• Demander aux élèves de lire les quatre questions.
• Passer l'enregistrement une première fois et laisser le temps aux élèves de répondre individuellement.
• Passer l'enregistrement une deuxième fois pour qu'ils puissent vérifier et au besoin se corriger.
• Repasser l'enregistrement et procéder à une correction collective.
• Faire un petit bilan des impressions, des difficultés et répondre aux questions.
• Penser à rassurer et encourager tous les élèves.

Cahier d'activités, page 10 : *Compréhension des écrits*
• Expliquer la compétence qui va être travaillée.
• Demander aux élèves de lire et d'expliciter la consigne.
• Faire réaliser l'activité individuellement (durée 10/15 minutes).
• Procéder à une correction collective : certains élèves lisent le texte à haute voix puis d'autres lisent les questions.
• Les élèves proposent ensuite leurs réponses et les justifient. L'enseignant(e) valide les bonnes réponses.
• Faire un petit bilan des impressions, des difficultés et répondre aux questions.
• Penser à rassurer et encourager tous les élèves.

5/10 min **Auto-évaluation**

Cahier d'activités, page 11, portfolio : *Je décris des personnes en français.*
• Proposer aux élèves de revenir à la page du portfolio pour colorier les lignes de leur tableau d'auto-évaluation après cette phase de bilan / évaluation qui leur aura permis de mieux percevoir leurs nouveaux acquis.
• Leur demander d'utiliser une autre couleur pour visualiser leurs progrès.

2/3 min **Clôture / Rituel de fin de séance** [voir page 187 de ce guide]

TRANSCRIPTIONS

Cahier d'activités, page 10 : *Compréhension de l'oral*

Piste 8

> *Après les cours, Ghislaine et Mathéo parlent de leur nouveau professeur.*
> *Lis d'abord les questions. Écoute bien le dialogue et réponds aux questions.*
>
> **Ghislaine :** Alors Mathéo, tu as aimé le cours de mathématiques ?
> **Mathéo :** Oui, j'adore les maths et notre nouveau professeur est super !
> **Ghislaine :** Oui, M. Durand est intelligent et très beau. Et c'est lui qui fait les cours d'informatique et d'arts plastiques aussi. J'ai vraiment hâte.
> **Mathéo :** Ah bon ? Il fait aussi les cours d'arts plastiques ? Je déteste peindre : c'est difficile ! Je ne suis pas Léonard de Vinci, moi !
> **Ghislaine :** Ne t'inquiète pas ! Moi, je ne suis pas Picasso mais j'aime beaucoup dessiner. Tu vas apprendre et M. Durand va nous aider.

CORRIGÉS

Cahier d'activités, page 10 : *Compréhension de l'oral* (CD Piste 8)
    Exercice 1 : M. Durand
    Exercice 2 : super – intelligent – très beau (2 réponses au choix)
    Exercice 3 : d'arts plastiques – de mathématiques – d'informatique
    Exercice 4 : il n'aime pas peindre

Cahier d'activités, page 10 : *Compréhension des écrits*
    Exercice 1 : Ludo
    Exercice 2 : première case : « Ludo a les cheveux verts et une casquette violette. »
    Exercice 3 : faux : « Il est un peu paresseux mais il adore jouer avec ses copains, comme moi. »
    Exercice 4 : François adore manger du chocolat.

REMARQUES ET CONSEILS

Remarque préliminaire

Pour les élèves qui préparent le DELF Prim A2, prévoir au minimum une séance complète pour l'entraînement et la préparation aux épreuves de compréhension de l'examen. Pour les autres élèves, l'enseignant(e) pourra utiliser ces exercices comme des activités d'entraînement / d'ancrage par compétence. Il faut souligner que ces activités de DELF Prim sont tout à fait adéquates pour procéder aux activités de bilan des acquis des élèves. **[+ voir conseil général page 190]**

Compréhension de l'oral

L'épreuve de compréhension orale consiste pour les élèves à répondre à des questionnaires de compréhension portant sur trois ou quatre courts documents enregistrés ayant trait à des situations de la vie quotidienne. L'activité proposée permet aux élèves de s'entraîner à ces exercices de la partie « Compréhension de l'oral » du DELF Prim A2.

Consignes

Les formulations des consignes correspondent à celles que les élèves rencontreront lors de l'examen officiel. Prendre le temps de bien les lire, de les expliciter et, au besoin, de rassurer les élèves : elles sont longues mais simples et récurrentes.

Compréhension des écrits

L'épreuve de compréhension des écrits consiste pour les élèves à répondre à des questionnaires de compréhension portant sur trois ou quatre documents écrits simples et courts, ayant trait à des situations de la vie quotidienne. L'activité proposée, en rapport direct avec les acquis de l'unité 1, permet aux élèves de s'entraîner à ce type d'exercice de la partie « Compréhension des écrits » du DELF Prim, sans trop de difficultés. Vous trouverez plusieurs autres exemples complémentaires sur le site internet du Centre international d'études pédagogiques (www.ciep.fr).

BLOC-NOTES

....

....

Séquence 6 ▸ 2 à 3 séances ▷ Projet

OBJECTIFS • Réinvestir les acquis de l'unité dans un projet créatif et collaboratif en français

MATÉRIEL • Des grandes feuilles blanches (A3 – une par groupe de trois élèves), des stylos, des feutres, des ciseaux, de la colle…

DÉROULEMENT

3/5 min **Rituel de début de séance** [voir page 187 de ce guide]

De 40 min à 2h30 **Création / Réinvestissement**

Livre de l'élève, page 22, projet : *Fabriquons une affiche de notre héros fantastique !*
- Faire observer les exemples de productions finales, motiver et attiser la curiosité des élèves.
- Faire lire le titre et aider les élèves à nommer la tâche finale à partir du pictogramme et du titre : *« Nous allons fabriquer une affiche de notre héros fantastique ! »*
- Rappeler aux élèves qu'un héros peut avoir une forme, un caractère, des pouvoirs différents en fonction de ce que représente un héros pour eux.
- Préciser qu'ils vont inventer leur héros idéal qui peut avoir l'apparence, le caractère, le métier et les pouvoirs qu'ils souhaitent.
- Laisser le temps aux élèves de parcourir le mode d'emploi individuellement puis lire et expliciter le mode d'emploi collectivement.

- Réaliser les étapes.

Étape 1
Demander aux élèves de se mettre par groupes de 3.
REMARQUE : pour ce projet faisant appel aux goûts et préférences des élèves, il serait souhaitable de les laisser constituer leur équipe par affinités communes.

Étapes 2 et 3
Les élèves se rendent dans leur cahier d'activités page 12 et suivent les instructions pour inventer leur héros fantastique : son caractère, sa vie (nom, prénom, métier, adresse, caractéristiques physiques…), son objet / pouvoir magique, son exploit fantastique.

Étape 4
Distribuer une feuille A3 / une grande feuille à chaque groupe : les élèves dessinent leur héros sur la feuille en fonction des éléments et caractéristiques choisis.

Étape 5
Les élèves écrivent la présentation de leur héros sur leur affiche à partir des éléments notés dans leur cahier d'activités et organisent une présentation originale sur leur feuille.

Étape 6
Les élèves préparent la présentation orale de leur affiche à l'aide des outils dans leur cahier d'activités page 13.

- Faire lire la conclusion : *« Bravo ! Votre héros est prêt. Présentez-le à la classe ! »*
- Demander aux élèves de présenter leur affiche au reste de la classe. Chaque groupe présente son héros avec son affiche.
- Après les présentations, les élèves observent les affiches des autres groupes, sélectionnent leurs trois héros préférés et notent les informations à propos de ces trois héros dans leur cahier d'activités page 13.

Pour aller plus loin …
- Proposer quelques activités ludiques complémentaires à réaliser avec leurs affiches.
- Réaliser un jeu de devinettes à partir des héros fantastiques inventées à la manière du jeu *« Devine qui c'est ? »* de l'unité.
- Proposer aux élèves de réaliser une exposition de leurs affiches dans la classe ou dans l'école et de les présenter aux autres classes et à leurs familles lors d'une soirée ou d'un après-midi « vernissage ».
- Rapporter à la maison son affiche pour présenter son héros à sa famille et/ou ses amis.

2/3 min **Clôture / Rituel de fin de séance** [voir page 187 de ce guide]

Test de l'unité 1
Guide de classe, page 49, test 1

TRANSCRIPTIONS

Exercice 1

Piste 35

> *Écoute et coche la bonne case.*
> Mon héros fantastique est une fille qui mesure un mètre quarante. Elle est petite et très forte mais elle est un peu timide. Elle a les cheveux courts. Elle n'a pas de lunettes.

CORRIGÉS

Exercice 1 : réponse **b**

Exercice 2 : 1 > **b** – 2 > **c** – 3 > **d** – 4 > **a**

Exercice 3
  1. Fifi Brindacier est **forte** et **courageuse**.
  2. Méduse est **laide** et **vieille**.
  3. Le petit Poucet et Mowgli sont **intelligents** et **courageux**.
  4. Notre héros est **beau** et **intelligent**.

Exercice 4
  Exemple de production attendue :
  Manon a les cheveux roux et courts. Elle a les yeux verts. Elle mesure un mètre quarante-deux et elle pèse trente-quatre kilos. Elle est intelligente et belle. Elle est forte.

Exercice 5
  Circuler dans la classe et poser deux questions à chaque élève. Demander d'abord : *« Combien tu mesures ? »*.
  Puis, lorsque l'élève a répondu, poser la question : *« Comment est… ? »* et changer de nom de personne ou de personnage à chaque fois.

  Barème : chaque exercice est noté sur 4 points.

REMARQUES ET CONSEILS

- Sachant que la délivrance de notes est souvent obligatoire dans les écoles pour attester du niveau atteint à un moment donné par chaque élève vis à vis d'un programme établi, un test noté vous est proposé à titre **facultatif** pour chaque unité. Il propose des exercices pour évaluer les 4 compétences : CO, CE, PO, PE.
  Les tests ne comportent pas de piège et reprennent les éléments principaux de l'unité.

- Pensez à mettre les élèves en condition avant le test, à les rassurer et à bien expliquer les consignes avant.
  [+ voir conseil général page 190]

Fiche n° 1 : Les personnages de la poésie

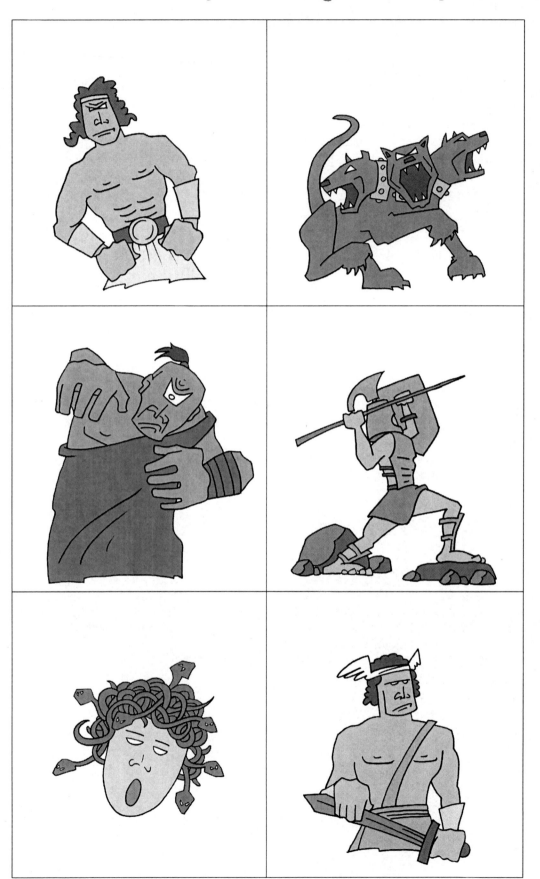

À PHOTOCOPIER

Fiche n° 2 : Le jeu des sosies

Zorro
1 m 85
75 kg

Hermione
1 m 55
45 kg

Le Petit Poucet
1 m 10
25 kg

Kirikou
50 cm
3 kg

Robin des Bois
1 m 80
70 kg

Superman
1 m 95
95 kg

Mowgli
1 m 30
30 kg

Fifi Brindacier
1 m 50
40 kg

Aladin
1 m 65
55 kg

Tintin
1 m 70
60 kg

Fiche n° 3 : Grille d'observation d'un jeu

Unité .... – Grille d'observation – Jeu « .... »

Élève	....			....			....			....		
	☹	😐	☺	☹	😐	☺	☹	😐	☺	☹	😐	☺
Il / Elle comprend les règles du jeu.												
Il / Elle prononce correctement les sons [......] et [......] (et [......]).												
Il / Elle a mémorisé et utilise le vocabulaire et les structures de l'unité.												
Il / Elle interagit en français pendant le jeu et se fait comprendre.												
Observations												

À PHOTOCOPIER

Fiche n° 4 : Grille de co-évaluation

	Tu parles et je comprends.			Tu utilises la boîte à outils.			Tu prononces.		
	☹	😐	☺	☹	😐	☺	☹	😐	☺
Groupe 1 Prénoms :									
Groupe 2 Prénoms :									
Groupe 3 Prénoms :									
Groupe 4 Prénoms :									
Groupe 5 Prénoms :									

Fiche n° 5

Exemple de lettre pour les parents à traduire en langue maternelle

Madame, Monsieur,

Votre enfant poursuit son apprentissage du français cette année. Cela sera un véritable atout pour lui.

Nous vous invitons à continuer à l'encourager et à l'aider dans son apprentissage. Le fait de sentir que l'apprentissage de cette langue est un choix conscient et motivé de votre part permet à votre enfant de mieux comprendre et le stimule au quotidien pour progresser.

Comme vous le savez, le plaisir d'apprendre une nouvelle langue passe aussi par la mise en place d'un lien privilégié entre l'école et la famille. Votre enfant comprend ainsi que vous adhérez à ce projet et que vous le soutenez dans son apprentissage. Nous aurons l'occasion de développer ce lien au travers d'activités ouvertes aux parents et de rencontres proposées, tout au long de l'année.

Par ailleurs, comme aux niveaux 1 et 2, votre enfant a une pochette de français personnelle. Il / Elle y conservera les traces de son apprentissage, de ses découvertes en français et de ses découvertes interculturelles.

Cette pochette est également un lien entre l'école, la classe de français et la maison. Vous pourrez découvrir avec lui les documents qu'il aura placés dans sa pochette (des textes, des poésies, des dessins, des photos…).

Nous vous invitons à contribuer au développement de son éveil (inter)culturel en lui faisant remarquer tous les éléments (inter)culturels qu'il rencontre au quotidien (recette de cuisine, visite d'un musée, film international, faits de l'actualité, événement culturel…) et à l'aider à compléter régulièrement sa pochette (un article de journal, un ticket de cinéma, une photo de vacances, une chanson…).

La découverte d'une langue étrangère, c'est aussi l'ouverture à l'autre et à la différence. Si dans votre famille ou votre entourage proche, des personnes parlent d'autres langues, pensez à le valoriser auprès de votre enfant. Il sera très certainement heureux et fier de nous en parler ensuite en classe.

Au plaisir de se revoir prochainement,

Signature

À PHOTOCOPIER

Test 1

Nom : .... Prénom : ....

---

❶ Coche la bonne case.

a ☐   b ☐   c ☐

...../4

---

❷ Relie.

Je lis

1. méchant •   • a

2. curieux •   • b

3. triste •   • c

4. drôle •   • d

...../4

---

❸ Complète avec *courageux, forte, intelligents, vieille, beau, laide, intelligent, courageuse.*

J'écris

1. Fifi Brindacier est .... et ....

2. Méduse est .... et ....

3. Le petit Poucet et Mowgli sont .... et ....

4. Notre héros est .... et ....

...../4

---

❹ Regarde le dessin et décris Manon.

J'écris

....

....

....

....

....

....

1 m 42

34 kilos

...../4

---

❺ Réponds à ton professeur.

Je parle

- Combien tu mesures ?

- Comment est... ?

...../4

À PHOTOCOPIER

...../20

Unité 2 : Dans les médias

Séquence	**1** Apprentissage	**2** Apprentissage	**3** Apprentissage
Nombre de séances (≈ 45 min / ≈ 60 min)	**3 séances**	**2 séances**	**3 séances**
Objectifs communicatifs	• Parler des médias	• Parler de son école et de ses habitudes • Exprimer la fréquence	• Demander et donner des informations
Grammaire	• Les verbes au présent : *écouter, lire / écrire / prendre*	• *Toujours, souvent, parfois, (ne)... jamais*	• Les relatifs : *qui, que, où*
Lexique	• Les médias	• Les médias et les activités quotidiennes des élèves	• Les rubriques, les informations • Révision de l'heure : *à quelle heure... ?*
Phonétique	Les sons [wi] / [ɥi]		
(Inter)culturel	La vie des élèves français		
Interdisciplinaire	Un peu d'éducation civique		
Fiches photocopiables dans le guide	• Fiche n° 6 (p. 75) : *Les médias*	• Fiche n° 7 (p. 76) : *Le dé des habitudes*	• Fiche n° 3 (p. 46) : *Grille d'observation d'un jeu*
Matériel complémentaire	• Guide de classe *Tip Top !* 1, fiche n° 30 a (p. 162) : *Le jeu des verbes* • Guide de classe *Tip Top !* 1, fiche n° 30 b (p. 163) : *La toupie du jeu des verbes* Téléchargeable gratuitement sur http://www.editionsdidier.com/collection/tip-top/	• Des ciseaux	• Étiquettes-mots (facultatif) • Guide de classe *Tip Top !* 2, fic n° 5 (p. 50) : *Il est quelle heu* (facultatif) Téléchargeable gratuitement su http://www.editionsdidier.com/collection/tip-top/

4 Apprentissages transdisciplinaires et interculturels	**5** Bilans et (auto)évaluations	**6** Projet
2 à 3 séances	**2 à 3 séances**	**1 à 3 séances**
• Ancrage des nouveaux acquis de l'unité au travers d'activités transdisciplinaires et interculturelles	• Rebrassage	• Réinvestissement des acquis de l'unité dans le cadre d'un projet collaboratif
• Ancrage	• Rebrassage	• Réinvestissement
• Ancrage • Découverte de certains éléments d'un cours d'éduction civique	• Rebrassage	• Réinvestissement

Les sons [wi] / [ɥi]

La vie des élèves français

Un peu d'éducation civique

	• Fiche n° 4 (p. 47) : *Grille de co-évaluation* • Test 2 (p. 77)	
• Des ordinateurs (facultatif) • Internet (facultatif)	• Affiche *Tip Top ! : La langue de la classe* (facultatif)	• Matériel pour le projet : - version papier : des feuilles, des stylos, de vieux journaux, magazines ou catalogues en français (facultatif) - version numérique : un / des ordinateur(s), Internet (facultatif)

Séquence 1 ▶ 3 séances

OBJECTIFS • Connaître et nommer des médias
• Identifier quelques métiers du journalisme

MATÉRIEL • Fiche n° 6 : *Les médias*, page 75

DÉROULEMENT

5 min **Rituel de début de séance** [voir page 187 de ce guide]

5/8 min **Découverte / Présentation de l'unité**

Livre de l'élève, page 23 : *Dans les médias*
• Annoncer aux élèves qu'ils vont commencer une nouvelle unité : l'unité 2. Faire observer l'illustration. Demander aux élèves ce que représente l'image, ce qu'ils voient.
• Demander aux élèves quel est le titre de l'unité et ce qu'il signifie pour eux. Désigner plusieurs médias sur l'image et dire que l'ensemble représente « *les médias* ».
• Faire lire le contrat d'apprentissage et attiser la curiosité des élèves pour cette nouvelle unité.

5/8 min **Découverte**

Livre de l'élève, page 24, illustration : *À la rédaction du Petit Hebdo !*
• Faire observer la nouvelle illustration et demander aux élèves de dire qui ils voient et ce qu'ils voient.

5 min **Compréhension orale / Compréhension orale guidée**

Livre de l'élève, page 24, situation 1 (CD Piste 9)
1ère écoute • Passer l'enregistrement, dialogue caché. Demander aux élèves de dire qui parle et ce qu'ils ont entendu.

10 min **Écoute active**

Livre de l'élève, page 24, activité 1 : *Trouve les bonnes réponses.* (CD Piste 9)
2ème écoute • Avant l'écoute, faire lire la consigne et les questions. Passer l'enregistrement avec le texte et demander aux élèves de trouver les bonnes réponses.

Cahier d'activités, page 14, activité 1 : *Remets dans l'ordre.* (CD Piste 9)
• Demander aux élèves de lire la consigne et les phrases.
• Passer à nouveau l'enregistrement et demander aux élèves de noter l'ordre qui leur semble correct.
• Inviter les élèves à se mettre deux par deux et à comparer leurs solutions, puis corriger collectivement avec l'enregistrement.

10/15 min **Compréhension et systématisation**
• Montrer les personnages et les journaux sur l'illustration page 24 et demander aux élèves qui fabrique le journal à la rédaction du *Petit Hebdo*. Les aider à retrouver les métiers du journalisme dans le dialogue 1.

Livre de l'élève, page 26, boîte à outils : *Les médias*
• Afficher au tableau les cartes-images des médias (voir fiche n° 6, *Les médias*) et les nommer distinctement.
• Faire trois cercles au tableau et écrire à l'intérieur « objets », « métiers », « loisirs ».
• Lire distinctement les mots de chaque média de l'encadré par catégorie : « *la presse* », « *la radio* »…
• Demander aux élèves de retrouver dans chaque liste les personnes qui fabriquent ces médias, les personnes qui utilisent ces médias et les objets (supports) de ces médias. À chaque bonne réponse coller la carte-mot (fiche n° 6, *Les médias*) dans le bon cercle et répéter le mot distinctement.

Jeu du plus rapide, avec les mots des médias
• Faire des équipes. Jouer au jeu du plus rapide avec les mots des médias.

5/10 min **Reproduction orale**
• Désigner les trois cercles au tableau et poser des questions aux élèves pour qu'ils retrouvent les bons mots : « *Qui fabrique le journal ? Qui regarde Internet ?…* » Les aider à bien prononcer les nouveaux mots.

2/3 min **Clôture / Rituel de fin de séance** [voir page 187 de ce guide]

TRANSCRIPTIONS

Livre de l'élève, page 24, situation 1

> **La journaliste :** Bienvenue au journal *Le Petit Hebdo.* Ici c'est la rédaction.
>
> **Noé :** La rédaction ? Qu'est-ce que c'est ?
>
> **La journaliste :** Dans la salle de rédaction, les journalistes cherchent des idées et regardent les médias. Quels médias connaissez-vous ?
>
> **Les élèves :** La presse, la radio, Internet, la télévision…
>
> **La journaliste :** Très bien ! Nous choisissons tous ensemble les informations pour notre journal.
>
> **Noé :** Et vous, qu'est-ce que vous faites ?
>
> **La journaliste :** Je suis journaliste. J'écris des articles.
>
> **Camille :** Vous faites aussi les photos ?
>
> **La journaliste :** Non, ce sont les photographes qui prennent des photos et les maquettistes placent les articles dans le journal. Est-ce que vous lisez des journaux ou des magazines ?
>
> **Noé :** Oui, moi, je lis parfois les journaux et souvent des magazines sur les animaux.

CORRIGÉS

Livre de l'élève, page 24, activité 1 : *Trouve les bonnes réponses.* (CD Piste 9)

Ils sont à la rédaction d'un journal. **> 2**

C'est une journaliste. **> 3**

Ils écrivent des articles. **> 1** / Ils regardent les médias. **> 3**

Cahier d'activités, page 14, activité 1 : *Remets dans l'ordre.* (CD Piste 9)

- [3] J'écris des articles.
- [4] Ce sont les photographes qui prennent des photos.
- [1] Les journalistes cherchent des idées.
- [6] Je lis parfois les journaux et souvent des magazines sur les animaux.
- [2] Nous choisissons tous ensemble les informations pour notre journal.
- [5] Les maquettistes placent les articles dans le journal.

REMARQUES ET CONSEILS

Les pages d'ouverture de *Tip Top !* 3

Cette page présente l'occasion de réviser le vocabulaire de la maison, des activités extrascolaires (avant ou après l'école) avant de guider les élèves vers la découverte des médias présents sur cette image. Pensez à faire participer tous les élèves afin de les motiver et de les placer en situation de réussite.

Demandez aux élèves s'ils connaissent d'autres médias, ils peuvent donner quelques réponses en langue maternelle que vous reprendrez et confirmerez en français : ne pas trop en dire, il s'agit d'attiser leur curiosité.

[+ voir conseil général page 191]

Boîte à outils, *Les médias*

Le travail sur les rubriques sera effectué dans la séquence 2.

Mimez les différents mots pour aider les élèves à comprendre leur signification et à bien les placer dans les cercles au tableau. Vous pouvez également utiliser l'illustration de la page d'ouverture (p. 23) pour faciliter la compréhension de tous.

Jeu du plus rapide, avec les mots des médias

Demandez aux élèves de se mettre en file indienne par équipe. Lorsque vous prononcez un mot des médias, les premiers de chaque file courent au tableau et touchent le mot qu'ils pensent avoir entendu. Le plus rapide à désigner la réponse correcte gagne un point pour son équipe.

Les élèves connaissent déjà les règles de ce jeu, laissez le temps aux élèves de bien regarder les mots dans leur boîte à outils.

Séquence 1 ▸ 3 séances

OBJECTIFS • Parler des médias et dire ce font les personnes

MATÉRIEL • Fiche n° 6 : *Les médias*, page 75

DÉROULEMENT

5 min **Rituel de début de séance** [voir page 187 de ce guide]

10/15 min **Production orale guidée**
- Observer l'illustration *« Dans les médias »* page 23. Demander aux élèves de retrouver et de nommer tous les éléments des médias contenus dans ce dessin.

Livre de l'élève, page 26, activité 1 : *Demande à ton / ta voisine(e).*
- Demander aux élèves de lire les deux questions et répondre tous ensemble.
- Proposer aux élèves de se poser d'autres questions du même type avec les mots des médias. Circuler dans la classe pour vérifier les premiers acquis et aider à formuler des phrases complètes.

5/8 min **Systématisation / Ancrage**

Cahier d'activités, page 14, activité 3 : *Retrouve les 9 mots des médias.*
- Faire lire la consigne puis demander aux élèves de réaliser l'activité individuellement.
- Procéder à une correction collective.

8/10 min **Reproduction écrite et ancrage**

Cahier d'activités, page 15, activité 4 : *Complète avec les mots de l'activité 3.*
- Faire lire la consigne et le texte à trous collectivement.
- Demander aux élèves de réaliser l'activité de reproduction écrite deux par deux.

Cahier d'activités, page 15, activité 5 : *Relie chaque mot à son média.*
- Faire lire la consigne puis demander aux élèves de réaliser l'activité individuellement.
- Procéder à une correction collective au tableau à l'aide des cartes-images des médias et des étiquettes-mots (fiche n° 6, *Les médias*).
- Poser des questions aux élèves sur les mots des médias et aider à répondre en faisant des phrases complètes avec les mots de l'activité 5 : *« Que fait le téléspectateur ? Le téléspectateur regarde la télévision… »*

10/15 min **Compréhension orale détaillée et reproduction**

Livre de l'élève, page 24, situation 1 ⟨CD Piste 9⟩
- Passer à nouveau l'enregistrement et demander aux élèves de repérer ce que fait chaque personne pour fabriquer un journal : *« qu'est-ce qu'ils font ? Que font les photographes, les maquettistes… ? »*
- Faire repérer les verbes d'action : *regarder, chercher, choisir, écrire, faire, prendre, placer, lire.*
- Noter ces verbes à l'infinitif au tableau et effectuer une révision de la conjugaison des verbes réguliers en *–er* au présent à toutes les personnes et des autres verbes connus aux trois premières personnes du singulier *(je, tu, il / elle* et *on)* à l'aide de petits jeux grammaticaux.

5/10 min **Reproduction orale**

Jeu de rôles
- Inviter les élèves à reprendre le dialogue 1 trois par trois : certains élèves peuvent faire une présentation devant leurs camarades.

2/3 min **Clôture / Rituel de fin de séance** [voir page 187 de ce guide]

Livre de l'élève, page 26, activité 1 : *Demande à ton / ta voisine(e).*
Exemple de production attendue :
Tu connais des magazines français ? Oui, je connais « Géo Ados ».
Quel film tu aimes ? J'aime « Le Petit Nicolas ».

Cahier d'activités, page 14, activité 3 : *Retrouve les 9 mots des médias.*

les médias
les magazines
les journalistes
l'Internet
le présentateur

les articles
les émissions
la télévision
la radio

T	E	L	E	V	I	S	I	O	N	P	J
W	A	G	D	I	R	T	R	A	D	I	O
U	I	M	O	P	M	L	M	K	H	G	U
P	R	E	S	E	N	T	A	T	E	U	R
M	E	D	I	A	S	Q	G	S	D	F	N
A	R	Z	A	N	R	X	A	C	V	B	A
R	U	T	S	V	E	T	Z	E	P	A	L
L	I	O	M	L	B	N	I	Y	T	S	I
E	B	Q	V	I	D	A	N	C	R	O	S
P	I	N	T	E	R	N	E	T	L	I	T
S	E	O	K	A	T	E	S	S	A	E	E
E	T	T	E	M	I	S	S	I	O	N	S

Cahier d'activités, page 15, activité 4 : *Complète avec les mots de l'activité 3.*
Vous connaissez les **médias** ?
Dans **les magazines**, il y a des rubriques. Par exemple, dans la rubrique « culture », les **journalistes** écrivent des **articles** sur le théâtre, le cinéma, la musique… À la **radio**, vous pouvez écouter des **émissions** intéressantes. À la **télévision**, le **présentateur** fait des interviews. Sur **Internet**, il y a beaucoup d'informations.

Cahier d'activités, page 15, activité 5 : *Relie chaque mot à son média.*

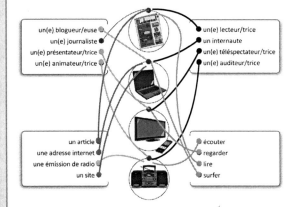

un(e) blogueur/euse
un(e) journaliste
un(e) présentateur/trice
un(e) animateur/trice

un(e) lecteur/trice
un internaute
un(e) téléspectateur/trice
un(e) auditeur/trice

un article
une adresse internet
une émission de radio
un site

écouter
regarder
lire
surfer

Cahier d'activités, page 15, activité 4 : *Complète avec les mots de l'activité 3.*
Même si les élèves ne comprennent pas tous les mots, ils peuvent procéder par déduction.

Livre de l'élève, page 24, situation 1
Faire mimer chaque verbe pour vérifier la compréhension de tous les élèves.

Exemples de petits jeux grammaticaux pour la révision des verbes réguliers en *–er* au présent :
* dictée de verbes avec des feuilles ou des ardoises (jeu de rapidité) ;
* reprise du jeu des verbes de *Tip Top !* 1 (Guide de classe, *Tip Top !* 1, pp. 162-163, fiches n° 30 a et 30 b) ;
* activité d'appariement : relier les verbes conjugués aux bons sujets.

BLOC-NOTES

....
....
....

Unité 2

Séquence 1 ▶ 3 séances

OBJECTIFS • Parler des médias (suite), utiliser les verbes réguliers au présent à toutes les personnes

MATÉRIEL • Fiche n° 30 b, *La toupie du jeu des verbes*, guide de classe *Tip Top !* 1, page 163

DÉROULEMENT

5 min **Rituel de début de séance** [voir page 187 de ce guide]

5/8 min **Production orale guidée**
• Reprendre la page d'ouverture (p. 23) « *Dans les médias* ». Désigner des personnages et demander aux élèves ce qu'ils font. 💡 Aider les élèves à répondre en faisant des phrases complètes.

10/15 min **Compréhension et systématisation**

Livre de l'élève, page 17, boîte à outils
• Faire observer l'encart sur les verbes au présent.
• Montrer aux élèves que les conjugaisons des verbes comme *lire, écrire* ou *prendre* varient par rapport à celle du verbe *écouter*. Faire émettre des hypothèses concernant les règles de conjugaison des verbes au présent comme *lire / écrire* et ceux du même groupe que *prendre*. Pas de confirmation pour l'instant.

Cahier d'activités, page 16, activité 6 : *Observe et place les verbes dans les colonnes.*
• Demander aux élèves de bien observer cette liste de verbes et de comparer leurs conjugaisons avec celles de leur boîte à outils. Demander aux élèves dans quelle ligne du tableau ils placeraient chacun de ces verbes et pourquoi. 💡
• Énoncer tous ensemble les différences et ressemblances de conjugaison repérées pour ces verbes. Proposer aux élèves de classer chaque verbe dans la bonne ligne du tableau en fonction de sa conjugaison. 💡
• Faire déduire les règles générales de conjugaison pour les verbes se conjuguant comme *lire / écrire* et ceux du même groupe que *prendre*. 💡

8/10 min **Reproduction orale et systématisation**

Le jeu des verbes
• Demander aux élèves de nommer tous les verbes qu'ils connaissent (à l'infinitif) dans les trois catégories (comme *écouter,* comme *lire,* comme *prendre*) et les noter au tableau en trois colonnes.
• Faire des groupes de 3 à 4 élèves.
• Distribuer à chaque groupe la toupie des « sujets » (voir guide de classe, *Tip Top !* 1, p. 163, fiche n° 30 b, *La toupie du jeu des verbes*).
• Expliquer les règles du jeu : un élève lance la toupie « sujet » et les autres choisissent un verbe de la liste au tableau. L'élève doit conjuguer le verbe choisi à la personne désignée par la toupie et faire une phrase au présent avec ce verbe. Si la phrase est correcte, il gagne un point. L'activité se poursuit avec un autre élève. Celui qui a le plus de points a gagné.

8/10 min **Reproduction écrite / Ancrage**

Cahier d'activités, page 16, activité 7 : *Complète les phrases.*
• Faire lire la consigne puis demander aux élèves de réaliser l'activité individuellement.
• Procéder à une correction par petits groupes : les élèves échangent leurs cahiers et se corrigent entre eux à l'aide de leur boîte à outils. L'enseignant(e) circule dans la classe pour aider et valider les bonnes réponses.

10/15 min **Stratégies d'apprentissage**

Cahier d'activités, page 21 : *Les astuces de Noé*
• Lire et découvrir tous ensemble les astuces de Noé. 💡
• Demander aux élèves ce qu'ils pensent de ces astuces, s'ils les utilisent aussi et s'ils en connaissent d'autres.
• Proposer aux élèves de réaliser quelques activités de mémorisation des nouveaux verbes de l'unité comme *prendre* ou *placer*.

2/3 min **Clôture / Rituel de fin de séance** [voir page 187 de ce guide]

CORRIGÉS

Cahier d'activités, page 16, activité 6 : *Observe et place les verbes dans les colonnes.*

1. Comme *écouter* (écout-)	parler – regarder – chercher
2. Comme *lire* (lis-/lis-)	connaître – écrire
3. Comme *prendre* (prend-/pren-/prenn-)	comprendre – venir

Cahier d'activités, page 16, activité 7 : *Complète les phrases.*
1. écrivent – **2.** lisons – **3.** regardez – **4.** viennent – **5.** cherchent – **6.** connaissez

REMARQUES ET CONSEILS

Production orale guidée

Posez des questions aux élèves sur une personne, puis sur plusieurs personnes pour appeler des réponses au pluriel. Insistez sur la prononciation des verbes quand ils varient au pluriel pour faire remarquer une particularité aux élèves : *L'homme lit son journal dans la rue. Le papa et la petite fille lisent dans la cuisine.*

Cahier d'activités, page 16, activité 6 : *Observe et place les verbes dans les colonnes.*

Pensez à afficher ou noter au tableau les 4 verbes présentés dans la boîte à outils. Commencez par faire observer les terminaisons. Entourez les différentes terminaisons au fur et à mesure des réflexions émises par les élèves pour les faire parvenir à identifier que les terminaisons au présent singulier pour les verbes réguliers en *–er* sont **-e, -es, -e** et pour les autres verbes **-s, -s, -t / d / ø** et qu'au pluriel elles sont toujours identiques : **-ons, -ez, -ent.**
Faites ensuite remarquer le nombre de bases (de radicaux) pour la conjugaison de ces verbes au présent.
Utilisez un code couleur qui facilitera ce travail d'observation : entourez les terminaisons en rouge et souligner le radical en noir.
Terminez par la visualisation de la construction complète de ces verbes au présent (base(s) + terminaisons). Par exemple :

Je / Tu   + *li* + *–s*
Il / Elle / On   + *t*
Nous   + *lis* + *ons*
Vous   + *ez*
Ils / Elles   + *ent*

Ce travail de réflexion autour des verbes au présent est très important pour la poursuite de l'apprentissage de vos élèves au niveau A2. En effet, les élèves qui prendront le temps d'identifier dans quelle catégorie se situe un nouveau verbe et d'observer le nombre de bases (radicaux), pourront ensuite mieux mémoriser sa conjugaison au présent et plus tard le conjuguer aux autres temps avec aisance. C'est donc un travail un peu plus long pour un gain de temps indéniable ensuite. En fonction du temps accordé à cette activité, proposez aux élèves de compléter ce tableau avec d'autres verbes qu'ils connaissent.

Cahier d'activités, page 21 : *Les astuces de Noé*

Dans cette unité, Noé partage avec les élèves ses stratégies pour apprendre les nouveaux verbes.
Commencez par choisir tous ensemble un verbe nouveau dans le dialogue 1 ou l'unité comme *choisir* et proposez aux élèves de tester les cinq astuces de Noé. À l'issue de ces essais, demandez aux élèves s'ils ont l'impression qu'une astuce les a plus aidés qu'une autre. Expliquez que cela dépend de chacun d'entre eux et qu'ils ont tous des manières différentes d'apprendre. Faites ensuite noter les meilleures astuces des élèves pour apprendre les verbes dans l'espace de la classe réservé aux astuces d'apprentissage. Invitez les élèves à noter leurs noms sous les astuces qui leur conviennent le mieux. Lors de la découverte de nouveaux verbes, incitez chaque élève à consulter le coin des astuces pour se souvenir de ce qui était le plus efficace pour lui / elle.

BLOC-NOTES

....
....
....
....
....
....

Séquence 2 ▶ 2 séances

OBJECTIFS • Comprendre des expressions de fréquence
• Parler de ses habitudes

MATÉRIEL • Fiche n° 7, *Le dé des habitudes*, **page 76**

DÉROULEMENT

5 min **Rituel de début de séance** [voir page 187 de ce guide]

5/8 min **Compréhension écrite détaillée et production orale guidée**

Livre de l'élève, page 24, situation 1 CD Piste 9
• Faire observer les journaux de l'illustration page 24.
• Demander aux élèves si Noé aime lire les journaux. Leur indiquer qu'ils peuvent trouver la réponse dans le dialogue 1.
• Faire lire à haute voix la dernière phrase de Noé et porter l'attention des élèves sur les expressions de fréquence *parfois* et *souvent*.

10/15 min **Reproduction orale et systématisation**

Livre de l'élève, pages 26 et 27, boîte à outils
• Faire observer l'encadré des adverbes de fréquence page 27. Les lire et indiquer leur signification.
• Demander aux élèves si, comme Noé, ils lisent parfois les journaux.
• Faire lire les phrases dans le bandeau mauve du haut (page 26) : *« Nous regardons souvent la télévision le soir. Elles prennent parfois le bus pour aller à l'école. »*
• Aider les élèves à déduire la place de ces adverbes dans la construction de la phrase.

Livre de l'élève, page 27, activité 2 : *Et toi ? Parle avec un(e) camarade.*
• Lire la consigne et l'exemple collectivement.
• Demander aux élèves de se mettre deux par deux et de se poser des questions comme dans l'exemple avec les verbes et les mots des médias de leur boîte à outils.
• Circuler dans la classe pour soutenir et aider les élèves à faire des phrases complètes avec une structure grammaticale correcte.

8/10 min **Systématisation et reproduction écrite**

Cahier d'activités, page 16, activité 8 : *Regarde et complète avec toujours, souvent, parfois, ne…jamais.*
• Faire lire la consigne et inviter les élèves à découvrir ce premier sondage statistique de l'unité.
• Demander aux élèves de regarder le graphique et de dire quel est le sujet de ce sondage : *« les médias. »*
• Aider les élèves à comprendre comment lire ce graphique et compléter la première phrase tous ensemble.
• Demander aux élèves de poursuivre l'activité individuellement, avec l'aide de leur boîte à outils si nécessaire.
• Procéder à une correction collective.

10/15 min **Reproduction orale et production orale guidée**

• Demander aux élèves s'ils ont les mêmes habitudes que les personnes interrogées dans ce sondage et les aider à répondre en faisant des phrases complètes.

Le jeu des habitudes
• Demander aux élèves de se mettre par petits groupes. Distribuer à chaque groupe un dé des habitudes (fiche n° 7). Demander aux élèves de lancer le dé et de parler de leurs habitudes en utilisant l'adverbe indiqué par le dé. Circuler dans la classe pour aider à formuler des phrases complètes et correctes.

2/3 min **Clôture / Rituel de fin de séance** [voir page 187 de ce guide]

CORRIGÉS

Livre de l'élève, page 27, activité 2 : *Et toi ? Parle avec un(e) camarade.*
Exemple de production attendue :
Tu écoutes la radio ? Oui, j'écoute souvent la radio.
Tu écris des articles pour le journal de l'école ? Oui, j'écris parfois des articles.
Tu prends le bus pour aller à l'école ? Non, je ne prends jamais le bus pour aller à l'école.

Cahier d'activités, page 16, activité 8 : *Regarde et complète avec toujours, souvent, parfois, ne... jamais.*
1. Ils regardent **souvent** la télévision.
2. Ils lisent **parfois** la presse.
3. Ils **n'**écoutent **jamais** la radio.
4. Ils surfent **toujours** sur Internet.

REMARQUES ET CONSEILS

Illustration des dialogues
Dans chaque unité de *Tip Top !* 3, les illustrations des dialogues comportent des documents authentiques comme dans cette unité 2 : des couvertures de journaux pour enfants. Vous pourrez faire découvrir ces documents globalement avec le reste de l'illustration ou prendre le temps de les observer. Dans cette unité 2, c'est l'occasion de présenter aux élèves la Une de trois journaux français connus des élèves en France. Pour aller plus loin, vous pourrez trouver des exemplaires de ces journaux via le site internet indiqué sous l'illustration.

Les adverbes de fréquence
Les élèves connaissent déjà les adverbes de fréquence *souvent* et *toujours* par le biais de leurs tableaux du portfolio.

Reproduction orale et production orale guidée
Dans un premier temps, les élèves répondront uniquement par l'utilisation de l'adverbe de fréquence correspondant *(parfois, souvent…)*, puis au fur et à mesure de l'acquisition, vous les inciterez à faire des phrases complètes et plus complexes, du type : *« Oui, j'écris parfois des articles pour le journal de l'école. »*

BLOC-NOTES

Séquence 2 ▸ 2 séances

Séance 2

OBJECTIFS • Parler des habitudes de ses camarades, utiliser des expressions de fréquence, faire un sondage

MATÉRIEL • Fiche n° 7, *Le dé des habitudes*, page 76
• Des ciseaux

DÉROULEMENT

5 min **Rituel de début de séance** [voir page 187 de ce guide]

5/8 min **Phonétique**

Livre de l'élève, page 27, méli-mélodie, les sons [wi] / [ɥi] CD Piste 11
• Faire observer les deux personnages et proposer aux élèves de découvrir ce qu'ils font grâce à l'enregistrement.
• Répéter le méli-mélodie tous ensemble.

5/8 min **Ancrage**
• Reprendre le jeu des habitudes de la séance précédente.

30/35 min **Production orale et écrite**

Livre de l'élève, page 29, sondage : *Les médias et les élèves de la classe*
• Faire lire le titre et les sous-titres. Expliquer aux élèves qu'ils vont faire un sondage dans la classe pour découvrir les habitudes de leurs camarades face aux médias.
• Demander aux élèves s'ils ont déjà participé à un sondage.
• Découvrir et expliciter tous ensemble la première consigne et les six items du sondage.
• Demander aux élèves de découper le tableau de sondage dans leur cahier d'activités page 71.
• Faire remarquer les bulles exemples et jouer autour de cette première question tous ensemble en faisant varier l'adverbe de fréquence.
• Montrer aux élèves comment compléter leur tableau de sondage à l'aide de ce premier item : « *écouter la radio dans la salle de bain* ». 💡
• Inviter les élèves à circuler dans la classe pour interroger trois camarades sur les six items comme dans l'exemple proposé.
• Insister sur l'importance de réaliser l'activité en français, de faire des phrases complètes.
• Lorsque les élèves ont terminé leur « prospection », les inviter à lire la deuxième consigne et à compter les réponses de leurs trois camarades.

Cahier d'activités, page 18, activité 12 : *Entoure les mots et complète l'article.*
• Demander aux élèves de compléter leur article en fonction des réponses de leurs trois camarades.
• Circuler dans la classe pour aider et corriger les élèves.
• Inviter certains élèves à lire leur article devant la classe.

Pour aller plus loin...
• Dessiner au tableau les quatre colonnes de total avec les quatre adverbes de fréquence et les six questions.
• Proposer aux élèves de compter l'ensemble des réponses de la classe par question pour connaître leurs habitudes.
• Faire des pourcentages et dessiner tous ensemble un graphique des habitudes des élèves de la classe vis-à-vis des médias, comme celui de l'activité 8 page 16 de leur cahier d'activités.
• Commenter tous ensemble le graphique. Demander aux élèves pourquoi ils ont ces habitudes selon eux. 💡

2/3 min **Clôture / Rituel de fin de séance** [voir page 187 de ce guide]

TRANSCRIPTIONS

Livre de l'élève, page 27, méli-mélodie, les sons [wi] / [ɥi]

 Piste 11

> Louise lit souvent la nuit.
> Louis, lui, écrit une poésie.

CORRIGÉS

Cahier d'activités, page 18, activité 12, résultats du sondage : *Entoure les mots et complète l'article.*
Exemple de production attendue :

Les médias et les élèves de la classe

...Karim et Émilie... (prénom(s)) écoutent... (écouter)
jamais – parfois – (souvent) – toujours la radio dans la salle de bain.
Ils/Elles surfent... (surfer) (parfois) – souvent – toujours
sur Internet en classe.
Ils/Elles lisent... (lire) ...toujours... des magazines au lit.
...Karim et Vincent jouent parfois... aux jeux vidéo avant l'école.
...Suzana, Émilie et Vincent regardent toujours un film... le samedi.
...Suzana et Karim font souvent leurs devoirs... sur l'ordinateur.

REMARQUES ET CONSEILS

Tableau à compléter pour le sondage

Les élèves vont noter les réponses de leurs camarades dans le tableau découpé page 71 du cahier d'activités. Sur la première ligne, ils notent les prénoms des camarades interviewés. Puis, pour chaque question, ils notent la réponse de leurs camarades à l'aide de l'adverbe de fréquence utilisé. À la fin de leur sondage, pour chaque question, ils comptent le nombre d'adverbes dans les colonnes « Total ». Par exemple :

Prénoms / Médias	Émilie	Vincent	Suzana	Karim	Total			
					toujours	souvent	parfois	jamais
1	souvent	parfois	jamais	souvent	0	2	1	1

Résultats du sondage

À partir des informations notées dans leur tableau, les élèves pourront compléter l'article dans leur cahier d'activités page 18. À partir de l'exemple ci-dessus, l'élève pourrait écrire : « *Karim et Émilie écoutent souvent la radio.* » Incitez les élèves à consulter leur boîte à outils pour vérifier la conjugaison des verbes, la place des adverbes et le vocabulaire des médias.

Pour aller plus loin...

Pour l'intérêt de la discussion, vous pouvez la commencer en français puis laissez la possibilité aux élèves de poursuivre leurs justifications en langue maternelle. Afin de faire le lien avec les séances suivantes sur la vie des élèves dans le monde, vous pouvez ici demander aux élèves s'ils pensent que leurs habitudes sont représentatives des autres enfants dans leur pays et dans d'autres pays du monde.

BLOC-NOTES

....
....
....
....
....

Séquence 3 ▸ 3 séances

OBJECTIFS • Écouter et comprendre des informations à la radio

MATÉRIEL • Aucun

DÉROULEMENT

5 min **Rituel de début de séance** [voir page 187 de ce guide]

10/15 min **Découverte / Compréhension orale**

Livre de l'élève, page 25, *Les informations* `CD Piste 10`
- Faire observer l'image et faire lire le titre (sans le texte).
- Demander aux élèves s'ils écoutent souvent la radio, quelles radios ils écoutent, où, quand, avec qui...
- Indiquer que maintenant ils vont écouter des informations à la radio présentées par Noé.

1ère écoute : écoute-plaisir et découverte
- Demander aux élèves de fermer les yeux et d'écouter attentivement.
- Passer l'enregistrement puis demander aux élèves ce qu'ils ont entendu, sans faire de commentaires pour l'instant.

2ème écoute
- Demander aux élèves de compter combien d'informations Noé présente.
- Passer à nouveau l'enregistrement sans le texte.
- Après l'écoute, demander aux élèves de répondre à la question puis invitez-les à découvrir le texte du dialogue pour confirmer ou infirmer leurs réponses.

10/15 min **Écoute active et compréhension écrite guidée**

Livre de l'élève, page 25, activité 2 : *Associe.* `CD Piste 10`
- Lire les rubriques puis demander aux élèves d'associer chaque rubrique à la bonne image. Passer à nouveau l'enregistrement si nécessaire.
- Demander aux élèves de justifier leurs réponses grâce à des mots / des phrases du texte : *un panda, le théâtre, un journal, des nuages et de la pluie, le match de handball, la classe de CM1 préfère...*
- Valider les bonnes réponses.

Cahier d'activités, page 14, activité 2 : *Vrai ou faux ? Coche la bonne case.* `CD Piste 10`
- Faire lire la consigne et les phrases proposées.
- Passer à nouveau l'enregistrement et laisser les élèves répondre individuellement.
- Procéder à une correction collective en demandant aux élèves de justifier leurs réponses grâce à des phrases du texte page 25 du livre de l'élève.

8/10 min **Reproduction orale et systématisation**

Livre de l'élève, page 26, boîte à outils : *Les rubriques* 💡
- Faire découvrir l'encadré « *Les rubriques* » aux élèves : expliciter le terme *rubriques*, lire, expliquer et faire répéter le nom de chaque rubrique aux élèves.
- Demander aux élèves s'ils connaissent ces rubriques, dans quels médias ils les trouvent et s'ils connaissent d'autres rubriques dans les médias. Leur demander ce qu'ils aiment écouter à la radio, leurs rubriques ou émissions préférées.

5/8 min **Compréhension écrite et production orale guidée**

Livre de l'élève, page 25, activité 3 : *Choisis la bonne phrase.*
- Demander aux élèves d'observer les pages 14 et 15 de leur livre et de rappeler avec leurs mots ce que les élèves de *Tip Top !* font dans cette unité.
- Lire les deux phrases tous ensemble. Demander aux élèves d'identifier les différences et de choisir la bonne phrase, puis valider la bonne réponse.

5/8 min **Production orale guidée**

Jeu de rôle
- Proposer aux élèves de reprendre « *Les informations* », en changeant le prénom et l'heure.

2/3 min **Clôture / Rituel de fin de séance** [voir page 187 de ce guide]

TRANSCRIPTIONS

Livre de l'élève, page 25

LES INFORMATIONS

Salut, c'est Noé qui vous parle. Vous écoutez *Radio école*, il est 14 h 30. C'est l'heure des informations de l'école.

ACTUALITÉ : aujourd'hui, la classe de Mme Leroy visite la rédaction du *Petit Hebdo* où les journalistes fabriquent le journal de la semaine.

CULTURE : les élèves de CE2 préparent une pièce de théâtre pour la fête de samedi qui s'appelle « Après l'école ».

ANIMAUX : un bébé panda est né au zoo, hier. Il mesure 10 cm et pèse 100 grammes.

SONDAGE : *Le Petit Nicolas* est le film que la classe de CM1préfère.

MÉTÉO : des nuages et de la pluie, c'est une journée grise.

SPORT : l'équipe des CM2 a gagné le match de handball contre l'école Prévert.

Bonne journée à tous sur *Radio école* et à demain.

CORRIGÉS

Livre de l'élève, page 25, activité 2 : *Associe.* (CD Piste 10)
  Actualité > **c** – Culture > **b** – Animaux > **a** – Sondage > **f** – Météo > **d** – Sport > **e**

Cahier d'activités, page 14, activité 2 : *Vrai ou faux ? Coche la bonne case.* (CD Piste 10)
  1. Vrai – **2.** Faux – **3.** Vrai – **4.** Vrai – **5.** Faux – **6.** Faux – **7.** Vrai – **8.** Faux

Livre de l'élève, page 25, activité 3 : *Choisis la bonne phrase.*
  Réponse **2**

REMARQUES ET CONSEILS

Les rubriques

Le travail proposé sur les rubriques permet de réviser les expressions du goût *(j'aime, j'adore, je déteste, je n'aime pas…)* autour des sujets qui intéressent ou préoccupent les élèves au quotidien. C'est l'occasion pour l'enseignant(e) de mieux connaître les centres d'intérêt actuels de ses élèves. Ces activités autour des rubriques correspondent à l'une des étapes importantes de réflexion vers le projet et la tâche finale de cette unité. Elles permettront aux élèves de choisir leurs rubriques préférées pour la création de leur journal de classe.

BLOC-NOTES

....
....
....
....
....
....
....
....
....
....
....
....

Séquence 3 ▸ 3 séances

OBJECTIFS • Donner des informations
• Ancrer les nouvelles structures et du lexique

MATÉRIEL • Étiquettes-mots (facultatif)

DÉROULEMENT

5 min **Rituel de début de séance** [voir page 187 de ce guide]

5/8 min ### Compréhension orale et écrite guidée

Livre de l'élève, page 25 : *Les informations* CD Piste 10
• Passer l'enregistrement, rubrique par rubrique.
• Pour chaque rubrique, demander aux élèves de présenter / expliquer avec leurs mots l'information donnée.
• Attirer l'attention des élèves sur les propositions relatives : « *où les journalistes fabriquent le journal de la semaine* », « *que la classe de CM1 préfère* », « *qui s'appelle Après l'école* ».

10/15 min ### Reproduction et systématisation

Livre de l'élève, page 27, boîte à outils : *qui / que / où*
• Faire observer l'encadré « *qui / que / où* » et lire les phrases.
• Demander aux élèves ce qu'ils remarquent.
• Comme dans l'unité 1 avec le pronom relatif *qui*, permettre aux élèves de comprendre que ces grandes phrases correspondent à deux phrases plus simples.
• Pour chacune de ces phrases, aider les élèves à retrouver les deux phrases initiales qui ont permis de faire ces grandes phrases.
• Faire découvrir les structures et les règles d'utilisation. Les pronoms relatifs sont utilisés pour faire une grande phrase en ne répétant pas un élément de la phrase : *qui* permet de ne pas répéter le sujet dans la deuxième partie de la phrase, *que* permet de ne pas répéter l'objet / le complément, *où* permet de ne pas répéter le lieu.
• Faire lire les deux phrases du bandeau mauve en haut et les noter au tableau. Entourer les pronoms relatifs *que* et *où*. Demander aux élèves de retrouver les deux phrases initiales pour chacune de ces phrases : « *Le Petit Hebdo est un journal. Les élèves préfèrent le journal Le Petit Hebdo.* » et « *La rédaction est une salle. On fabrique le journal à la rédaction.* »

8/10 min ### Systématisation

Cahier d'activités, page 17, activité 9 : *Mets les étiquettes dans l'ordre.*
• Faire lire et expliciter la consigne.
• Demander aux élèves de réaliser l'activité individuellement.
• Procéder à une correction collective en inscrivant les réponses au tableau.

8/10 min ### Ancrage

Cahier d'activités, page 17, activité 10 : *Complète avec qui, que, où pour faire une grande phrase.*
• Faire lire et expliciter la consigne.
• Demander aux élèves de réaliser l'activité individuellement.
• Proposer aux élèves de corriger l'activité deux par deux en comparant leurs réponses et avec l'aide de leur boîte à outils. Circuler dans la classe pour aider les élèves à repérer les éléments importants pour trouver les réponses et valider les bonnes réponses.

10/15 min ### Production orale

• Proposer aux élèves de préparer quelques informations courtes sur leur école à la manière des informations de Noé, en utilisant des phrases avec des propositions relatives.

> **REMARQUE :** les élèves connaissent déjà la structure de phrase avec le pronom relatif *qui* (voir unité1).

> **CONSEIL :** pour aider les élèves à repérer l'élément qui n'est pas répété, apprenez aux élèves à identifier les différents éléments d'une phrase (sujet, verbe, complément / objet, lieu). Puis, indiquez-leur les questions à se poser pour retrouver l'élément manquant : « *qui ?* » pour le sujet, « *quoi ?* » pour l'objet / le complément, « *où ?* » pour le lieu.

> **CONSEIL :** cette activité peut également être réalisée collectivement ou par petits groupes sous la forme d'un jeu de puzzle en distribuant aux élèves les mêmes mots sous la forme de petites étiquettes en papier.

> **CORRIGÉ**
> **1.** *Actu* est un journal que je lis souvent.
> **2.** Marc est un journaliste qui fait des interviews.
> **3.** Paris est la ville où vous aimez habiter ?

> **CORRIGÉ**
> **1.** qui – **2.** que – **3.** qui – **4.** où

2/3 min **Clôture / Rituel de fin de séance** [voir page 187 de ce guide]

Séquence 3 ▶ 3 séances

OBJECTIFS • Utiliser les structures et le vocabulaire appris en contexte

MATÉRIEL • Guide de classe *Tip Top ! 2*, fiche n° 5 : *Il est quelle heure ?*, page 50 (facultatif)
• Étiquettes-mots (facultatif)
• Fiche n° 3 : *Grille d'observation d'un jeu*, page 46

DÉROULEMENT

5 min **Rituel de début de séance** [voir page 187 de ce guide]

5/8 min **Ancrage et phonétique**

Cahier d'activités, page 17, les sons [wi] / [ɥi] : *Entoure les mots où tu entends* [wi] *et souligne les mots où tu entends* [ɥi]. **CD Piste 12**
• Passer l'enregistrement une première fois en s'arrêtant après chaque mot ; les élèves font l'exercice individuellement.
• Passer une deuxième fois l'enregistrement en continu, les élèves vérifient leurs réponses.
• Procéder à une correction collective en écoutant une dernière fois.

TRANSCRIPTION ET CORRIGÉ

1. la nuit – **2.** lui – **3.** (Louis) – **4.** huit – **5.** un parapluie. – **6.** la cuisine. – **7.** je suis – **8.** (oui)

8/10 min **Ancrage**

Puzzles • Demander aux élèves de se mettre par petits groupes.
         • Distribuer à chaque groupe trois phrases avec les pronoms relatifs *qui / que / où*, découpées comme un puzzle.
CONSEIL : vous pouvez utiliser les phrases de l'activité 10, page 17 du cahier d'activités.
• Demander aux élèves de reconstituer trois phrases correctes grammaticalement et lexicalement.
• Proposer une correction collective : chaque groupe propose ses phrases, les élèves comparent et valident.

20/25 min **Production orale**

Livre de l'élève, page 28, jeu : *À quelle heure il y a... ?*
• Présenter le jeu aux élèves : faire lire le titre et remarquer le pictogramme *« Nous jouons »*.
• Faire observer le plateau de jeu et demander ce qu'il représente : *« un programme télé. »*
• Poser des questions générales sur le document aux élèves pour qu'ils s'en imprègnent : *« où ils peuvent trouver ce type de programme ? »* (sur Internet), *« quel est le jour de diffusion présenté ? »* (le lundi), *« quelles autres rubriques peut-on trouver sur ce site ? »* (des dessins animés, des séries, des émissions…).
• Prendre le temps de réviser l'expression de l'heure en français (voir le guide de classe de *Tip Top !* 2, unité 1, fiche n° 5, *Il est quelle heure ?* et activités associées pages 33 et 34).
• Faire lire les règles à haute voix et les expliciter grâce aux illustrations et à des exemples.
• Demander aux élèves de se mettre par groupes de trois ou quatre.
• Insister sur l'importance de réaliser le jeu en français, de faire des phrases complètes avec la bonne structure : *« À quelle heure il y a + nom de programme ? »*, *« Il y a + nom de programme + à + heure. »*
• Pendant le jeu, observer les productions orales des élèves (évaluation formative) à l'aide de la grille d'observation du jeu (fiche n° 3).
• Encourager les productions, être l'arbitre en cas de litige.
• À la fin du jeu, identifier les gagnants et inviter tous les élèves à les féliciter en leur disant : *« Bravo ! Tu as gagné ! »*

Pour aller plus loin...

Par petits groupes, proposer aux élèves d'inventer leur programme TV idéal avec leurs émissions, films ou séries préférées actuellement. Puis, les inviter à présenter leur programme à la classe en justifiant leur choix (exemple : *« Le Petit Nicolas est le dessin animé que nous préférons. »*)

8/10 min **Auto-dictionnaire**

Cahier d'activités, page 57 : *Mon auto-dico*
• Inviter les élèves à écrire dans leur auto-dico les mots de l'unité 2 qui leur semblent importants et à les illustrer (pendant la séance ou à la maison).

2/3 min **Clôture / Rituel de fin de séance** [voir page 187 de ce guide]

Séquence 4 ▸ 2 à 3 séances

OBJECTIFS • Ancrer les acquis de l'unité par des activités transdisciplinaires et interculturelles en français : un peu d'éducation civique

MATÉRIEL • Internet (facultatif)

DÉROULEMENT

3/5 min **Rituel de début de séance** [voir page 187 de ce guide]

de 40 min à 1h30 **Activité transdisciplinaire et civilisation : un peu d'éducation civique**

Le pictogramme, le bandeau mauve
• Faire rappeler la signification de ce pictogramme et demander aux élèves ce qu'ils pensent explorer aujourd'hui.

Le titre de la page et le bandeau bleu
• Demander aux élèves si certains d'entre eux sont déjà allés en France ou connaissent des Français. Demander ensuite si certains connaissent les habitudes scolaires des élèves français.
• Faire lire le bandeau bleu pour attiser la curiosité des élèves. Poursuivre la discussion autour des connaissances des élèves sur d'autres pays et d'autres cultures qu'ils connaissent peut-être.

Livre de l'élève, page 20, activités 1 et 2
• Lire la consigne tous ensemble. Laisser suffisamment de temps aux élèves pour découvrir les documents présentés. Indiquer aux élèves qu'ils vont découvrir la vie des élèves français et qu'ils vont pouvoir la comparer à la leur.
• Après une lecture individuelle globale des 4 articles, faire des groupes et attribuer un article à chaque groupe. Laisser un temps de relecture puis demander à chaque groupe de venir noter au tableau les mots-clés contenus dans leur article.
• Analyser collectivement et oralement les informations trouvées dans les quatre articles : demander aux élèves de chercher les ressemblances et les différences par rapport à leur situation.
• Faire remarquer le pictogramme et la consigne « *Prends ton cahier !* » et inviter les élèves à prendre leur cahier d'activités page 18 pour décrire en détail la vie scolaire des élèves dans leur pays.

Cahier d'activités, page 18, activité 13 : *Décris la vie des élèves dans ton pays.*

a) Production orale collective et reproduction écrite (version courte) :
• lire la structure de cet article à trous tous ensemble ;
• demander aux élèves de faire des propositions pour compléter l'article ;
• noter au tableau les éléments importants puis laisser les élèves recopier ces informations dans leur article, page 18.

b) Recherches documentaires, productions orales en petits groupes et production écrite guidée (version longue) :
• proposer aux élèves de faire des recherches sur le système éducatif dans leur pays à l'aide de livres ou d'Internet. Les accompagner et les aider à sélectionner des informations simples et claires puis à les transposer en français ;
• inviter les élèves à compléter leur article, page 18.

> **REMARQUE :** il peut être intéressant ici de préciser à quoi correspondent les cours d'éducation civique en France et de demander aux élèves s'ils existent aussi dans leur école, s'ils font les mêmes types d'apprentissage sous la même appellation, ou sous un autre nom, ou inclus dans d'autres cours.
> Pour plus d'informations sur le programme des cours d'éducation civique à l'école primaire en France, vous pouvez consulter le site suivant : http://www.education.gouv.fr/cid38/presentation-des-programmes-a-l-ecole-elementaire.html.

> **REMARQUE :** cette activité permet à chaque élève de décrire la vie des élèves de son pays à partir des informations présentées et de discuter oralement précédemment. En fonction du temps accordé à ce travail transdisciplinaire, plusieurs variantes sont envisageables pour réaliser cette activité.

> **REMARQUE :** en fonction de votre temps et du programme scolaire de l'année en éducation civique, vous pouvez intégrer ce travail à votre propre cours en langue maternelle. Vous pouvez également proposer aux élèves d'élargir ce travail de comparaison à d'autres pays, d'autres systèmes éducatifs, d'autres enfants dans le monde.

2/3 min **Clôture / Rituel de fin de séance** [voir page 187 de ce guide]

Séquence 4 ▶ 2 à 3 séances

OBJECTIFS • Développer la compréhension écrite globale d'un document (semi)-authentique : une page de blog

MATÉRIEL • Des ordinateurs, Internet (facultatif)

DÉROULEMENT

 5 min **Rituel de début de séance** [voir page 187 de ce guide]

 20/25 min **Découverte d'un document écrit semi-authentique**

Livre de l'élève, page 31 : *Le journal de John*

- Annoncer aux élèves qu'ils vont découvrir un nouveau texte.
- Demander aux élèves d'observer la page et de dire de quel type de document il s'agit selon eux et ce qu'ils pensent découvrir à partir de ce texte en regardant seulement les images.
- Réaliser une découverte globale du document : demander aux élèves de trouver le titre du document, de lire les sous-titres et de bien observer les photos.
- Inviter les élèves à énoncer ce qu'ils ont découvert sur John à partir de ces premiers éléments (sans lire le texte principal) et ce qu'ils imaginent sur ce garçon pour le moment.

REMARQUE : ces premières étapes de découverte du document permettent aux élèves de développer des stratégies de compréhension écrite globale d'un nouveau document.

Lecture et compréhension écrite

- Inviter les élèves à lire le texte une première fois individuellement dans le cadre d'une lecture-plaisir.

Compréhension écrite guidée

- Lire et expliciter les questions tous ensemble.
- Proposer aux élèves de chercher les réponses dans le texte en binôme.
- Corriger en repérant tous ensemble les éléments importants dans le texte.

CORRIGÉ

1. C'est John qui écrit le blog.
2. Il habite à Paris en France (pour un an).
3. Le lieu où il adore aller est la tour Eiffel.
4. Le transport qu'il préfère / son transport préféré est le métro.
5. Il prend souvent le bus pour aller à l'école.

REMARQUE : dans la mesure du possible, inciter désormais les élèves à faire des phrases complètes et plus complexes à partir des nouveaux acquis grammaticaux et lexicaux de l'unité. L'objectif est de les guider pas à pas vers la production finale : la rédaction d'un journal de classe.

10/15 min **Production écrite**

- Proposer aux élèves de rédiger / créer une page de blog pour se présenter à la manière du journal de John, en reprenant les mêmes rubriques et les mêmes thèmes.

REMARQUE : en fonction du matériel à votre disposition, de la durée de vos séances et de vos objectifs transversaux (programme d'éducation civique, d'informatique…) vous pouvez proposer aux élèves de développer ce travail par la découverte d'autres pages de blog d'élèves ou d'école sur Internet avant leur rédaction. Toutefois, prenez le temps d'expliquer aux élèves les dangers d'Internet à partir des explications sous la page de John (encadré beige), sélectionnez bien les sites à consulter en classe et ne laissez jamais les élèves naviguer seuls sur Internet en classe, sans surveillance.

10/15 min **Production orale guidée**

- Faire lire et présenter les productions écrites des élèves, soit collectivement, soit par petits groupes.

2/3 min **Clôture / Rituel de fin de séance** [voir page 187 de ce guide]

Séquence 5 ▶ 2 à 3 séances

OBJECTIFS • Rebrasser les nouveaux acquis de l'unité
• Faire un bilan et une auto/co-évaluation

MATÉRIEL • Fiche n° 4 : *Grille de co-évaluation*, page 47

DÉROULEMENT

 3/5 min **Rituel de début de séance** [voir page 187 de ce guide]

25/30 min **Bilan oral et écrit**

Cahier d'activités, page 19 : *Je fais le point !*
• Faire lire la consigne, aider les élèves à formuler ce qu'ils doivent faire : « *nous allons imaginer les habitudes de Léa après l'école et écrire un article.* »
• Demander aux élèves de bien regarder les images et de dire ce qu'ils voient.
• Faire travailler les élèves individuellement : chaque élève écrit un article de quelques lignes sur les habitudes de Léa à partir des images et mots dans la bulle.
REMARQUE : ils peuvent inventer des éléments complémentaires s'ils le souhaitent.
• Circuler dans la classe pour aider les élèves et vérifier les acquis.

Retransmission orale et co-évaluation
• Distribuer aux élèves la grille de co-évaluation (fiche n° 4) et la faire relire à haute voix. 💡
• Demander aux élèves de se mettre deux par deux.
• Laisser un temps de préparation / répétition de la production orale.
• Demander aux élèves de présenter leur article à leur camarade. Les autres élèves peuvent poser des questions et co-évaluent les présentations orales et les productions écrites.
• Procéder à une discussion finale avec tous les élèves à partir des grilles (inciter les critiques constructives et les encouragements).

15/20 min **Auto-évaluation**

Cahier d'activités, page 21, portfolio : *Je m'informe en français !*
• Demander aux élèves ce qu'ils ont fait en français dans l'unité 2 : accepter toutes les propositions et reprendre distinctement les plus importantes en français.
• Faire remarquer le titre de la page et demander aux élèves si maintenant ils pensent pouvoir s'informer en français et les aider à donner des exemples.

Et toi ? Lis, colorie et complète.
• Faire lire et rappeler la signification de la consigne et des pictogrammes.
• Demander aux élèves de lire chaque phrase du tableau une par une et les laisser colorier individuellement.
• Les guider en fonction des questions et des difficultés. Si un élève se sous- ou se surévalue, l'aider à s'interroger, proposer une petite activité ou une question qui lui permette de voir plus juste. Pour cette première séance, ils vont colorier entre 1 et 5 compétences au choix de l'enseignant(e) par rapport aux avancées de ses élèves et au parcours effectué. 💡

J'apporte… et je note…
• Expliquer ce qui est attendu et inviter les élèves à compléter la phrase sous le tableau à la maison ou en classe à la prochaine séance. 💡

2/3 min **Clôture / Rituel de fin de séance** [voir page 187 de ce guide]

CORRIGÉS

Cahier d'activités, page 19 : *Je fais le point !*

Exemple de production attendue :

Les mercredis de Léa *lundi 12 janvier*

Le mercredi, Léa fait beaucoup d'activités. Elle lit toujours « Le magazine des animaux ». Elle surfe souvent sur Internet pour parler à sa copine Marion. Elle ne fait jamais de violon. Elle joue de la guitare. Elle fait parfois de la peinture. Le mercredi, c'est super !

REMARQUES ET CONSEILS

Co-évaluation

Pour cette activité de bilan, vous pouvez également proposer une grille de co-évaluation complémentaire pour évaluer la production écrite. **[+ voir conseil général page 190]**

Portfolio

Pour cette unité, il peut être vraiment intéressant de revenir plusieurs fois compléter cette page de portfolio en suivant notamment les différentes étapes d'apprentissage de la rédaction d'un article en français jusqu'à la tâche finale de l'unité « Le journal de la classe », par exemple, après le jeu sondage, après les informations radiophoniques, après la lecture de la page de blog… **[+ voir conseil général page 191]**

J'apporte… et je note…

Cette étape peut être l'occasion de présenter différents magazines ou journaux aux élèves au format papier ou numérique afin de les familiariser avec la presse pour la jeunesse et de les y intéresser. Ils peuvent également apporter leurs magazines ou journaux préférés (en français ou non).

BLOC-NOTES

....
....
....
....
....
....
....
....
....
....
....
....
....
....
....
....
....
....
....
....
....
....

Unité 2

Séquence 5 ▶ 2 à 3 séances ▷ Bilan, Portfolio et DELF Prim

OBJECTIFS • Rebrasser les nouveaux acquis de l'unité et des connaissances préalables
• Préparer au DELF Prim A2

MATÉRIEL • Affiche *Tip Top ! : La langue de la classe* (facultatif)

DÉROULEMENT

5 min **Rituel de début de séance** [voir page 187 de ce guide]

30/45 min **Je m'entraîne au DELF Prim**

Cahier d'activités, page 20 : *Compréhension de l'oral*
• Rappeler la compétence qui va être travaillée. 💡
• Faire écouter et lire les consignes.
• Demander aux élèves de lire les trois questions.
• Passer l'enregistrement une première fois et laisser le temps aux élèves de répondre individuellement.
• Passer l'enregistrement une deuxième fois pour qu'ils puissent vérifier et au besoin corriger.
• Repasser l'enregistrement et procéder à une correction collective.
• Faire un petit bilan des impressions, difficultés et répondre aux questions.
• Penser à rassurer et encourager tous les élèves.

Cahier d'activités, page 20 : *Production orale*
• Expliquer la compétence qui va être travaillée. 💡
• Faire écouter et lire les consignes.
• Faire écouter une première fois l'enregistrement en entier collectivement.
• Passer l'enregistrement une deuxième fois, arrêter après chaque question et demander à certains élèves de répondre.
• Rappeler aux élèves les formulations à utiliser pour indiquer qu'ils n'ont pas compris : « *Je ne comprends pas / Je n'ai pas compris* », « *Pouvez-vous répéter ?* » (voir affiche *Tip Top ! : La langue la classe*).
• Proposer à certains élèves de passer l'épreuve dans les conditions de l'examen : un(e) élève vient au tableau et l'enseignant(e) lui pose ces questions (ou des questions similaires). L'élève répond et peut demander de reformuler une question si nécessaire.

5/10 min **Auto-évaluation (facultatif)**

Cahier d'activités, page 11, portfolio : *Je décris des personnes en français.*
• Proposer aux élèves de revenir à la page du portfolio pour colorier les lignes de leur tableau d'auto-évaluation après cette phase de bilan / évaluation qui leur aura permis de mieux percevoir leurs nouveaux acquis. Leur demander d'utiliser une autre couleur pour visualiser leurs progrès.

2/3 min **Clôture / Rituel de fin de séance** [voir page 187 de ce guide]

TRANSCRIPTIONS

Cahier d'activités, page 20 : *Compréhension de l'oral*

Aujourd'hui, Béatrice va chez une copine après l'école. Son père lui laisse un message sur son téléphone portable. Lis d'abord les questions. Écoute le message et réponds aux questions.

Béatrice, c'est papa. Aujourd'hui, tu vas chez ta copine Margot après l'école. J'ai mis un goûter dans ton sac : deux biscuits à la fraise et un jus de pomme. Ne surfez pas sur Internet ! Vous avez des devoirs à faire. Je finis mon travail à 19h00. À ce soir. Bisous.

Cahier d'activités, page 20 : *Production orale*

Unité 2

Écoute les questions et essaye de répondre.
Si tu ne comprends pas la question, demande à ton professeur !
- Est-ce que tu peux te présenter, s'il te plaît ?
- Tu peux épeler ton nom ?
- Quelle est ta date d'anniversaire ?
- Quelle est ta matière préférée à l'école ?
- Qu'est-ce que tu fais après l'école ?
- Tu lis souvent des magazines ?
- Tu vas comment à l'école ?

CORRIGÉS

Cahier d'activités, page 20 : *Compréhension de l'oral* (CD Piste 13)
1. Réponse **c**
2. Elle ne peut pas surfer sur Internet parce qu'elle a des devoirs à faire.
3. Le père de Béatrice finit son travail à 19 h 00.

Cahier d'activités, page 20 : *Production orale* (CD Piste 14)
Exemples de réponses possibles :
- *Bonjour. Je m'appelle Prune Durand. J'ai 11 ans.*
- *D. U. R. A. N. D.*
- *Mon anniversaire est le 14 mai.*
- *Ma matière préférée est le français. / J'aime les mathématiques.*
- *Après l'école, je lis souvent des magazines et je regarde parfois la télévision.*
- *Oui, je lis souvent des magazines de sport.*
- *Pour aller à l'école, je prends le bus. / Je vais à l'école à vélo.*

REMARQUES ET CONSEILS

Compréhension de l'oral

L'épreuve de compréhension orale consiste pour les élèves à répondre à des questionnaires de compréhension portant sur trois ou quatre courts documents enregistrés ayant trait à des situations de la vie quotidienne. L'activité proposée permet aux élèves de s'entraîner à ces exercices de la partie « Compréhension de l'oral » du DELF Prim A2. Le type de document sonore varie et le niveau de difficulté des questions augmente au fur et à mesure des unités pour permettre aux élèves de s'entraîner aux différents types d'exercices de compréhension orale proposés le jour de l'examen. Le sujet du document est en rapport direct avec le thème de l'unité.

Production orale

L'épreuve de production orale du DELF Prim est individuelle. Elle se déroule en trois étapes : un entretien dirigé, un monologue suivi et un dialogue simulé. L'ensemble de l'épreuve devrait durer entre 6 et 8 minutes par élève, en face à face avec l'examinateur. L'activité proposée sur cette page permet aux élèves de s'entraîner à l'étape 1 de la partie « Production orale du DELF Prim ».
[+ voir conseil général page 190]

Séquence 6 ▸ 2 à 3 séances ▷ Projet

OBJECTIFS • Réinvestir les acquis de l'unité dans un projet créatif et collaboratif en français

MATÉRIEL • Version papier : feuilles ; stylos ; vieux journaux, magazines, catalogues en français (facultatif)
   • Version numérique : un / des ordinateur(s) ; Internet (facultatif)

DÉROULEMENT

 Rituel de début de séance [voir page 187 de ce guide]

 Création / Réinvestissement

Projet, page 32, livre de l'élève : *Fabriquons le journal de la classe (papier ou numérique) !*
REMARQUE : en fonction des moyens à votre disposition dans votre établissement, vous pourrez choisir de faire réaliser ce journal de classe sur support papier ou numérique.
• Faire observer les exemples de productions finales, motiver et attiser la curiosité des élèves.
• Faire lire le titre et aider les élèves à nommer la tâche finale à partir du pictogramme et du titre : « *Nous allons fabriquer le journal de la classe !* »
• Laisser le temps aux élèves de parcourir le mode d'emploi individuellement puis lire et expliciter le mode d'emploi collectivement.
• Réaliser les étapes.

Étape 1
Faire repérer les différents éléments de la structure et du contenu de la première page d'un journal.
Dans le cahier d'activités page 22, faire découvrir le vocabulaire associé à la Une du JDE (Journal des enfants).
REMARQUE : la Une est la première page d'un journal. L'information principale y occupe une place importante. On y trouve également beaucoup d'autres informations : le sommaire, les rubriques, la date, le prix, le numéro… Après avoir fait repérer et expliciter ces premiers éléments, la première étape peut être l'occasion de discuter avec les élèves du type de journal qu'ils veulent créer (un journal hebdomadaire, mensuel, annuel…), le public visé (les copains, les parents, l'école…).
CONSEIL : si vous en avez la possibilité, apportez des journaux français en classe pour permettre aux élèves de se familiariser avec ce type d'écrits. Laissez-les feuilleter les journaux pour attiser leur curiosité, motivez-les, puis faites-leur repérer les différents éléments directement sur ces documents authentiques.

Étape 2
Proposer aux élèves de se mettre par groupes de deux. Puis, demander à chaque groupe de choisir une rubrique et de faire une proposition d'article pour le journal.
CONSEIL : le tableau devrait être complété au fur et à mesure de la construction du journal. D'abord, demandez aux élèves de choisir une rubrique et un sujet d'article. Après la rédaction de leur article ils compléteront les colonnes « titre des articles » et « photo ». Lors de la mise en page ils pourront compléter la colonne « page ».

Étape 3
Inviter les élèves à préparer leurs articles dans leur cahier d'activités page 23. Circuler dans la classe pour les aider à rédiger. Les inciter à consulter les différents outils à leur disposition pour améliorer leur écrit (les boîtes à outils, leur auto-dico, leur précis de grammaire, un dictionnaire…).
CONSEIL : en fonction du temps consacré à votre projet et du matériel à votre disposition, commencez par proposer aux élèves de faire des recherches dans les livres ou sur Internet pour approfondir le sujet choisi. Certains élèves auront peut-être également envie de réaliser une interview (avec le/la directeur/trice, un professeur, un camarade…) ou un reportage pour ce journal. Aussi, il faudra penser à l'organisation de ces temps de préparation et de rencontre.

Étape 4

Demander aux élèves de trouver des photos ou de faire des dessins pour illustrer leurs articles.

CONSEIL : pour la version papier, si vous ne disposez pas d'un accès à Internet et d'une imprimante, apportez des vieux journaux, des magazines ou des catalogues que les élèves pourront découper. Pour la version numérique, les élèves pourront faire des recherches sur Internet et utiliser la fonction « copier-coller ». Dans les deux cas, aidez les élèves à sélectionner des images libres de droits d'auteur. Sinon, demandez-leur de faire des dessins.

REMARQUE : vous pouvez également consacrer une séance à la découverte et à l'analyse de photographies de presse. De nombreux sites internet proposent des parcours pédagogiques sur cette question.

Étape 5

Proposer aux élèves d'échanger leur article avec un autre groupe pour le relire et corriger les fautes. Circuler dans la classe pour aider, vérifier et valider les dernières versions.

CONSEIL : en fonction du temps consacré à ce projet, il pourrait être très enrichissant d'organiser une séance de relecture-correction des articles avec la révision de différents points de grammaire. Pour rendre cela attrayant, vous pouvez faire élire un comité de rédaction qui validera la dernière version des articles pour le journal.

Étape 6

Demander aux élèves de réunir tous les articles et illustrations collectés pour leur journal.

Version papier : présenter aux élèves le format du journal (feuilles A4 ou A3 pliées en deux, recto-verso). Puis, définir tous ensemble la place de chaque article et illustration et compter le nombre de pages nécessaires. Décider également du contenu et de la structure de la Une. Demander aux élèves de recopier leurs articles aux bons endroits et de faire la mise en page des illustrations et de la Une.

Version numérique : procéder de la même façon que pour la version papier mais en présentant le format d'une page d'un logiciel de traitement de texte, puis demander aux élèves d'effectuer la mise en page choisie par tous à l'aide de la fonction « copier-coller ».

REMARQUE : invitez les élèves à reprendre également les articles rédigés au cours de l'unité 2 « *Les médias et les élèves de la classe* » et « *L'école en…* » (cahier d'activités, page 18).

Étape 7

Faire découvrir des exemples de titre de journaux dans leur cahier d'activités, page 23. Inviter les élèves à choisir le titre de leur journal : effectuer un remue-méninges tous ensemble. Noter toutes les propositions au tableau. Faire un vote pour élire le meilleur titre selon eux. Demander à tous les élèves de noter le titre élu par la classe dans leur cahier, page 23. Inviter un groupe à écrire joliment le titre sur la Une du journal papier ou à l'insérer dans la version numérique en choisissant une couleur attrayante.

- Lors de cette séance ou pour la séance suivante, imprimer le journal de la classe. Prendre le temps de l'observer tous ensemble et d'en parler. Faire lire la conclusion : « *Bravo ! Votre journal est prêt. Présentez-le dans votre école !* » Proposer aux élèves de diffuser et de présenter leur journal aux autres élèves de l'école.

Pour aller plus loin…

- Proposer quelques activités complémentaires à réaliser avec leur journal : distribuer un journal à tous les élèves, chaque groupe écrit deux questions sur son article au tableau. Tous les groupes doivent lire les articles et chercher les bonnes réponses le plus rapidement possible.
- Pour la version numérique, proposer aux élèves de copier le journal de la classe sur CD Rom ou clé USB, ou de l'envoyer par mail à leur famille ou à leurs amis. Pour la version papier, proposer aux élèves de l'emporter à la maison quelques jours chacun à leur tour, pour le présenter à leur famille. S'ils en ont tous un exemplaire, ils peuvent le mettre dans leur portfolio.
- Proposer aux élèves de distribuer leur journal à d'autres classes qui font du français, à la direction, aux autres professeurs…
- Réaliser un projet de classe ou d'école sur l'année : la constitution d'une page de blog actualisée régulièrement ou d'un journal hebdomadaire sur la vie de la classe / de l'école.

2/3 min ## Clôture / Rituel de fin de séance [voir page 187 de ce guide]

Test de l'unité 2
Guide de classe, page 77, test 2

Exercice 1

Écoute et coche la bonne case.
C'est l'heure des informations. Actualité : nous avons les résultats du sondage de la classe. Les élèves écoutent parfois la radio dans la salle de bain. Ils font souvent leur devoirs sur l'ordinateur.

CORRIGÉS

Exercice 1 : réponse **c**

Exercice 2 : la radio → écouter ; Internet → surfer ; la presse → lire ; la télévision → regarder

Exercice 3
a) *À la une* est un magazine **où** on parle de l'actualité et du sport.
b) *La vie des animaux* est l'émission **que** ma sœur préfère.
c) Bertrand Legrand est un très bon journaliste **qui** travaille à la radio.
d) La météo est la rubrique **où** on parle du temps qu'il fait.

Exercice 4
Exemple de production attendue :
Après l'école je prends souvent le bus pour rentrer à la maison. Je lis parfois des magazines français. Je joue toujours aux jeux vidéo. Je ne regarde jamais la télévision.

Exercice 5
Circuler dans la classe et poser deux questions à chaque élève. Demander d'abord : *« Est-ce que tu lis parfois des journaux en français ? »* Puis, lorsque l'élève a répondu, poser la question : *« Quel est le journal que tu préfères ? »*. Pour faire varier cette deuxième question, vous pouvez changer le média : *« Quel est le magazine, l'émission de radio… que tu préfères ? »*

Barème : chaque exercice est noté sur 4 points.

REMARQUES ET CONSEILS

• Sachant que la délivrance de notes est souvent obligatoire dans les écoles pour attester du niveau atteint à un moment donné par chaque élève vis-à-vis d'un programme établi, un test noté vous est proposé à titre **facultatif** pour chaque unité. Il propose des exercices pour évaluer les 4 compétences : CO, CE, PO, PE.
Les tests ne comportent pas de piège et reprennent les éléments principaux de l'unité.

• Pensez à mettre les élèves en condition avant le test, à les rassurer et à bien expliquer les consignes avant.
[+ voir conseil général page 190]

Fiche n° 6 : Les médias

un journal	un magazine	un article
une émission	les informations	un film
un reportage	un site	une adresse internet
un blog	un(e) journaliste	un(e) animateur/trice
un(e) présentatrice	un(e) blogueur/euse	un(e) lecteur/trice
un(e) auditeur/trice	un(e) téléspectateur/trice	un(e) internaute

Fiche n° 7 : Le dé des habitudes

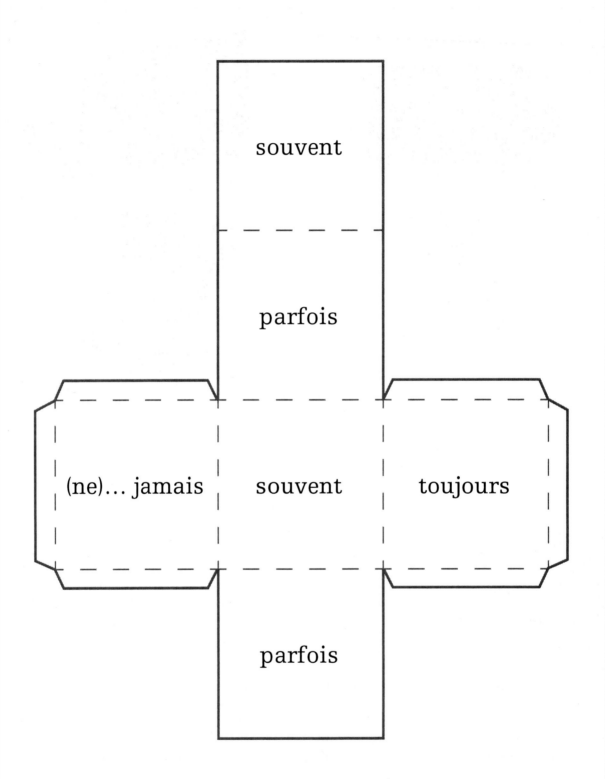

Test 2   Nom : .... Prénom : ....

❶ Coche la bonne case.

..... /4

(a) □   (b) □   (c) □

❷ Relie.

Je lis

la radio •   • surfer

Internet •   • lire

la presse •   • regarder

la télévision •   • écouter

..... /4

❸ Complète les phrases avec *qui, que, où*.

J'écris

1. *À la une* est un magazine .... on parle de l'actualité et du sport.

2. *La vie des animaux* est l'émission .... ma sœur préfère.

3. Bertrand Legrand est un très bon journaliste .... travaille à la radio.

4. La météo est la rubrique .... on parle du temps qu'il fait.

..... /4

❹ Qu'est-ce que tu fais après l'école (toujours / souvent / parfois / (ne)… jamais) ?

J'écris

....

....

....

....

....

....

..... /4

❺ Réponds à ton professeur.

Je parle

- Est-ce que tu lis parfois des journaux en français ?

- Quel est le journal que tu préfères ?

..... /4

..... /20

Unité 3 : Pour un concours

Séquence	**1** Apprentissage	**2** Apprentissage	**3** Apprentissage
Nombre de séances (≈ 45 min / ≈ 60 min)	**3 séances**	**3 séances**	**2 séances**
Objectifs communicatifs	• Demander et dire le prix de quelque chose	• Comparer et classifier des objets et des personnes (1) • Demander et donner son opinion • Exprimer l'opposition	• Comparer et classifier des objets et des personnes (2)
Grammaire	• Les adjectifs démonstratifs : *ce, cet, cette, ces*	• Le superlatif : *le / la / les plus…, le / la / les moins…* • La proposition *mais* • *Le / La / Les meilleur(es)*	• Le comparatif : *plus… que…, moins… que…, aussi… que…*
Lexique	• Les achats	• La musique • *Qu'en penses-tu ?* • *Je suis d'accord / Je ne suis pas d'accord*	• Révision du vocabulaire des vêtements
Phonétique	Les sons [k] / [g]		
(Inter)culturel	La Fête de la musique		
Interdisciplinaire	Un peu d'éducation musicale		
Fiches photocopiables dans le guide			• Fiche n° 3 (p. 46) : *Grille d'observation d'un jeu* • Fiche n° 8 (p. 102) : *Étiquettes-mots - Unité 3*
Matériel complémentaire	• Fiche n° 31 (p. 181, *Tip Top !* 2) : *Les vêtements et accessoires*		• Photos de chanteurs ou chanteuses célèbres (facultat

4 Apprentissages transdisciplinaires et interculturels	**5** Bilans et (auto)évaluations	**6** Projet
2 à 3 séances	**2 à 3 séances**	**1 à 3 séances**
• Ancrage des nouveaux acquis de l'unité aux travers d'activités transdisciplinaires et interculturelles	• Rebrassage	• Réinvestissement des acquis de l'unité dans le cadre d'un projet collaboratif
• Ancrage	• Rebrassage	• Réinvestissement
• Ancrage	• Rebrassage	• Réinvestissement
Les sons [k] / [g]		
La Fête de la musique		
Un peu d'éducation musicale		
	• Fiche n° 4 (p. 47) : *Grille de co-évaluation* • Test 3 (p. 103)	
• Internet (facultatif) • Des affiches de la Fête de la musique (facultatif)		• Un lecteur CD • Un microphone (facultatif)

Séquence 1 ▶ 3 séances

OBJECTIFS • Exprimer ses goûts (musicaux)
• Découvrir le vocabulaire des achats

MATÉRIEL • Aucun

DÉROULEMENT

5 min **Rituel de début de séance** [voir page 187 de ce guide]

5/8 min **Découverte / Présentation de l'unité**

Livre de l'élève, page 33 : *Pour un concours*
• Annoncer aux élèves qu'ils vont commencer une nouvelle unité : l'unité 3.
• Faire observer l'illustration et inviter les élèves à émettre des hypothèses sur la situation : le lieu, les personnages, les instruments de musique… 💡
• Faire lire le contrat d'apprentissage et attiser la curiosité des élèves sur ce qu'ils vont apprendre et faire dans cette nouvelle unité.

5/8 min **Découverte**

Livre de l'élève, page 24, illustration : *Au rayon « musique » !*
• Faire observer et décrire l'illustration. Demander aux élèves de nommer les personnages et de dire où ils sont et ce qu'ils font. Accepter toutes les hypothèses.

5/8 min **Compréhension orale / Compréhension orale guidée**

Livre de l'élève, page 24, situation 1 ⟮CD Piste 15⟯
1ère écoute • Passer l'enregistrement, dialogue caché.
• Demander aux élèves de dire qui parle et ce qu'ils ont entendu / compris. Toutes les propositions sont écoutées, sans confirmation pour l'instant. 💡

15/20 min **Écoute active**

Livre de l'élève, page 34, activité 1 : *Trouve les bonnes réponses.* ⟮CD Piste 15⟯
2ème écoute • Avant d'écouter, faire lire la consigne et les questions.
• Passer l'enregistrement, dialogue caché, demander aux élèves de trouver les bonnes réponses.
• Écouter quelques propositions des élèves puis valider les bonnes réponses.

Cahier d'activités, page 24, activité 1 : *Trouve les mots du dialogue.* ⟮CD Piste 15⟯
3ème écoute • Passer l'enregistrement phrase par phrase, laisser le temps aux élèves d'écrire leurs réponses.
• Faire à nouveau écouter pour permettre aux élèves de vérifier leurs réponses.
• Procéder à une correction collective avec l'enregistrement.

Cahier d'activités, page 24, activité 2 : *Vrai ou faux ? Coche la bonne case.* ⟮CD Piste 15⟯
• Faire lire la consigne et l'exemple.
• Demander aux élèves de réaliser l'activité individuellement puis de comparer leurs réponses.
• Faire une correction collective.

5/10 min **Reproduction orale**

Jeu de rôle
• Proposer aux élèves de jouer la scène, deux par deux, en changeant éventuellement le nom des chanteurs et les prix.
• Inviter quelques élèves volontaires à jouer devant la classe.

2/3 min **Clôture / Rituel de fin de séance** [voir page 187 de ce guide]

Livre de l'élève, page 24, situation 1

Piste 15

> **Djamila :** Allons au rayon « musique » ! Je veux acheter le dernier album de Melissa.
> **Martin :** Tiens, il est là.
> **Djamila :** Combien il coûte ?
> **Martin :** Il coûte 19 euros.
> **Djamila :** C'est cher ! J'ai seulement 15 euros.
> **Martin :** Tu peux acheter le CD d'Élodie Neveu, il est moins cher. Il coûte seulement 12 euros.
> **Djamila :** Non, je préfère Melissa. Elle a une plus belle voix qu'Élodie Neveu.
> **Martin :** Je ne suis pas d'accord ! Melissa chante bien mais Élodie Neveu, c'est la meilleure !

CORRIGÉS

Livre de l'élève, page 34, activité 1 : *Trouve les bonnes réponses.*
   Ils sont au rayon « musique ». **> 2** – Elle préfère Melissa. **> 1** – Elle a 15 euros. **> 3**

Cahier d'activités, page 24, activité 1 : *Trouve les mots du dialogue.* (CD Piste 15)
   Djamila : Allons au rayon **« musique »** ! Je veux acheter le dernier album de Melissa.
   Martin : Tiens, il est là.
   Djamila : **Combien** il coûte ?
   Martin : Il coûte **19** euros.
   Djamila : C'est cher ! J'ai seulement **15** euros.
   Martin : Tu peux acheter le CD d'Élodie Neveu, il est moins cher. Il coûte seulement **12** euros.
   Djamila : Non, je préfère Melissa. Elle a une plus **belle** voix qu'Élodie Neveu.
   Martin : Je ne suis pas d'accord ! Melissa **chante** bien mais Élodie Neveu, c'est la meilleure !

Cahier d'activités, page 24, activité 2 : *Vrai ou faux ? Coche la bonne case.* (CD Piste 15)
   Vrai : **1** – **2** – **5**
   Faux : **3** – **4** – **6**

REMARQUES ET CONSEILS

Les pages d'ouverture de *Tip Top !* 3
   Cette page d'ouverture sur le thème de la musique vous offre la possibilité de faire une activité sur les mots transparents. Vous pouvez demander aux élèves de dire le nom des instruments de musique dans leur langue maternelle. Vous reprendrez en français au fur et à mesure le nom des instruments et lorsqu'un instrument se prononce de la même façon dans les deux langues, écrivez-le sur une feuille. Vous pourrez demander aux élèves d'illustrer cette feuille et l'afficher dans la classe. **[+ voir conseil général page 191]**

Livre de l'élève, page 24, situation 1
   Melissa et Élodie Neveu sont des personnages fictifs et non des chanteuses françaises.

BLOC-NOTES

Unité 3

Séquence 1 ▶ 3 séances

OBJECTIFS • Dire et demander combien ça coûte
  • Connaître le lexique des achats (suite)
  • Réviser le vocabulaire des vêtements

MATÉRIEL • Fiche n° 31 : *Les vêtements et accessoires*, *Tip Top !* **2**, **page 181**

DÉROULEMENT

5 min **Rituel de début de séance** [voir page 187 de ce guide]

15/20 min **Compréhension / Systématisation**

Livre de l'élève, page 36, boîte à outils
- Faire observer l'illustration sur les achats.
- Expliciter le vocabulaire des achats, sans avoir recours à la traduction.
- Faire répéter les mots plusieurs fois pour vérifier la prononciation.

Cahier d'activités, page 25, activité 4 : *Relie les mots et les dessins.*
- Faire lire la consigne aux élèves et demander de réaliser l'activité individuellement.
- Procéder à une correction deux par deux avec l'aide de la boîte à outils.
- Circuler dans la classe pour aider et vérifier.

10/15 min **Reproduction orale / Production orale guidée**

Livre de l'élève, page 36, boîte à outils : *Jeu des prix*
- Faire remarquer le bandeau du haut avec « *Combien coûte ce CD, s'il vous plaît ? Cet album coûte 8 euros. Et ça c'est combien ? 150 euros ! C'est cher !* ». Dites avec expression « *C'est cher !* »
- Faire remarquer la marque de politesse « *s'il vous plaît* ».
- Faire répéter aux élèves la question et la réponse.
- Photocopier la fiche n° 31. Écrire un prix sur chaque vêtement. Afficher au tableau les cartes des vêtements au fur et à mesure et demander aux élèves de les nommer. Dire le prix, les élèves répètent le prix et disent si c'est cher ou si ce n'est pas cher (par exemple : « *153 euros, c'est cher !* »).

Livre de l'élève, page 36, activité 1 : *Demande à ton / ta voisin(e).*
- Faire lire la consigne et demander aux élèves de se mettre deux par deux : un élève pose des questions comme dans l'exemple, l'autre répond et pose à son tour une question.
- Commencer par un ou deux exemples collectifs. Les élèves s'aident de l'illustration page 37.
- Circuler dans la classe pour aider les élèves.

10/15 min **Ancrage / Reproduction écrite**

Cahier d'activités, page 25, activité 6 : *Complète.*
- Faire lire la consigne et observer le pictogramme.
- Demander aux élèves de compléter les phrases individuellement à l'aide de leur boîte à outils.
- Procéder à une correction collective.

2/3 min **Clôture / Rituel de fin de séance** [voir page 187 de ce guide]

CORRIGÉS

Cahier d'activités, page 25, activité 4 : *Relie les mots et les dessins.*
   1. d – **2.** b – **3.** c – **4.** e – **5.** a

Livre de l'élève, page 36, activité 1 : *Demande à ton / ta voisin(e).*
   Exemple de production attendue :
   - Combien coûte le pantalon marron ?
   - Il coûte 35 euros. Combien coûte la robe rose ?
   - Elle coûte 40 euros. Combien coûte le manteau rouge ?
   - Il coûte 70 euros. Combien coûte le pantalon noir ?

Cahier d'activités, page 25, activité 6 : *Complète.*
   Anissa et Carla sont dans un **magasin** de vêtements. Carla veut le pantalon bleu mais il **coûte** 45 euros. C'est **cher** ! Carla a seulement 40 euros. Le pantalon vert **coûte** 35 euros. Ce **n'**est **pas cher** !

REMARQUES ET CONSEILS

Boîte à outils

Commencer par expliquer le mot *magasin* et demander aux élèves de nommer les magasins qu'ils connaissent (voir *Tip Top !* 2, unité 2). Expliquer que dans certains magasins, il y a différents rayons. Faire un inventaire des différents rayons que l'on peut trouver dans un magasin (ou un supermarché) : rayons de produits alimentaires (fruits et légumes, conserves…), vêtements, électroménager…

Jeu des prix

Cette activité vous permet de réviser les nombres de 0 à 1 000. Au préalable, vous pouvez faire faire à vos élèves une dictée de nombres avec des feuilles ou des ardoises.
Prolongement : vous pouvez photocopier la fiche n° 31 (Guide de classe, *Tip Top !* 2, page 181) et la distribuer aux élèves pour qu'ils fassent l'activité deux par deux.

BLOC-NOTES

....
....
....
....
....
....
....
....
....
....
....
....
....
....
....
....
....
....
....
....

Séquence 1 ▸ 3 séances

OBJECTIFS • Utiliser les adjectifs démonstratifs
• Utiliser le vocabulaire des achats et les nouvelles structures en contexte

MATÉRIEL • Fiche n° 31 : *Les vêtements et accessoires, Tip Top !* 2, page 181

DÉROULEMENT

5 min Rituel de début de séance [voir page 187 de ce guide]

20/25 min Compréhension / Systématisation

Livre de l'élève, page 37, boîte à outils
• Désigner plusieurs objets dans la classe en employant un adjectif démonstratif, par exemple : « *Ce crayon est bleu et ce crayon est rouge, cette feuille est blanche et cette feuille est jaune...* ». Pour aider à la compréhension, pointer du doigt les objets.
• Faire observer l'encart sur les adjectifs démonstratifs et afficher le même au tableau.
• Photocopier en double certains vêtements de la fiche n° 31. Afficher les cartes au tableau en notant un prix en dessous. En les affichant, insister sur le genre et le nombre : « *Le pantalon coûte 25 euros, le pantalon coûte 50 euros, les chaussures coûtent 89 euros, les chaussures coûtent 129 euros* ». Une fois toutes les cartes affichées, montrer les cartes en disant « *Ce pantalon coûte 25 euros. Ce pantalon coûte 50 euros. Ces chaussures coûtent... »
• Faire déduire aux élèves les règles d'accord des adjectifs démonstratifs : variation en genre et en nombre en fonction de l'objet.
• Expliquer que « *cet* » s'emploie devant un nom masculin commençant par une **voyelle** ou un *h* muet. 💡 Faire noter que devant un *h* aspiré on emploie « *ce* » : « *ce héros* ».

Cahier d'activités, page 27, activité 9 : *Entoure les bonnes réponses.*
• Faire lire la consigne aux élèves et demander de réaliser l'activité individuellement.
• Procéder à une correction deux par deux avec l'aide de la boîte à outils.
• Circuler dans la classe pour aider et vérifier.

Associer 💡
• Demander aux élèves de fabriquer des étiquettes avec les adjectifs démonstratifs et une dizaine d'étiquettes-mots avec des mots de leur auto-dico.
• Expliquer aux élèves qu'ils doivent mettre les étiquettes-mots sous l'étiquette du démonstratif correspondant. Faire quelques exemples ensemble, puis demander aux élèves de se mettre deux par deux : les élèves doivent associer leurs étiquettes-mots avec les adjectifs démonstratifs corrects.
• Circuler dans la classe pour aider et vérifier.

20/25 min Production orale

Livre de l'élève, page 39, jeu : *Allons faire les courses !*
• Présenter le jeu aux élèves : faire lire le titre et remarquer le pictogramme « *Nous jouons* ».
• Lire le sous-titre tous ensemble.
• Expliquer aux élèves qu'une partie de la classe va être « vendeur » et l'autre partie « client ». Les élèves qui jouent le rôle du client ont 7 euros pour acheter le journal *Mon Quotidien* et peuvent acheter ce qu'ils veulent avec la monnaie. Les clients peuvent négocier les prix. Les élèves qui jouent le rôle du vendeur ont des magazines, des journaux et des sucreries à vendre. Ils ont des pièces et des billets dans leur caisse pour rendre la monnaie. Les vendeurs peuvent faire des promotions. 💡
• Inviter les élèves à se mettre deux par deux. Attention, l'élève qui joue le rôle du client cache la partie inférieure du jeu et inversement pour le vendeur.
• Lorsque l'élève client a terminé ses achats, permuter les rôles.
• Circuler dans la classe pour aider et vérifier la bonne utilisation des structures.
• À la fin du jeu, demander aux élèves s'ils ont fait des affaires et de présenter à la classe leurs achats / gains.

2/3 min Clôture / Rituel de fin de séance [voir page 187 de ce guide]

Cahier d'activités, page 27, activité 9 : *Entoure les bonnes réponses.*

    1. Cette robe est la plus belle.

    2. C'est **ce** chanteur que je préfère.

    3. Cet album est trop cher.

    4. Hip-hop, reggae, salsa ! J'adore **ces** musiques !

    5. Ce pantalon est moins cher que **cette** jupe.

    6. Cette chanson est la meilleure !

Livre de l'élève, page 39, jeu : *Allons faire les courses !*

    Exemple de production attendue :

    Cliente : *Bonjour monsieur !*

    Vendeur : *Bonjour madame !*

    Cliente : *Combien coûte ce magazine ?*

    Vendeur : *Ce magazine coûte 2,50 €.*

    Cliente : *Combien coûte ce chocolat ?*

    Vendeur : *Ce chocolat coûte 2,50 €.*

    Cliente : *C'est cher ! Et combien coûte ce bonbon ?*

    Vendeur : *Ce bonbon coûte 2 euros.*

    Cliente : *Je voudrais le magazine Mon Quotidien et deux bonbons, s'il vous plaît !*

    Vendeur : *6,50 €, s'il vous plaît !*

REMARQUES ET CONSEILS

Livre de l'élève, page 37, boîte à outils

    Les élèves connaissent déjà l'élision devant les voyelles et devant le *h* avec « *j'* » et « *l'* ».

Associer

    Cette activité vous permet d'inciter les élèves à réemployer les auto-dicos des niveaux 1 et 2.

    Si les élèves n'ont pas leurs auto-dicos dans la classe, demandez-leur de choisir des mots dans les boîtes à outils de l'unité 2 de *Tip Top !* 3.

Livre de l'élève, page 39, jeu : *Allons faire les courses !*

    • Le jeu étant l'occasion de rebrasser les acquis de la séquence, vous inviterez les élèves à utiliser les adjectifs démonstratifs et les expressions apprises comme « *c'est cher / ce n'est pas cher* ».

    • Profitez de ce jeu pour faire réviser à vos élèves la structure « *je voudrais* ».

    • Expliquez aux élèves que 2,50 € se dit « *deux euros cinquante* ».

    • Pour rendre cette activité plus attrayante, vous pouvez demander aux élèves de fabriquer un billet de 5 euros en papier, une pièce de un euro et deux pièces de deux euros en carton. Les élèves peuvent aussi dessiner et découper des bonbons, du chocolat et des couvertures de journaux.

    • Vous pouvez aussi rechercher sur Internet des billets et des pièces à imprimer : vous trouverez par exemple des images des euros sur le site officiel de la Banque centrale européenne.

    • Prolongement : les élèves qui le souhaitent peuvent jouer la scène devant la classe.

Unité 3

BLOC-NOTES

Séquence 2 ▶ 3 séances

OBJECTIFS • Découvrir une chanson
• Demander et donner son opinion

MATÉRIEL • Aucun

DÉROULEMENT

5 min **Rituel de début de séance** [voir page 187 de ce guide]

10/15 min **Découverte et compréhension**

Livre de l'élève, page 35, chanson : « *Qu'en penses-tu ?* » (CD Piste 16)
• Demander aux élèves quels sont les différents genres musicaux qu'ils connaissent (pas seulement ceux qu'ils aiment). Reprendre en français et écrire au tableau les réponses des élèves.
• Annoncer aux élèves qu'ils vont découvrir une nouvelle chanson qui parle de différents genres musicaux.
1ère écoute : écoute-plaisir et découverte de la chanson par les élèves
      ◦ Proposer aux élèves d'écouter cette chanson et de relever les genres musicaux qu'ils reconnaissent.
      ◦ Après l'écoute, reprendre les propositions des élèves et compléter la liste du tableau.

10/15 min **Écoute active / Compréhension détaillée**

Livre de l'élève, page 35, activité 2 : *Montre le ou les bon(s) dessin(s).* (CD Piste 16)
2ème écoute • Faire lire les consignes.
      ◦ Demander aux élèves de décrire les illustrations et de dire quels genres musicaux sont représentés par les personnages qui dansent.
      ◦ Passer l'enregistrement couplet par couplet et demander aux élèves de montrer les illustrations correspondantes.

Cahier d'activités, page 24, activité 3 : *Relie.* (CD Piste 16)
3ème écoute • Demander aux élèves de lire attentivement le texte de l'activité.
      ◦ Passer l'enregistrement et demander aux élèves de faire l'activité.
      ◦ Pour la correction, passer à nouveau l'enregistrement de la chanson, couplet par couplet.

15/20 min **Systématisation / Reproduction**

Livre de l'élève, page 36, boîte à outils
• Faire observer aux élèves dans leur livre l'encadré « *La musique* ».
• Dire un mot et inviter un élève à trouver ce mot dans l'illustration de la page 33. Procéder de même pour tous les mots qui sont dans l'illustration : *le chanteur, la chanteuse, le groupe, le concert, le piano, le violon, la guitare.* (💡)
• Aider les élèves à deviner le sens des autres mots : *l'album, le CD, le lecteur CD, le MP3, le banjo.* (💡) Expliquer la différence de sens entre *l'album*, qui est une compilation de plusieurs chansons et le *CD*, qui est un support de stockage.
• Faire répéter les mots.
• Mimer un des mots du vocabulaire et demander aux élèves de le deviner.
• Poursuivre l'activité avec les autres mots nouveaux : l'élève qui a deviné le mot vient au tableau et mime un nouveau mot pour le faire deviner à ses camarades.

Cahier d'activités, page 25, activité 5 : *Complète les mots fléchés et trouve le mot mystère.*
• Faire lire la consigne.
• Demander aux élèves de réaliser l'activité individuellement. (💡)
• Procéder à une correction collective au tableau.

5/10 min **Reproduction orale**

Livre de l'élève, page 35, chanson : « *Qu'en penses-tu ?* » (CD Piste 16)
• Chanter la chanson « *Qu'en penses-tu ?* ». (💡)

2/3 min **Clôture / Rituel de fin de séance** [voir page 187 de ce guide]

TRANSCRIPTIONS

Livre de l'élève, page 35, chanson

 Piste 16

Qu'en penses-tu ?

Je danse la rumba, polka, et cha-cha-cha,
Mais la meilleure, c'est cette salsa !
Qu'en penses-tu ? Qu'en penses-tu ?

Je chante le rock'n roll, le slam et le reggae,
Mais le plus top, c'est ce hip-hop !
Qu'en penses-tu ? Qu'en penses-tu ?

Je joue de la guitare, du violon, du piano,
Mais le plus beau, c'est ce banjo !
Qu'en penses-tu ? Qu'en penses-tu ?

Je fais de la musique, des bruits, et puis des sons,
Mais les meilleures, sont mes chansons !
Qu'en penses-tu ? Qu'en penses-tu ?

CORRIGÉS

Livre de l'élève, page 35, activité 2 : *Montre le ou les bon(s) dessin(s).* [CD Piste 16]
    La meilleure, c'est… **> a**
    Le plus top, c'est… **> b**
    Le plus beau, c'est… **> b**

Cahier d'activités, page 24, activité 3 : *Relie.* [CD Piste 16]
    1. c – **2.** d – **3.** a – **4.** b

Cahier d'activités, page 25, activité 5 : *Complète les mots fléchés et trouve le mot mystère.*
    De haut en bas : CD – piano – banjo – chanteuse – groupe – guitare – chanteur
    Mot mystère : **concert**

REMARQUES ET CONSEILS

Livre de l'élève, page 36, boîte à outils
    • Vous pouvez photocopier la page 33 en grand format. Au fur et à mesure que les élèves montrent les dessins des mots, vous pouvez coller des mots-étiquettes sur l'image.
    • *L'album* et le *CD* apparaissent dans le dialogue page 34 et *le banjo* dans la chanson page 35. Vous pouvez demander aux élèves de chercher ces mots dans leur livre.

Cahier d'activités, page 25, activité 5 : *Complète les mots fléchés et trouve le mot mystère.*
    Vous pouvez demander aux élèves de réaliser cette activité avec ou sans l'aide de leur boîte à outils.

Livre de l'élève, page 35, chanson : « *Qu'en penses-tu ?* » [CD Piste 16]
    Pour apprendre la chanson, vous pouvez lire le texte phrase par phrase et faire répéter les élèves. Ensuite, passez l'enregistrement en l'arrêtant après chaque phrase afin que les élèves répètent en chantant. Enfin, passez l'enregistrement sans interruption et faites chanter les élèves en même temps.
    Vous pouvez également faire des groupes et attribuer à chaque groupe un couplet de la chanson.

BLOC-NOTES

Séquence 2 ▸ 3 séances

OBJECTIFS • Demander et donner son opinion
• Utiliser le superlatif

MATÉRIEL • Aucun

DÉROULEMENT

5 min **Rituel de début de séance** [voir page 187 de ce guide]

10/15 min **Reproduction orale et systématisation**

Livre de l'élève, page 37, boîte à outils
• Faire observer dans le bandeau orange du haut les phrases : *« C'est la meilleure ! Qu'en penses-tu ? Je ne suis pas d'accord ! »*
• Donner des exemples en reprenant le nom de chanteurs / chanteuses / groupes connus : *« nom de la chanteuse, c'est la meilleure ! Qu'en penses-tu ? »* Les élèves répondent *« Je suis d'accord ! / Je ne suis pas d'accord ! »*
• Faire remarquer l'encadré du superlatif irrégulier *bon(nes) > meilleur(es)*. Demander aux élèves de déduire les règles d'accord de *meilleur(es)*.

5/8 min **Reproduction orale guidée**

Livre de l'élève, page 37, activité 2 : *Et toi ? Parle avec ton / ta voisin(e).*
• Faire lire la consigne. Dire et faire répéter la question.
• Demander aux élèves de réaliser l'activité deux par deux.
• Circuler dans la classe pour aider les élèves à formuler correctement les questions et les réponses (structures et prononciation).
• Après l'activité, demander aux élèves quelles ont été les réponses de leur voisin(e) et s'ils sont d'accord ou pas.

8/10 min **Systématisation et reproduction écrite**

Cahier d'activités, page 27, activité 10 : *Complète avec meilleur, meilleures, meilleure, meilleurs.*
• Faire lire la consigne aux élèves et demander de réaliser l'activité individuellement. 💡
• Procéder à une correction collective.
• Circuler dans la classe pour aider et vérifier.

15/20 min **Systématisation et reproduction écrite**

Livre de l'élève, page 37, boîte à outils
• Faire observer l'encadré du superlatif *le / la / les plus…*, *le / la / les moins…*, ainsi que les exemples. 💡
• Regarder l'image de l'encadré du comparatif et faire observer les prix. Demander aux élèves de dire combien coûtent les vêtements.
• Faire remarquer que, par exemple, la robe bleue est la moins chère. Inviter les élèves à faire de même avec les autres vêtements.

Cahier d'activités, page 26, activité 8 a : *Regarde l'image de l'activité 7 et complète avec le / la / les plus, le / la / les moins.*
• Observer l'image de l'activité 7 et demander aux élèves de dire le prix de chaque instrument (en indiquant la couleur) : *« Le violon jaune coûte 354 €. »* Faire lire la consigne et l'exemple de l'activité 8 a) aux élèves.
• Demander de réaliser l'activité individuellement.
• Procéder à une correction deux par deux avec l'aide de la boîte à outils.
• Circuler dans la classe pour aider et vérifier.

8/10 min **Ancrage et production écrite**

Cahier d'activités, page 26, activité 8 b : *Complète et fais une phrase comme dans la partie a).*
• Demander aux élèves de faire une phrase comme dans l'activité 8 a. 💡
• À la fin de l'activité, demander aux élèves de lire leurs phrases.

2/3 min **Clôture / Rituel de fin de séance** [voir page 187 de ce guide]

CORRIGÉS

Cahier d'activités, page 27, activité 10 : *Complète avec meilleur, meilleures, meilleure, meilleurs.*
1. Ce sont les **meilleures** chanteuses !
2. Ce sont les **meilleurs** chocolats !
3. C'est la **meilleure** équipe de football !
4. C'est le **meilleur** CD !

Cahier d'activités, page 26, activité 8 a : *Regarde l'image de l'activité 7 et complète avec le / la / les plus, le / la / les moins.*
1. Le piano orange coûte 489 euros et le piano rose coûte 799 euros. Le piano rose est **le plus cher.**
2. La guitare verte coûte 547 euros et la guitare bleue coûte 215 euros. La guitare bleue est **la moins** chère.
3. Le banjo marron coûte 158 euros et le violon rouge coûte 547 euros. Le banjo marron est **le moins cher.**

REMARQUES ET CONSEILS

Cahier d'activités, page 27, activité 10 : *Complète avec meilleur, meilleures, meilleure, meilleurs.*
Vous pouvez profiter de cette activité pour rappeler la différence entre « *c'est* » et « *ce sont* » et leur emploi.

Livre de l'élève, page 37, boîte à outils
En prolongement, vous pouvez demander à vos élèves qui est le plus jeune / le plus vieux en comparant les dates de naissance. C'est une bonne occasion de réviser les dates et l'âge. Pour les aider, vous pouvez inviter les élèves à consulter la page 73 du livre. Ils y trouveront les mois et les saisons.

Cahier d'activités, page 26, activité 8 b : *Complète et fais une phrase comme dans la partie a).*
Les élèves peuvent s'inspirer de l'illustration de l'activité 7 ou bien donner libre cours à leur imagination.

BLOC-NOTES

Unité 3

Séquence 2 ▸ 3 séances

OBJECTIFS • Demander et donner son opinion (suite)
• Exprimer l'opposition avec *mais*

MATÉRIEL • Aucun

DÉROULEMENT

5 min **Rituel de début de séance** [voir page 187 de ce guide]

10/15 min **Systématisation et reproduction orale**

Livre de l'élève, page 37, boîte à outils
• Faire observer l'encadré « *Qu'en penses-tu ?* »
• Noter au tableau la phrase de l'encadré « *Pierre danse bien, mais je préfère Paul.* »
• Donner d'autres exemples : « *J'aime le chocolat, mais je déteste la soupe* » ou bien « *La robe rouge est belle, mais je préfère la bleue.* »
• Expliquer à partir de ces exemples l'emploi de *mais*, qui permet d'exprimer l'opposition. 💡
• Demander aux élèves de se mettre deux par deux : un élève fait une affirmation avec la structure « *j'aime…, mais je préfère… Qu'en penses-tu ?* » ; l'autre dit s'il est d'accord ou pas et fait à son tour une affirmation.
• Circuler dans la classe pour aider les élèves et vérifier qu'ils utilisent correctement les nouvelles structures.

5/8 min **Compréhension orale détaillée et production orale guidée**

Livre de l'élève, page 34, situation 1 [CD Piste 15]
• Faire écouter l'enregistrement livre fermé.
• Demander aux élèves de repérer les opinions des personnages à propos de Melissa et d'Élodie Neveu. 💡
• Écouter et noter au tableau toutes les propositions.
• Repasser l'enregistrement et vérifier les propositions.

20/25 min **Production orale guidée**

Livre de l'élève, page 35, chanson : « *Qu'en penses-tu ?* » [CD Piste 16]
• Faire écouter la chanson en arrêtant l'enregistrement après chaque couplet.
• Demander aux élèves s'ils sont d'accord ou pas avec ce que pense le chanteur.
• Écouter toutes les opinions. Encourager les élèves à utiliser les structures apprises la séance précédente (par exemple : « *La salsa c'est bien, mais je préfère le rock* », « *Je ne suis pas d'accord, je préfère…* »).
• Demander aux élèves de se mettre deux par deux. Proposer d'adapter la chanson selon leurs goûts. 💡
• Circuler dans la classe pour aider les élèves.
• Proposer aux élèves de lire ou bien de chanter leur version de la chanson.

5/8 min **Écoute active et production orale guidée**

Livre de l'élève, page 35, activité 3 : *Choisis la bonne phrase.*
• Faire observer aux élèves les pages 34 et 35 de leur livre. Demander de dire avec leurs mots ce qu'ils font dans cette unité.
• Lire les deux phrases tous ensemble. Demander aux élèves d'identifier les différences et de choisir la bonne phrase, puis valider la bonne réponse.
• Demander de préciser ce que Djamila et Martin pensent des chanteuses françaises.

5/8 min **Phonétique**

Livre de l'élève, page 37, méli-mélodie, les sons [k] / [g] [CD Piste 17]
• Faire observer les deux personnages et demander aux élèves de les décrire.
• Écouter l'enregistrement et répéter le méli-mélodie tous ensemble.
• Les élèves qui le souhaitent peuvent venir au tableau pour dire le méli-mélodie devant la classe.

2/3 min **Clôture / Rituel de fin de séance** [voir page 187 de ce guide]

TRANSCRIPTIONS

Livre de l'élève, page 37, méli-mélodie, les sons [k] / [g]

Cette guitare grise est grande mais cet accordéon kaki est riquiqui !

CORRIGÉS

Livre de l'élève, page 35, activité 3 : *Choisis la bonne phrase.*
   Réponse **1**

REMARQUES ET CONSEILS

Livre de l'élève, page 37, boîte à outils
   Expliquez aux élèves que la conjonction de coordination *mais* sert à relier deux propositions. Par exemple la phrase « *J'aime le chocolat, mais je déteste la soupe* » : cette phrase est composée de deux propositions « *J'aime le chocolat.* » et « *Je préfère la soupe.* » reliées par *mais*, qui marque une opposition.

Livre de l'élève, page 34, situation 1 `CD Piste 15`
   Pour aider les élèves, posez-leur des questions avant l'écoute :
   « *Quelle chanteuse préfère Djamila ? Pourquoi ?* »
   « *Martin est-il d'accord ?* »
   « *Quelle chanteuse préfère Martin ? Pourquoi ?* »

Livre de l'élève, page 35, chanson : « *Qu'en penses-tu ?* **»** `CD Piste 16`
   Vous pouvez proposer à vos élèves d'écrire leur chanson sur une feuille et de l'illustrer. Les chansons illustrées seront accrochées dans la classe et / ou seront conservées dans la pochette de français.

BLOC-NOTES

Séquence 3 ▶ 2 séances

OBJECTIFS
- Comparer des objets et des personnes
- Réviser le vocabulaire des vêtements (suite)
- Donner son opinion (suite)

MATÉRIEL
- Fiche n° 8 : *Étiquettes-mots – Unité 3*, page 102
- Photos de chanteurs ou chanteuses célèbres (facultatif)

DÉROULEMENT

5 min **Rituel de début de séance** [voir page 187 de ce guide]

15/20 min **Systématisation et reproduction orale guidée**

Livre de l'élève, page 37, boîte à outils
- Faire observer dans le bandeau orange du haut la phrase : « *Cette chanteuse a une plus belle voix que ce chanteur.* »
- Afficher les photos de chanteurs ou chanteuses célèbres et comparer les vêtements des artistes en demandant aux élèves ce qu'ils en pensent. Par exemple : « nom du chanteur + *a une chemise plus belle que* + nom de l'autre chanteur. »
- Faire observer l'illustration de l'encadré « *moins… que… / plus… que… / aussi… que* ». Demander aux élèves de décrire les vêtements et de donner le prix, par exemple : « *Le pantalon noir coûte 25 €.* »
- Demander aux élèves quel vêtement est le moins cher et quels vêtements sont les plus chers. Écrire les phrases au tableau en soulignant le moins cher et les plus chers.
- Faire lire les phrases de l'encadré et les écrire au tableau. Entourer *moins… que… / plus… que… / aussi… que*.
- Faire observer la place dans la phrase de *moins, plus* et *aussi* (juste après le verbe) et la place de *que* (après l'adjectif).
- Proposer aux élèves de faire des phrases en s'aidant de l'illustration de l'encadré.
- Circuler dans la classe pour aider les élèves à formuler les phrases avec la bonne structure.

8/10 min **Systématisation et reproduction écrite**

Cahier d'activités, page 26, activité 7 a : *Complète avec moins… que… / plus… que… / aussi… que…*
- Demander aux élèves d'observer l'illustration de l'activité 7 et faire lire la consigne.
- Proposer de réaliser l'activité individuellement.
- Procéder à une correction deux par deux avec l'aide de la boîte à outils.
- Circuler dans la classe pour aider et vérifier.

8/10 min **Ancrage / Production écrite et production orale**

Cahier d'activités, page 26, activité 7 b : *Complète et fais une phrase comme dans la partie a).*
- Faire lire la consigne aux élèves.
- Demander aux élèves de faire trois phrases comme dans l'activité 7 a.
- Circuler dans la classe pour aider et vérifier.
- À la fin de l'activité, demander aux élèves de lire une phrase.

20/25 min **Ancrage**

Puzzle
- Faire des groupes de 4 élèves.
- Distribuer à chaque groupe les étiquettes-mots de la fiche n° 8, page 102.
- Demander aux élèves de manipuler les étiquettes pour reconstituer des phrases correctes.
- Faire un exemple au tableau avec l'aide des élèves.
- Demander aux élèves de faire le plus de phrases possibles et de noter sur une feuille leurs réalisations.
- Procéder à une correction collective. Demander à un élève de chaque groupe de venir écrire une phrase au tableau. Les autres élèves doivent valider ou corriger les phrases.

2/3 min **Clôture / Rituel de fin de séance** [voir page 187 de ce guide]

Cahier d'activités, page 26, activité 7 a : *Complète avec moins… que… / plus… que… / aussi… que…*

    1. Le violon rouge est **plus** cher **que** la guitare bleue.

    2. Le banjo violet est **moins** cher **que** le piano.

    3. La guitare verte est **aussi** chère **que** le violon rouge.

Cahier d'activités, page 26, activité 7 b : *Complète et fais une phrase comme dans la partie a).*

    Exemple de production attendue :

    Le piano rose est plus cher que le piano orange.

Puzzle, fiche n° 8, page 102 : *Étiquettes-mots*

    Exemples de productions possibles :

    Ces banjos jaunes sont plus chers que cette guitare verte.

    Cet accordéon bleu est moins cher que ce piano rouge et cette guitare verte.

REMARQUES ET CONSEILS

Livre de l'élève, page 37, boîte à outils : *moins… que… / plus… que… / aussi… que…*

    Vous pouvez prolonger cette activité en utilisant un autre thème déjà abordé dans *Tip Top !* 3. Vous pouvez, par exemple, reprendre la fiche n° 2 page 45 du jeu des sosies et demander aux élèves de comparer les héros : « *Superman est plus fort que le petit Poucet.* »

Cahier d'activités, page 26, activité 7 a : *Complète avec moins… que… / plus… que… / aussi… que…*

    Les élèves peuvent s'inspirer de l'illustration de l'activité ou bien donner libre cours à leur imagination.

Puzzle, fiche n° 8, page 102 : *Étiquettes-mots*

    Faites remarquer aux élèves qu'ils doivent accorder les adjectifs de couleur, les verbes et les adjectifs démonstratifs.

BLOC-NOTES

....
....
....
....
....
....
....
....
....
....
....
....
....
....
....
....
....
....
....
....
....

Unité 3

Séquence 3 ▸ 2 séances

OBJECTIFS • Utiliser les structures et le vocabulaire appris en contexte

MATÉRIEL • Fiche n° 3 : *Grille d'observation d'un jeu*, **page 46**

DÉROULEMENT

5 min **Rituel de début de séance** [voir page 187 de ce guide]

15/20 min **Ancrage phonétique**
- Écouter à nouveau le méli-mélodie de la page 37 du livre de l'élève.
- Faire répéter plusieurs fois.

Cahier d'activités, page 27, activité 11, les sons [k] / [g] : *Entoure les photos où tu entends [g] et souligne les photos où tu entends [k].* [CD Piste 18]
- Faire lire et expliquer la consigne.
- Passer l'enregistrement une première fois et faire réaliser l'activité individuellement. Passer l'enregistrement une deuxième fois pour permettre aux élèves de vérifier leur choix.
- Procéder à une correction collective en notant les mots au tableau.

Cahier d'activités, page 27, activité 12, les sons [k] / [g] : *Entoure les bons mots.* [CD Piste 19]
- Faire lire et expliquer la consigne.
- Passer l'enregistrement une première fois et faire réaliser l'activité individuellement. Passer l'enregistrement une deuxième fois pour permettre aux élèves de vérifier leurs choix.
- Procéder à une correction collective.

8/10 min **Stratégies d'apprentissage**

Cahier d'activités, page 31 : *Les astuces de Djamila*
- Lire et découvrir tous ensemble les astuces de Djamila.
- Demander aux élèves ce qu'ils pensent de ces astuces, s'ils les utilisent aussi et s'ils en connaissent d'autres.
- Noter les astuces pour apprendre la phonétique dans l'espace de la classe réservé aux « astuces » d'apprentissage.

20/25 min **Production orale**

Livre de l'élève, page 38, jeu : *Piano et clarinettes*
- Présenter le jeu aux élèves : faire lire le titre et remarquer le pictogramme « *Nous jouons* ».
- Faire lire les règles à haute voix et les expliciter grâce aux illustrations et à des exemples.
- Faire identifier les cases « *Départ* » et « *Arrivée* ».
- Faire repérer les phrases clés.
- Demander aux élèves de se mettre par groupes de trois à quatre.
- Insister sur l'importance de réaliser le jeu en français.
- Pendant le jeu, observer les productions orales des élèves (évaluation formative) à l'aide de la grille d'observation (fiche n° 3).
- Encourager les productions, être l'arbitre en cas de litige.
- À la fin du jeu, identifier les gagnants et inviter tous les élèves à les féliciter en leur disant « *Bravo ! Tu as gagné !* »

2/3 min **Clôture / Rituel de fin de séance** [voir page 187 de ce guide]

TRANSCRIPTIONS

Cahier d'activités, page 27, activité 11, les sons [k] / [g]

1. un client
2. un magasin
3. une guitare

4. une caisse
5. un gagnant
6. un groupe

Cahier d'activités, page 27, activité 12, les sons [k] / [g] (CD Piste 19)

1. Il achète une glace au chocolat.
2. Elle va à la gare en voiture.
3. Ces gants verts sont trop chers.

CORRIGÉS

Cahier d'activités, page 27, activité 11, les sons [k] / [g] : *Entoure les photos où tu entends [g] et souligne les photos où tu entends [k].* (CD Piste 18)

[g] : photos **2, 3, 5, 6**
[k] : photos **1, 4**

Cahier d'activités, page 27, activité 12, les sons [k] / [g] : *Entoure les bons mots.* (CD Piste 19)
1. glace – 2. gare – 3. gants

REMARQUES ET CONSEILS

Cahier d'activités, page 27, activité 12, les sons [k] / [g] : *Entoure les bons mots.*
En prolongement, vous pouvez demander à vos élèves de chercher dans leur auto-dico des mots qui contiennent les sons [k] et [g] et d'essayer de faire des méli-mélodies.

Cahier d'activités, page 27 : *Les astuces de Djamila*
Dans cette unité, Djamila partage avec les élèves ses astuces pour apprendre la phonétique.
Demandez aux élèves de choisir tous ensemble un son qu'ils trouvent particulièrement difficile à prononcer. Établissez ensemble une liste des mots qu'ils connaissent contenant ce son. Proposez aux élèves de tester les astuces de Djamila.
À l'issue de ces essais, demandez aux élèves quelles sont les astuces qui leur semblent les plus efficaces.
Invitez les élèves à noter leur nom sous les astuces qui leur conviennent le mieux. Lors de la découverte de nouveaux sons, incitez les élèves à consulter le coin des astuces pour se souvenir de ce qui était le plus efficace pour eux.

Livre de l'élève, page 38, jeu : *Pianos et clarinettes*
Si l'élève arrive sur une case avec un point d'interrogation, il doit dire ce que représente l'illustration.
Si l'élève arrive sur une case avec une clé de sol et un clavier de piano (cases 2 et 10), il doit monter et répondre à la question de la case sur laquelle il se trouve.
Si l'élève arrive sur une case avec une clé de sol et une clarinette (cases 18 et 13), il doit descendre et répondre à la question de la case où il se trouve.
L'élève qui arrive le premier sur la case n° 20 gagne le jeu.

BLOC-NOTES

Séquence 4 ▶ 2 à 3 séances

Séance(s) 1 (et 2)

OBJECTIFS • Ancrer les acquis de l'unité par des activités transdisciplinaires et interculturelles en français : un peu d'éducation musicale en français

MATÉRIEL • Des affiches de la Fête de la musique (facultatif)
• Internet (facultatif)

DÉROULEMENT

 Rituel de début de séance [voir page 187 de ce guide]

 Activité transdisciplinaire et civilisation : éducation musicale

Le titre et le bandeau bleu
• Faire remarquer en haut de la page *« Un peu d'éducation musicale »* et dire aux élèves que dans l'unité 3, ils vont faire un peu d'éducation musicale en français comme les élèves de *Tip Top !* et les élèves en France.
• Faire lire le titre de la page *« La Fête de la musique »* et le bandeau bleu pour attiser la curiosité des élèves.

Livre de l'élève, page 40, activité 1 : *Lisez et parlez avec vos camarades et votre professeur !*
• Lire les encadrés de l'activité et demander aux élèves s'il existe une Fête de la musique dans leur pays.
• Décrire et commenter les deux photos. Faire repérer les instruments de musique. Demander aux élèves de préciser dans quels lieux sont les musiciens, le moment de la journée, quel genre de musique ils jouent...
• Demander aux élèves s'ils jouent d'un instrument de musique et / ou s'ils chantent dans un groupe.

Livre de l'élève, page 40, activité 2 : *Et chez vous ?*
• Discuter avec les élèves de la Fête de la musique dans leur pays.
REMARQUE : si la Fête de la musique existe dans votre pays, discutez de la façon dont vous la fêtez. Encouragez vos élèves à parler de leurs expériences personnelles et à dire ce qu'ils pensent de cette fête. Si la Fête de la musique n'existe pas dans votre pays, vous pouvez demander à vos élèves ce qu'ils pensent d'une telle initiative. Cette activité est l'occasion de reprendre le calendrier des fêtes de votre pays et de réviser les mois de l'année (à la page 73 du livre, les élèves trouveront un récapitulatif du temps).

Activité facultative
• Chercher sur Internet des affiches de la Fête de la musique en France et / ou dans le monde.
• Imprimer les affiches et les accrocher au tableau.
• Inviter les élèves à comparer les affiches et à donner leur opinion.
REMARQUE : si vous avez une connexion internet dans la classe, vous pouvez demander aux élèves de chercher des affiches de la Fête de la musique de différents pays et de choisir celle qu'ils préfèrent.
Vous trouverez plus d'informations sur la Fête de la musique en France et dans le monde sur le site suivant : http://fetedelamusique.culture.fr

Cahier d'activités, page 28, activité 13 a, reproduction écrite : *Décris la Fête de la musique.*
ou une fête de ton pays.
• Demander aux élèves de compléter individuellement leur texte à partir des éléments découverts dans leur livre.
• Circuler dans la classe pour les aider et corriger les productions.

Cahier d'activités, page 28, activité 13 b : *Dessine une affiche pour illustrer cette fête.*
• Proposer aux élèves de faire leur propre affiche de la Fête de la musique avec leur programmation idéale ou d'une fête (traditionnelle) qu'ils aiment tout particulièrement.
REMARQUE : les élèves peuvent réaliser leur affiche sur une feuille afin de les exposer dans la classe et / ou de les mettre dans leur pochette de français. Sur cette affiche, les élèves pourront écrire : le nom de la fête, la date, ce que l'on peut faire. Par la suite, ils pourront commenter les affiches.

Clôture / Rituel de fin de séance [voir page 187 de ce guide]

Séquence 4 ▸ 2 à 3 séances

OBJECTIFS • Développer la compréhension écrite globale
d'un document (semi)-authentique : un article
• Imaginer un concours

MATÉRIEL • Internet (facultatif)

DÉROULEMENT

3/5 min ‖ Rituel de début de séance [voir page 187 de ce guide]

20/25 min ‖ Découverte d'un document écrit semi-authentique

Livre de l'élève, page 41, article : *Et le gagnant est...*
• Demander aux élèves de nommer les concours et les prix qu'ils connaissent.
• Annoncer aux élèves qu'ils vont découvrir un nouveau texte.
• Proposer aux élèves d'observer la page et de dire de quel type de texte il s'agit. Demander aux élèves dans quel genre de média on peut trouver ce type de texte (dans un journal, dans un magazine, sur Internet).
• Réaliser une découverte globale du document : demander aux élèves de trouver le titre du document. Faire observer la photo et demander de quoi il s'agit. Accepter toutes les propositions.

Lecture et compréhension écrite
• Inviter les élèves à lire le texte une première fois individuellement dans le cadre d'une lecture-plaisir.

Compréhension écrite guidée
• Lire et expliciter les questions tous ensemble.
• Proposer aux élèves de chercher les réponses dans le texte en binôme.
• Corriger en demandant aux élèves de justifier leur réponse avec une phrase du texte.

CORRIGÉ
1. Faux. *C'est un concours de la chanson française.*
2. Vrai. *Cette année, c'est Alessandra Sublet qui présente le concours.*
3. Faux. *On peut regarder le concours en direct à la télévision et l'écouter à la radio.*
4. Vrai. *Le concours a lieu une fois par an au mois de mars à Paris.*
5. Vrai. *Il y a un jury de professionnels mais le public vote aussi sur le site internet ou par SMS.*
6. Faux. *Il y a 12 catégories.*
7. Faux. *Dans la catégorie « meilleur chanteur français » : Benjamin Biolay...*

Pour aller plus loin...
Demander aux élèves de rechercher sur Internet les artistes nominés et d'écouter des extraits de leur musique (en classe ou à la maison). Proposer aux élèves de voter dans chaque catégorie afin de choisir les meilleurs artistes.
REMARQUE : n'oubliez d'inviter les élèves à donner leur avis et à justifier leur choix.

10/15 min ‖ Production écrite

Cahier d'activités, page 28, activité 14 : *Imagine ton concours*.
• Proposer aux élèves d'imaginer leur concours et de compléter l'activité.
• Circuler dans la classe pour aider les élèves.

10/15 min ‖ Production orale guidée
• Faire lire les productions écrites des élèves soit collectivement, soit par petits groupes, selon le temps à votre disposition.

2/3 min ‖ Clôture / Rituel de fin de séance [voir page 187 de ce guide]

Unité 3

Séquence 5 ▸ 2 à 3 séances ▷ Bilan, Portfolio et DELF Prim   Séance(s) 1 (et 2)

OBJECTIFS • Rebrasser les nouveaux acquis de l'unité
• Faire un bilan et une auto/co-évaluation

MATÉRIEL • Fiche n° 4 : *Grille de co-évaluation*, page 47

DÉROULEMENT

3/5 min **Rituel de début de séance** [voir page 187 de ce guide]

25/30 min **Bilan oral et écrit**

Cahier d'activités, page 29, activité 1 : *Je fais le point !*
• Faire lire la consigne, aider les élèves à formuler ce qu'ils doivent faire. Dessin *a* : « *Nous allons faire des achats.* » et / ou dessin *b* : « *Nous allons donner notre opinion.* »
• Faire observer et décrire collectivement les deux dessins.
• Demander aux élèves de se mettre deux par deux, de choisir une image puis d'imaginer les dialogues.
• Circuler dans la classe pour aider les élèves, vérifier les acquis et corriger la production écrite.

Retransmission orale et co-évaluation
• Distribuer aux élèves la grille de co-évaluation (fiche n° 4) et la faire relire à haute voix.
• Faire des petits groupes de 4 ou 6 élèves. Laisser un temps de préparation / répétition de la production orale.
• Demander à chaque groupe de jouer la scène. Les autres élèves co-évaluent les présentations orales.
• Procéder à une discussion finale avec tous les élèves à partir des grilles (inciter les critiques constructives et les encouragements).

CORRIGÉ
Exemples de production attendue :

a) **1.** *Regarde, c'est le dernier CD de S… C'est ma chanteuse préférée !*
   2. *Combien coûte le CD ?*
   3. *Il coûte 19 euros.*
   4. *C'est cher !*
   5. *Le CD de M…. est moins cher. Il coûte 12 euros.*
   6. *Oui, ce n'est pas cher !*

b) **1.** *Il a une belle voix. Qu'en penses tu ?*
   2. *Il a une belle voix, mais je préfère B…*
   3. *Je ne suis pas d'accord !*
   4. *Écoute bien, il chante moins bien que B…*
   5. *Non, c'est le meilleur !*
   6. *Non, c'est B… la meilleure !*

15/20 min **Auto-évaluation**

Cahier d'activités, page 31, portfolio : *Je donne mon opinion en français !*
• Demander aux élèves ce qu'ils ont fait en français dans l'unité 3 : accepter toutes les propositions et reprendre distinctement les éléments les plus importants en français.
• Faire remarquer le titre de la page et demander aux élèves si, eux aussi, ils savent donner leur opinion en français. Aider les élèves à donner des exemples

Et toi ? Lis, colorie et complète.
• Proposer aux élèves de lire chaque phrase du tableau et les laisser colorier individuellement. Les guider en fonction des questions et des difficultés.

J'apporte… et je note…
• Expliquer ce qui est attendu et inviter les élèves à compléter la phrase sous le tableau à la maison ou en classe à la prochaine séance : inviter vos élèves à rechercher des artistes francophones sur Internet avant de faire leur choix et de le noter sur cette page de leur portfolio.

2/3 min **Clôture / Rituel de fin de séance** [voir page 187 de ce guide]

Séquence 5 ▶ 2 à 3 séances ▷ Bilan, Portfolio et DELF Prim

OBJECTIFS • Rebrasser les nouveaux acquis de l'unité et des connaissances préalables
• Préparer au DELF Prim A2

MATÉRIEL • Aucun

DÉROULEMENT

5 min **Rituel de début de séance** [voir page 187 de ce guide]

30/45 min **Je m'entraîne au DELF Prim**

Cahier d'activités, page 30 : *Compréhension des écrits*
• Expliquer la compétence qui va être travaillée. 💡
• Demander aux élèves de lire et d'expliciter la consigne.
• Faire réaliser l'activité individuellement (durée 10/15 minutes).
• Procéder à une correction collective : certains élèves lisent le texte à haute voix puis d'autres lisent les questions.
• Les élèves donnent ensuite leurs réponses et les justifient. L'enseignant(e) valide les bonnes réponses.
• Faire un petit bilan des impressions, des difficultés et répondre aux questions.
• Penser à rassurer et encourager tous les élèves.

CORRIGÉ
1. samedi 21 juin
2. au kiosque à musique
3. à 20 heures
4. téléphoner et regarder sur Internet
5. le feu d'artifice

Cahier d'activités, page 30 : *Production orale* (étape 2)
• Rappeler la compétence qui va être travaillée.
• Faire lire et expliquer la consigne.
• Inviter les élèves à lire les trois sujets. Si les élèves ne comprennent pas, reformuler les sujets.
• Rappeler qu'ils savent beaucoup de choses à présent et qu'ils ont appris dans l'unité à donner leur opinion.
• Ne pas hésiter à aider les élèves en leur posant des questions, par exemple : « *Tu es d'accord ? Tu penses que c'est bien ou mal ? Pourquoi ? Tu aimes ça ? Qu'est-ce que tu aimes ?* »

REMARQUE : l'épreuve de production orale du DELF Prim comprend trois étapes et dure au maximum 8 minutes : un entretien dirigé (parler de soi), un monologue suivi (donner son avis), un exercice en interaction (interagir avec quelqu'un). Cette activité permet aux élèves de s'entraîner à l'étape 2 de l'épreuve. Dans les conditions réelles de l'examen, elle devrait durer 3 minutes maximum.

5/10 min **Auto-évaluation**

Cahier d'activités, page 31, portfolio : *Je donne mon opinion en français.*
• Proposer aux élèves de revenir à la page du portfolio pour colorier les lignes de leur tableau d'auto-évaluation après cette phase de bilan / évaluation qui leur aura permis de mieux percevoir leurs nouveaux acquis. Leur demander d'utiliser une autre couleur pour visualiser leurs progrès.

2/3 min **Clôture / Rituel de fin de séance** [voir page 187 de ce guide]

Unité 3

Séquence 6 ▶ 2 à 3 séances ▷ Projet

OBJECTIFS • Réinvestir les acquis de l'unité dans un projet créatif et collaboratif en français

MATÉRIEL • Un lecteur CD, un microphone (facultatif)

DÉROULEMENT

 3/5 min **Rituel de début de séance** [voir page 187 de ce guide]

de 40 min à 2h30 **Création / Réinvestissement**

Livre de l'élève, page 42, projet : *Organisons le concours des chansons de Tip Top !*
• Faire observer les illustrations et la photo, motiver et attiser la curiosité des élèves.
• Faire lire le titre et aider les élèves à nommer la tâche finale à partir du pictogramme et du titre : « *Organisons un concours des chansons de Tip Top !* »
• Expliquer qu'ils vont organiser un concours de chansons de *Tip Top !*
• Laisser le temps aux élèves de parcourir le mode d'emploi individuellement, puis lire et expliciter le mode d'emploi collectivement.
• Réaliser les étapes.

Étape 1
Demander aux élèves de se mettre par groupes de 3.
REMARQUE : pour ce projet faisant appel aux goûts et aux préférences des élèves, il serait souhaitable de les laisser constituer leur équipe par affinités communes.

Étape 2
Inviter les élèves à se rendre dans leur cahier d'activités page 32. Demander aux élèves s'ils se souviennent des chansons de *Tip Top !* Faire écouter des extraits des chansons (CD piste 20).
Les groupes choisissent leur chanson préférée.

Étape 3
Distribuer les textes des chansons. Demander aux élèves d'apprendre leur chanson et de faire une chorégraphie. Préciser que leur présentation doit être originale et que, par exemple, ils peuvent utiliser des accessoires, des masques, des costumes, etc.

Étape 4
Les élèves préparent la présentation orale de leur chanson. Dans l'activité 2 a, page 32, les élèves disent comment est leur chanson (les élèves peuvent rajouter des qualificatifs). Ensuite, dans l'activité 2 b, page 33, ils parlent avec leurs camarades et complètent leur fiche de présentation.

Étape 5
Chacun leur tour, les groupes présentent leur chanson à la classe en s'inspirant de la fiche complétée dans l'activité 2 b, page 33. Puis, ils chantent leur chanson.

Étape 6
Les élèves écoutent leurs camarades. Ils jugent les différents groupes et remplissent le premier tableau de l'activité 3, page 33. Lorsque tous les groupes sont passés, les élèves choisissent le groupe qu'ils préfèrent pour chaque catégorie. Pour terminer, ils comptent les votes pour déterminer les gagnants dans les différentes catégories et complètent le deuxième tableau de l'activité 3 page 33 avec les résultats du concours.

Pour aller plus loin...
• Organiser une fête de la musique dans l'école.
• Proposer aux élèves de faire un spectacle pour l'école et / ou les familles et les amis.
• Réaliser un vidéoclip pour le montrer à leurs familles.

2/3 min **Clôture / Rituel de fin de séance** [voir page 187 de ce guide]

Test de l'unité 3
Guide de classe, page 103, test 3

TRANSCRIPTIONS

Exercice 1

Écoute et coche la bonne case.
- Allons au rayon « vêtements » ! Je veux acheter une robe verte pour la fête de
la musique.
- Eh ! Regarde cette robe verte, elle est magnifique !
- Combien elle coûte ?
- 35 euros !
- Oh, elle est belle mais c'est cher ! La jupe rose est moins chère que la robe verte.
J'achète la jupe !

CORRIGÉS

Exercice 1 : dessin **c**

Exercice 2 : ce **> b** – cette **> c** – ces **> d** – cet **> a**

Exercice 3
1. Les pantalons sont **moins** chers **que** les robes.
2. Le manteau court est **aussi** cher **que** le manteau long.
3. La robe est **plus** chère **que** le pantalon.
4. Le pantalon noir est **le moins** cher.
5. Les manteaux sont **les plus** chers.

Exercice 4
Exemple de production attendue :
Bonjour Michel,
Je ne suis pas d'accord. Melissa chante bien, mais Élodie Neveu, c'est la meilleure !
Elle a la plus belle voix ! Son dernier CD est super !
Au revoir.
(prénom de l'élève)

Exercice 5
Circuler dans la classe et poser deux questions à chaque élève. Demander d'abord : *« Chante en couleur est la meilleure chanson de Tip Top ! Qu'en penses-tu ? »*. Puis, lorsque l'élève a répondu, dire et demander : *« Quelle est la meilleure chanson de Tip Top ? »* Pour faire varier cette deuxième question, il est possible de changer le titre de la chanson de *Tip Top* !

Barème : chaque exercice est noté sur 4 points.

REMARQUES ET CONSEILS

• Sachant que la délivrance de notes est souvent obligatoire dans les écoles pour attester du niveau atteint à un moment donné par chaque élève vis à vis d'un programme établi, un test noté vous est proposé à titre **facultatif** pour chaque unité.
Il propose des exercices pour évaluer les 4 compétences : CO, CE, PO, PE.
Les tests ne comportent pas de piège et reprennent les éléments principaux de l'unité.

• Pensez à mettre les élèves en condition avant le test, à les rassurer et à bien expliquer les consignes avant.
[+ voir conseil général page 190]

plus	cher	aussi
violons	ce	banjos
jaunes	rouge	est
ces	guitare	bleu
verte	moins	chers
chère	accordéon	cette
cet	sont	piano
que	et	.

Test 3

Nom : .... Prénom : ....

❶ Écoute et coche la bonne case.

J'écoute

ⓐ ☐   ⓑ ☐   ⓒ ☐

...../4

❷ Relie.

Je lis

Ce •   • **a.** album n'est pas cher !

Cette •   • **b.** concert est super !

Ces •   • **c.** chanteuse a une belle voix !

Cet •   • **d.** guitares sont chères !

...../4

❸ Complète avec *plus… que…, moins… que…, aussi… que…, les plus…, le moins…*

J'écris

1. Les pantalons sont .... chers .... les robes.

2. Le manteau court est .... cher .... le manteau lor

3. La robe est .... chère .... le pantalon.

4. Le pantalon noir est .... cher.

5. Les manteaux sont .... chers.

...../4

❹ Réponds au message de Michel et donne ton opinion.

J'écris

```
Bonjour,
Pour l'anniversaire de Paul, je voudrais acheter le dernier CD de Vanessa
Paradis. Il est vraiment super ! Qu'en penses-tu ?
À bientôt,
Michel
```

...../4

....

....

....

❺ Réponds à ton professeur.

Je parle

- « *Chante en couleur* » est la meilleure chanson de *Tip Top !* Qu'en penses-tu ?

- Quelle est la meilleure chanson de *Tip Top* ?

...../4

...../20

Unité 4 : Dans les contes

Séquence	**1** Apprentissage	**2** Apprentissage	**3** Apprentissage
Nombre de séances (≈ 45 min / ≈ 60 min)	**2 séances**	**3 séances**	**3 séances**
Objectifs communicatifs	• Connaître et nommer des personnages, des lieux et des objets de contes • Exprimer des sentiments et des émotions	• Demander ce qui s'est passé et répondre	• Raconter une histoire struct au passé
Grammaire	• Le passé composé avec *avoir* et *ne pas*	• Le passé composé avec *être*	• Les connecteurs logiques : *d'abord, ensuite, après, enf*
Lexique	• Les contes • Les émotions et les sentiments	• Les contes (suite)	• Les contes (suite) • *C'était… / Il était une fois.*
Phonétique	Les sons [s] / [z]		
(Inter)culturel	Les contes célèbres		
Interdisciplinaire	Un peu de littérature		
Fiches photocopiables dans le guide	• Fiche n° 9 (page 128) : *Les contes*	• Fiche n° 9 (page 128) : *Les contes*	• Fiche n° 3 (page 46) : *Grille d'observation d'un je*
Matériel complémentaire		• Des dictionnaires ou Internet (facultatif)	• Des feuilles

4	5	6
Apprentissages transdisciplinaires et interculturels	Bilans et (auto)évaluations	Projet
2 à 3 séances	**2 à 3 séances**	**1 à 3 séances**
• Ancrage des nouveaux acquis de l'unité aux travers d'activités transdisciplinaires et interculturelles	• Rebrassage	• Réinvestissement des acquis de l'unité dans le cadre d'un projet collaboratif
• Ancrage	• Rebrassage	• Réinvestissement
• Ancrage	• Rebrassage	• Réinvestissement
Les sons [s] / [z]		
Les contes célèbres		
Un peu de littérature		
	• Fiche n° 4 (p. 47) : *Grille de co-évaluation* • Test 4 (p. 129)	
• Des livres de contes • Internet (facultatif)		• Matériel pour le projet : des feuilles blanches ou colorées (A4), des stylos, des feutres, des ciseaux, de la colle… • Des dictionnaires (facultatif)

Séquence 1 ▶ 2 séances

OBJECTIFS • Comprendre et nommer des personnages, des lieux et des objets de contes

MATÉRIEL • Fiche n° 9 : *Les contes*, page 128

DÉROULEMENT

5 min **Rituel de début de séance** [voir page 187 de ce guide]

5/8 min **Découverte / Présentation de l'unité**

Livre de l'élève, page 42 : *Dans les contes*
• Annoncer aux élèves qu'ils vont commencer une nouvelle unité : l'unité 4. Faire observer l'illustration. Demander aux élèves ce que représente l'image, ce qu'ils voient. 💡
• Demander aux élèves quel est le titre de l'unité « *Dans les contes* » et expliquer sa signification. Leur demander ensuite de repérer les personnages de contes qu'ils connaissent déjà et reprendre distinctement leur nom en français.
• Faire lire le contrat d'apprentissage et attiser la curiosité des élèves pour cette nouvelle unité.

5/8 min **Découverte / Compréhension orale**

Jeu « *Où est... ?* »
• Prendre une carte-image des contes (fiche n° 9) et la coller au tableau en nommant distinctement l'élément représenté. Au fur et à mesure, demander aux élèves de désigner les éléments nommés sur la page d'ouverture.

8/10 min **Compréhension orale guidée**
• Proposer aux élèves de classer les images au tableau par catégorie. Leur laisser suffisamment de temps pour choisir des catégories puis écouter différentes propositions.
• Faire ensuite 5 cercles au tableau et y inscrire : *les gentils, les amis, les méchants, les lieux, les objets*. Inviter les élèves à placer les cartes-images dans les bons cercles. Valider les bonnes réponses.

8/10 min **Reproduction orale et systématisation**

Livre de l'élève, page 46, boîte à outils : *Les contes*
• Montrer aux élèves l'encart « *les contes* » qui contient les mots des contes classés comme dans les cercles au tableau. Répéter distinctement les mots et demander aux élèves de retrouver les images correspondantes au tableau et de répéter après vous.

Jeu de *Memory*
• Demander aux élèves de fermer les yeux, retirer une carte dans l'un des cercles au tableau. Demander ensuite aux élèves d'ouvrir les yeux et de nommer la carte manquante. 💡

8/10 min **Reproduction écrite et systématisation**

Cahier d'activités, page 35, activité 4 : *Retrouve les mots*.
• Inviter les élèves à lire les anagrammes et à retrouver les mots des contes.
• Procéder à une correction deux par deux avec l'aide de leur boîte à outils. 💡

8/10 min **Compréhension orale et écoute active**

Livre de l'élève, page 44, situation 1 (CD Piste 21)
1ère écoute • Passer l'enregistrement, dialogue caché.
• Demander aux élèves de dire qui parle et ce qu'ils ont entendu / compris, sans confirmer pour l'instant.

Livre de l'élève, page 44, activité 1 : *Trouve les bonnes réponses*. (CD Piste 21)
2ème écoute • Avant l'écoute, faire lire la consigne et les questions.
• Passer l'enregistrement avec le texte et demander aux élèves de trouver les bonnes réponses.
• Faire observer l'illustration « *C'était drôle* » et demander aux élèves s'ils savent qui est le héros / gentil, le méchant, l'ami... dans l'histoire du *Petit Chaperon rouge*. 💡

2/3 min **Clôture / Rituel de fin de séance** [voir page 187 de ce guide]

TRANSCRIPTIONS

Livre de l'élève, page 44, situation 1

Martin : Eh oh, je suis là !

La mère de Martin : Eh bien, tu as l'air content. Qu'est-ce que vous avez fait à l'école ?

Martin : Ce matin, nous sommes allés au théâtre avec Mme Leroy.

Violette : Vous avez vu quelle pièce ?

Martin : Nous avons vu un conte fantastique !

Violette : Une histoire avec des ogres, des monstres, des fées ou des génies ?

Martin : Non, un conte avec…

Violette : L'histoire où le loup a mangé la grand-mère ?

Martin : Non, c'était la vraie histoire du Petit Chaperon rouge !

Violette : Et tu as eu peur ?

Martin : Non, je n'ai pas eu peur ! C'était drôle ! Ça y est, on est arrivé. Tu veux écouter l'histoire ?

Violette : Oh oui !

CORRIGÉS

Cahier d'activités, page 35, activité 4 : *Retrouve les mots.*
   1. un dragon – **2.** une princesse – **3.** un loup – **4.** une fée – **5.** un trésor – **6.** une grotte

Livre de l'élève, page 44, activité 1 : *Trouve les bonnes réponses.* CD Piste 21
   Ce matin martin est allé au théâtre. **> 3**
   La vraie histoire du Petit Chaperon rouge **> 1**
   Au théâtre, Martin n'a pas eu peur. **> 2**

REMARQUES ET CONSEILS

Page d'ouverture 53 : *Dans les contes*
Cette page d'ouverture sur le thème des contes comporte beaucoup de nouveau vocabulaire. Après avoir fait nommer les éléments connus en français, laissez la possibilité aux élèves de s'exprimer sur le sujet en langue maternelle et reprenez les éléments importants en français.
[+ voir conseil général page 191]

Jeu de *Memory*
Pour ce jeu de *Memory* avec le nouveau vocabulaire des contes, les élèves peuvent comparer les images au tableau avec les mots de leur boîte à outils afin de retrouver l'élément / la carte manquante.

Cahier d'activités, page 35, activité 4 : *Retrouve les mots.*
Les élèves se familiarisent avec l'orthographe de certains mots-clés de l'unité. En fonction de la durée des séances, le professeur peut faire réaliser cette activité individuellement ou sous la forme d'un *Scrabble* : pour cela, formez des groupes de 3-4 élèves et distribuez-leur des papiers comportant les lettres équivalentes aux quatre anagrammes de l'exercice. Les élèves reconstituent les mots. L'équipe qui retrouve en premier l'orthographe exacte des quatre mots gagne.

Le Petit Chaperon rouge
Si vos élèves connaissent l'histoire du *Petit Chaperon rouge* dans leur langue maternelle, vous pouvez leur demander de nommer les personnages, lieux et objets importants de cette histoire et reprendre distinctement les mots-clés en français : *le petit Chaperon rouge, le chasseur, la grand-mère, le loup, la forêt, le panier, la galette et le petit pot de beurre…*
Si vos élèves ne connaissent pas cette histoire, à partir de l'illustration page 44, vous pouvez déjà leur indiquer quelques informations concernant ce conte célèbre.
En fonction de la durée de vos séances ou dans le cadre d'un travail transdisciplinaire en littérature par exemple, vous pouvez également prendre le temps de leur conter l'histoire originale en langue maternelle et/ou en français. Pour vous aider, il existe de nombreux sites internet à ce sujet comme : http://www.lirecreer.org/ (rubrique *« Les contes »*)

BLOC-NOTES

Séquence 1 ▶ 2 séances

OBJECTIFS • Comprendre et nommer des sentiments et des émotions
• Parler des personnages de contes

MATÉRIEL • Aucun

DÉROULEMENT

5 min **Rituel de début de séance** [voir page 187 de ce guide]

10/15 min **Écoute active et compréhension orale guidée**

Cahier d'activités, page 34, activité 1 : *Relie les phrases du dialogue.* (CD Piste 21)
• Passer l'enregistrement sans le dialogue et demander aux élèves de relier les phrases du dialogue.
• Procéder à une correction collective avec l'enregistrement et/ou le texte du livre page 44.

Cahier d'activités, page 34, activité 2 : *Coche les bons dessins.* (CD Piste 21)
• Demander aux élèves de bien observer ces 12 illustrations et nommer ce qu'elles représentent. 💡
• Inviter les élèves à réaliser l'activité deux par deux, puis procéder à une correction collective.

Livre de l'élève, page 44, situation 1 (CD Piste 21)
• Passer à nouveau l'enregistrement (avec le texte) et demander aux élèves si Martin a eu peur, les aider à répondre.
• Demander aux élèves si eux ont déjà eu peur en lisant un conte. Dire que l'on peut avoir des sentiments différents quand on lit une histoire : *avoir peur, être étonné, être triste…*

8/10 min **Compréhension orale / Compréhension orale guidée**

Livre de l'élève, page 46, boîte à outils : *Les émotions et les sentiments*
• Demander aux élèves s'ils connaissent d'autres sentiments ou émotions en français, puis leur proposer de découvrir de nouvelles expressions dans leur boîte à outils.
• Nommer distinctement chaque émotion / sentiment et demander aux élèves de dire dans quelle situation on peut ressentir ces émotions / sentiments.
• Mimer les sentiments et les émotions un par un dans le désordre et demander aux élèves de désigner la bonne image dans l'encadré, puis les aider à nommer chaque expression.

10/15 min **Reproduction orale et systématisation**

Jeu de mime
• Demander aux élèves de se mettre en cercle. Mimer une émotion et demander aux élèves de la nommer. Inviter l'élève qui a trouvé la bonne réponse à mimer une autre émotion. Poursuivre l'activité avec plusieurs élèves. 💡

Livre de l'élève, page 46, activité 1 : *Regarde p. 43 et parle avec un(e) camarade.*
• Faire observer l'illustration page 43 et remarquer que les différents personnages de contes sur cette image ont des sentiments ou des émotions différents. Donner des exemples.
• Inviter ensuite les élèves à se mettre deux par deux, à lire la bulle page 46, puis à dire le personnage qu'il préfère dans chaque catégorie (*méchant(e), ami(e), gentil(le)*) et pourquoi, comme dans l'exemple.

8/10 min **Production orale et écrite guidée / Ancrage**

Cahier d'activités, page 35, activité 5 a et b : *Trouve les 5 différences avec un(e) camarade.*
• Demander aux élèves de se mettre deux par deux, de bien observer les deux illustrations et de trouver les 5 différences.
• Procéder à une correction orale collective puis inviter les élèves à noter les 5 différences trouvées dans leur cahier.
• Proposer aux élèves d'échanger leur cahier d'activités pour corriger les productions écrites.

5/8 min **Phonétique**

Livre de l'élève, page 47, méli-mélodie, les sons [s] / [z] (CD Piste 23)
• Faire observer les deux illustrations et demander aux élèves de les décrire.
• Passer l'enregistrement puis répéter le méli-mélodie tous ensemble.

2/3 min **Clôture / Rituel de fin de séance** [voir page 187 de ce guide]

TRANSCRIPTIONS

Livre de l'élève, page 47, méli-mélodie, les sons [s] / [z]

 Piste 23

La sorcière est tombée amoureuse.
La princesse a six souris joyeuses.

CORRIGÉS

Cahier d'activités, page 34, activité 1 : *Relie les phrases du dialogue.*
  1. d – **2.** c – **3.** a – **4.** b

Cahier d'activités, page 34, activité 2 : *Coche les bons dessins.* CD Piste 21

 ⓐ ☒   ⓑ ☐   ⓒ ☒   ⓓ ☒   ⓔ ☐   ⓕ ☐   ⓖ ☒

 ⓗ ☐   ⓘ ☒   ⓙ ☐   ⓚ ☐   ⓛ ☐

Livre de l'élève, page 46, activité 1 : *Regarde p. 43 et parle avec un(e) camarade.*
  Exemple de production attendue :
  La gentille que je préfère, c'est la princesse. Elle est amoureuse.
  Le méchant que je préfère, c'est le loup. Il a peur.
  L'ami que je préfère, c'est le génie. Il est joyeux.

Cahier d'activités, page 35, activité 5 b : *Note les 5 différences ici.*
  1. Sur l'image 1, la fée a une clé. Sur l'image 2, la fée a une baguette magique.
  2. Sur l'image 1, le dragon est amoureux. Sur l'image 2, le dragon est triste.
  3. Sur l'image 1, l'ami est un génie / il y a un génie. Sur l'image 2, l'ami est un chat / il y a un chat.
  4. Sur l'image 1, il y a un miroir sur la table. Sur l'image 2, il y a une épée sur la table.
  5. Sur l'image 1, la fée est ennuyée. Sur l'image 2, la fée est joyeuse.

REMARQUES ET CONSEILS

Cahier d'activités, page 34, activité 2 : *Coche les bons dessins.*
  Pour cette activité, les élèves font appel à la fois à leur compréhension auditive de l'enregistrement, à leur compréhension globale de la situation, à leurs connaissances préalables et à leur esprit de déduction. Pour les émotions et les sentiments de Martin, illustrées de *i* à *l*, les élèves connaissent déjà les mots et expressions « *drôle* », « *il est content* », « *il est triste* » ; les illustrations *k* et *l* devraient les aider à comprendre « *il a peur* » et « *il est amoureux* ».

Jeu de mime
  En fonction du nombre d'élèves dans votre classe, vous pouvez commencer par faire quelques exemples avec toute la classe, puis faire réaliser l'activité par petits groupes ou deux par deux. Pensez alors à circuler dans la classe pour vérifier et soutenir les élèves dans cette phase de reproduction orale.

BLOC-NOTES

....
....
....
....

Séquence 2 ▸ 3 séances

OBJECTIFS • Comprendre ce qui s'est passé
• S'exprimer au passé
• Réviser le passé composé avec *avoir* et utiliser la négation

MATÉRIEL • Aucun

DÉROULEMENT

5 min **Rituel de début de séance** [voir page 187 de ce guide]

8/10 min **Compréhension orale détaillée**

Livre de l'élève, page 44, situation 1 [CD Piste 21]
• Passer l'enregistrement avec le texte puis poser des questions de compréhension globale du type : « *Où Martin est allé ce matin ? Quelle pièce il a vu ?...* » et aider les élèves à répondre en faisant des phrases complètes.
• Dessiner une flèche du temps au tableau et demander aux élèves de montrer sur la flèche quand Martin est allé au théâtre et quand il parle avec sa mère et sa sœur Violette.
• Demander aux élèves de trouver des verbes dans le texte qui indiquent ce que Martin a fait à l'école ce matin et les noter au tableau sous « *Avant* ».

10/15 min **Compréhension et reproduction orale**
• Rappeler que pour parler au passé les verbes changent et demander aux élèves s'ils se souviennent comment conjuguer l'un des verbes au tableau comme *voir* au passé composé. Les aider et noter la conjugaison au tableau.
• Demander aux élèves ce qu'ils ont fait ce matin ou la veille et les aider à répondre avec des phrases utilisant le passé composé avec *avoir*.

8/10 min **Systématisation**

Livre de l'élève, page 47, boîte à outils : *Hier*
• Poser des questions aux élèves sur ce qu'ils ont fait ce matin appelant une réponse négative. Les aider à répondre.
• Faire observer l'encadré « *Hier* ». Faire remarquer la conjugaison du verbe *lire* au passé composé avec la négation. Aider les élèves à bien repérer la place des différents éléments de la phrase :
sujet + *ne* + *avoir* + *pas* + participe passé.

8/10 min **Reproduction écrite / Systématisation**

Cahier d'activités, page 36, activité 6 : *Regarde le dessin et réponds.*
• Faire lire la consigne puis demander aux élèves de réaliser l'activité individuellement.
• Procéder à une correction collective au tableau.
• Rappeler que le participe passé avec *avoir* ne change pas.

5/8 min **Reproduction orale**

Jeu de rôle
• Inviter les élèves à se mettre trois par trois et reprendre le dialogue page 44 de leur livre.
• Puis, proposer à certains élèves de jouer la scène devant la classe.

2/3 min **Clôture / Rituel de fin de séance** [voir page 187 de ce guide]

Cahier d'activités, page 36, activité 6 : *Regarde le dessin et réponds.*
   1. Non, elle n'a pas fait son lit ce matin.
   2. Non, elle n'a pas fermé la fenêtre.
   3. Non, elle n'a pas mis son manteau rose.
   4. Non, elle n'a pas lu de magazines.
   5. Non, elle n'a pas éteint la lumière.

REMARQUES ET CONSEILS

La flèche du temps

Afin d'aider les élèves à se repérer dans le temps, dessinez une flèche au tableau et écrivez les mots : *avant, maintenant, après.*

Avant	Maintenant	Après

Livre de l'élève, page 47, boîte à outils : *Hier*

La conjugaison des verbes au passé composé avec l'auxiliaire *être* sera apprise à la séance suivante.

Cahier d'activités, page 36, activité 6 : *Regarde le dessin et réponds.*

En fonction de la durée de vos séances et du niveau de vos élèves, vous pouvez également commencer par réaliser cette activité sous la forme d'un quiz à l'oral : demandez aux élèves de cacher les questions, laissez 3 à 5 minutes pour poser des questions. Puis, faites cacher l'image et posez les questions de l'activité. Les élèves doivent répondre le plus rapidement possible en faisant des phrases grammaticalement correctes.

BLOC-NOTES

Unité 4

Séquence 2 ▶ 3 séances

OBJECTIFS • Demander ce qui s'est passé et répondre
  • Utiliser le passé composé avec *être*

MATÉRIEL • Fiche n° 9 : *Les contes*, page 128

DÉROULEMENT

5 min **Rituel de début de séance** [voir page 187 de ce guide]

8/10 min **Compréhension orale et écrite détaillées**

Livre de l'élève, page 44, situation 1 [CD Piste 21]
• Passer l'enregistrement avec le texte.
• Demander aux élèves de rappeler ce que Martin a fait à l'école.
• Noter tous les verbes au passé composé au tableau.
• Demander aux élèves s'ils remarquent des différences et attirer leur attention sur la conjugaison des verbes au passé composé avec *être*.
• Indiquer aux élèves que pour parler de ce qui s'est passé (ce matin, hier…), il y a en français des verbes qui se conjuguent avec *avoir* et d'autres avec *être* et leur proposer de découvrir lesquels et comment.

Livre de l'élève, page 47, boîte à outils : *Hier*
• Faire observer les deux verbes conjugués de l'encadré « *Hier* » et aider les élèves à déduire les règles de conjugaison du passé composé avec l'auxiliaire *être*.

5/8 min **Reproduction orale et systématisation**

Livre de l'élève, page 47, boîte à outils : *avec être*
• Indiquer ensuite aux élèves qu'il y a seulement 14 verbes en français (+ les verbes pronominaux) qui se conjuguent avec l'auxiliaire *être* au passé composé.
• Inviter les élèves à regarder l'encadré « *avec être* » et leur demander de dire ce que fait le loup à chaque étape. Les aider à bien prononcer les nouveaux participes passés.

8/10 min **Reproduction orale / Systématisation**

Livre de l'élève, page 47, activité 2 : *Et toi ? Parle avec ton/ta voisine.*
• Demander aux élèves de se mettre deux par deux et de se poser des questions au passé composé comme dans l'exemple pour savoir ce qu'ils ont fait hier.
• Circuler dans la classe pour soutenir et aider les élèves à faire des phrases complètes.
• Proposer ensuite à certains élèves de dire aux autres ce que leur voisin(e) a fait hier.

8/10 min **Reproduction orale et écrite / Systématisation**

Livre de l'élève, page 47, boîte à outils : *avec être*
• Prendre ensuite une carte représentant une femme, personnage de contes, comme la sorcière par exemple (fiche n° 9).
• Demander aux élèves de répéter les étapes du dessin « *avec être* » mais avec la sorcière et de dire ce qui changerait pour la conjugaison. Faire remarquer qu'à l'oral on n'entend pas de différence mais qu'à l'écrit il y en a.

Cahier d'activités, page 36, activité 7 : *Complète l'histoire.*
• Faire réaliser l'activité individuellement avec l'aide de la boîte à outils, puis procéder à une correction collective en insistant sur l'accord du participe passé.

10/15 min **Production orale et écrite guidée / Ancrage**

Cahier d'activités, page 36, activité 8 : *Qu'est-ce qui s'est passé hier ? Parle avec un(e) camarade et raconte ici.*
• Lire la consigne tous ensemble puis inviter les élèves à se mettre deux par deux pour parler de ce qu'ils ont fait hier (à l'école). Laisser suffisamment de temps aux élèves pour s'exprimer oralement puis leur demander de mettre leurs idées par écrit. Circuler dans la classe pour aider et corriger.
• Proposer aux élèves de comparer leurs différentes versions de leur journée d'école.

2/3 min **Clôture / Rituel de fin de séance** [voir page 187 de ce guide]

Livre de l'élève, page 47, activité 2 : *Et toi ? Parle avec ton/ta voisine.*
    Exemple de production attendue :
    Est-ce que tu as acheté un CD hier ?
    Non, je n'ai pas acheté de CD. Je suis allé(e) à l'école.
    Est-ce que tu as pris le bus pour aller à l'école ?
    Non, je n'ai pas pris le bus pour aller à l'école. Je suis venu(e) à vélo.

Cahier d'activités, page 36, activité 7 : *Complète l'histoire.*
    1. Une nuit, la princesse ......**est sortie**.......... (sortir) du château.
    2. Elle ....**est descendue**........ (descendre) doucement dans le jardin.
    3. Un ogre ......**est arrivé**...... (arriver).
    4. La princesse ....**s'est cachée**.......... (se cacher) dans le bois.
    5. L'ogre, furieux, ...**s'est dépêché**.......... (se dépêcher).
    6. Mais il ....**est tombé**.......... (tomber) dans un trou.
    7. La princesse fatiguée ....**est retournée**.......... (retourner) chez son père, le roi.

Cahier d'activités, page 36, activité 8 : *Qu'est-ce qui s'est passé hier ? Parle avec un(e) camarade et raconte ici.*
    Exemple de production attendue :
    Hier, *Maxime et moi avons pris le bus à 8 h 00 pour aller à l'école. Nous sommes arrivés à 8 h 30. Nous avons parlé français. L'après-midi, nous sommes allés au théâtre avec notre classe. Nous sommes rentrés à la maison à 17 h 00.*

REMARQUES ET CONSEILS

Livre de l'élève, page 47, boîte à outils : *avec être*
    Cette illustration est une aide visuelle pour la mémorisation des verbes utilisant l'auxiliaire *être* au passé composé.
    Vous pouvez la photocopier et l'agrandir pour l'afficher dans la classe. En fonction de la durée de vos séances, vous pouvez également proposer aux élèves de réaliser leur propre dessin sur le même modèle avec d'autres personnages de contes et de recopier en-dessous les verbes au passé composé, puis l'afficher dans la classe.

Unité 4

BLOC-NOTES

Séquence 2 ▶ 3 séances

OBJECTIFS • Demander ce qui s'est passé et répondre (suite)
• Remettre une histoire dans l'ordre
• Ancrer les nouvelles structures

MATÉRIEL • Des dictionnaires ou Internet (facultatif)

DÉROULEMENT

5 min | Rituel de début de séance [voir page 187 de ce guide]

5/8 min | Production orale guidée / Systématisation
• Écrire au tableau et expliciter la question : « *Qu'est-ce qui s'est passé ce matin ?* »
• Inviter les élèves à raconter ce qu'ils ont fait ce matin depuis la sonnerie de leur réveil jusqu'à leur arrivée dans la classe.
• Commencer l'activité tous ensemble puis proposer aux élèves de continuer par petits groupes.
• Inciter les élèves à se poser des questions pour préciser ce qu'ils ont fait (ou non) ce matin. 💡

20/25 min | Production orale guidée / Ancrage

Livre de l'élève, page 49 : *BD mélangée : Le trésor*
• Présenter le jeu aux élèves : faire lire le titre et remarquer le pictogramme « *Nous jouons* ».
• Demander aux élèves s'ils lisent des BD et si oui lesquelles. Faire nommer des personnages de BD célèbres comme Astérix et Obélix.
• Inviter les élèves à regarder les images et à lire le sous-titre.
• Leur demander ce qui est spécial dans cette BD, puis confirmer qu'ici les cases de la BD ont été mélangées et qu'ils vont devoir remettre l'histoire dans l'ordre.
• Demander aux élèves quelle est la première case de l'histoire (case *e*) et quand se passe l'histoire (*hier matin*). Insister donc sur le fait que l'histoire se déroule dans le passé.
• Commencer par décrire cette première case tous ensemble.
• Proposer ensuite aux élèves de se mettre par petits groupes (2-3 élèves) pour retrouver l'ordre de cette histoire et la raconter oralement. 💡
• Passer dans les groupes pour soutenir ces productions orales. Laisser les élèves chercher du vocabulaire manquant dans leurs auto-dicos, dans leurs boîtes à outils, dans leurs dictionnaires (ou sur Internet).

10/15 min | Production orale et écrite guidée / Ancrage
• Proposer aux élèves de découvrir ce que ces deux enfants ont découvert dans le coffre au trésor.
• Faire lire la deuxième consigne et demander aux élèves de prendre leur cahier d'activités à la page 38.

Cahier d'activités, page 38, activité 12 : *Imaginez le plus beau trésor.*
• Faire lire la consigne et la suite de l'histoire.
• Inviter les élèves à imaginer le plus beau trésor que ces enfants pourraient avoir découvert, selon eux, et à le noter sur cette ligne. 💡

Pour aller plus loin
En fonction de la durée de vos séances et du niveau de vos élèves, vous pouvez poursuivre cette activité de production guidée par la rédaction collective de l'histoire au tableau, que les élèves pourront ensuite recopier et à laquelle ils pourront ajouter leur propre fin. Puis inviter les élèves à placer cette histoire collective dans leur pochette de français.

2/3 min | Clôture / Rituel de fin de séance [voir page 187 de ce guide]

Livre de l'élève, page 49, BD mélangée : *Le trésor*

Ordre de l'histoire : **e – c – i – g – b – f – h – a – j – d – l – v – k**

Exemple de production attendue :

e – Hier matin, *Ibrahim s'est réveillé à 7 h 30, joyeux.*

c – *Il est allé dans sa salle de bains. Il s'est lavé les dents. Il a écouté la radio et il a entendu une nouvelle fantastique :* « *un homme a perdu un trésor dans la ville.* »

i – *Ibrahim a appelé sa meilleure amie Paula tout de suite. Il a demandé à Paula :* « *Tu as écouté la radio ?* » *et Paula a répondu :* « *Oui, j'arrive.* »

g – *Paula s'est dépêchée. Elle a mis son manteau bleu et elle est sortie.*

b – *Dans la rue Paula et Ibrahim ont parlé du trésor. Paula a dit :* « *ce sont peut-être des bijoux, un collier, une bague…* » *et Ibrahim a répondu :* « *ou de l'argent, de l'or !* »

f – *Ils ont commencé à chercher le trésor. Mais où est le trésor ? Paula a pensé au musée. Ibrahim a pensé à une grotte.*

h – *Ils ont marché dans la rue et ils sont tombés dans un trou noir.*

a – *Où sont-ils ? Paula et Ibrahim ont vu une lumière.*

j – *Ils se sont approchés et ils ont vu un coffre fermé et une feuille.*

d – *Ibrahim a pris le message et ils ont lu le rébus :* « *la clé est derrière vous* » *(la-clé-haie-dé-riz-R-vous).*

l – *Ils se sont retournés et ils ont trouvé la clé du coffre.*

k – *Ils ont ouvert le coffre et ils ont découvert…*

REMARQUES ET CONSEILS

Qu'est-ce qui s'est passé ce matin ?

Cette activité peut également être l'occasion d'effectuer une révision des pronoms interrogatifs et des différentes structures possibles pour les phrases interrogatives.

Livre de l'élève, page 49 : *BD mélangée :* *Le trésor*

Pour que cette activité soit un réel moment de production orale guidée, il est impératif d'indiquer aux élèves qu'ils doivent décrire chaque image en français (en utilisant le plus possible le passé composé).

Cahier d'activités, page 38, activité 12 : *Imaginez le plus beau des trésors.*

L'utilisation de l'imparfait de description sera découverte lors des séances suivantes par le biais des expressions « *c'était…* » et « *il était une fois…* ». Il n'est pas nécessaire d'entrer dans les explications ici à moins d'une demande de vos élèves.

Unité 4

BLOC-NOTES

Séquence 3 ▶ 3 séances

OBJECTIFS • Comprendre une histoire structurée au passé

MATÉRIEL • Aucun

DÉROULEMENT

5 min **Rituel de début de séance** [voir page 187 de ce guide]

8/10 min **Découverte / Compréhension orale**

Livre de l'élève, page 45, histoire : *Il était une fois...* (CD Piste 22)
- Faire observer le document et l'illustration (sans lire le texte) et demander aux élèves de quel type de document il s'agit. Confirmer que c'est une histoire. 💡
- Faire lire et expliciter le titre. Indiquer que la plupart des contes en français commence par cette phrase pour décrire l'histoire.

1ère écoute : écoute-plaisir et découverte
- Rappeler que c'est Martin qui va raconter à sa sœur Violette l'histoire qu'il a entendu au théâtre.
- Passer l'enregistrement, puis demander aux élèves ce qu'ils ont entendu.

2ème écoute
- Demander aux élèves de bien écouter et de dire comment est le petit Chaperon rouge dans cette histoire : « *Elle a peur, elle est triste, elle est en colère... ?* »
- Passer à nouveau l'enregistrement sans le texte.
- Après l'écoute, demander aux élèves de répondre à la question puis les inviter à découvrir le texte pour confirmer ou infirmer leur réponse.

15/20 min **Écoute active / Compréhension écrite guidée**

Livre de l'élève, page 45, activité 2 : *Associe.* (CD Piste 22)
- Demander aux élèves de bien observer les 4 illustrations, de dire qui ils voient et quelles émotions / quels sentiments a chaque personnage.
- Dessiner une flèche du temps au tableau et y placer les mots *aujourd'hui, hier, l'année dernière*. Sous le mot *aujourd'hui* mettre la date du jour, puis faire déduire aux élèves la date d'*hier* et de *l'année dernière*.
- Faire remarquer aux élèves que l'histoire se passe en deux temps : *l'année dernière* et *aujourd'hui*.
- Passer à nouveau l'enregistrement et faire associer les expressions de temps aux bonnes images.
- Demander aux élèves de trouver les deux expressions de temps dans le texte pour justifier leurs réponses, puis valider les bonnes réponses.

Cahier d'activités, page 34, activité 3 : *Remets l'histoire dans l'ordre.* (CD Piste 22)
- Proposer aux élèves de réaliser l'activité deux par deux.
- Procéder à une correction collective.
- Écrire les quatre phrases au tableau dans le bon ordre et souligner les connecteurs logiques.
- Commencer à expliquer aux élèves que ces mots servent à donner l'ordre d'une histoire comme si on disait : *un, deux, trois...*

15/20 min **Compréhension / Reproduction orale**

Livre de l'élève, page 47, boîte à outils : *d'abord / au début de...*
- Faire observer l'encadré des connecteurs logiques et préciser aux élèves qu'ils servent à raconter une histoire dans l'ordre où elle s'est déroulée et que ces mots s'utilisent toujours dans cet ordre.
- Demander aux élèves de lire les phrases du bandeau rose en haut et leur demander quel connecteur on pourrait utiliser pour continuer cette histoire.
- Proposer aux élèves de retrouver et de souligner les connecteurs dans l'histoire *Il était une fois*, page 45.

Jeu de mime 💡
- Lire le passage du texte de « *D'abord tu es venu...* » à « *pour nous sauver* » et inviter les élèves à mimer la scène.
- Demander aux élèves de se mettre par petits groupes (4-5 élèves). Certains lisent l'histoire et les autres miment la situation.

2/3 min **Clôture / Rituel de fin de séance** [voir page 187 de ce guide]

Livre de l'élève, page 45, histoire

Il était une fois...

Il était une fois la vraie histoire du *Petit Chaperon rouge*.

Ce matin, le petit Chaperon rouge a pris son panier et elle est partie chez sa grand-mère.

Dans la forêt, elle a rencontré le loup. Le loup, joyeux, a demandé : « Où vas-tu aujourd'hui ? ».

Le petit Chaperon rouge en colère a répondu :

« Ah, non ! L'année dernière, tu étais déjà là. D'abord, tu es venu sur le chemin. Ensuite, tu as posé des questions. Tu as couru chez ma grand-mère et tu es arrivé le premier. Après, tu as essayé de nous manger, Grand-Mère et moi. Enfin, le chasseur est arrivé pour nous sauver. Aujourd'hui, c'est fini ! Je suis le petit Chaperon rouge, noire de colère et j'ai très faim moi aussi ! »

Le petit Chaperon rouge a ouvert une énorme bouche et « Croc !» : elle a mangé le loup !

Ha, ha, ha ! Voilà comment finit la vraie histoire du *Petit Chaperon rouge* !

CORRIGÉS

Livre de l'élève, page 45, activité 2 : *Associe.*

> L'année dernière > **a − d**
>
> Hier > **b − c**

Cahier d'activités, page 34, activité 3 : *Remets l'histoire dans l'ordre.*

> ④ Enfin, elle a mangé le loup !
>
> ② Ensuite, elle a rencontré le loup sur le chemin.
>
> ③ Après, elle a parlé avec le loup.
>
> ① D'abord, le petit Chaperon Rouge est partie chez sa grand-mère.

REMARQUES ET CONSEILS

Livre de l'élève, page 45, histoire : *Il était une fois...* (CD Piste 22)

Ce document audio est une histoire contée. C'est la première fois que vos élèves découvrent ce type de document dans *Tip Top !* Bien entendu, comme lors de la lecture d'une histoire écrite, l'idée est tout d'abord d'avoir une compréhension globale de l'histoire. Puis, une série d'activités variées permettra une compréhension détaillée de l'histoire. C'est l'une des étapes de l'unité menant les élèves à entrer sans appréhension dans des documents audios ou écrits (semi)authentiques plus complexes, notamment l'histoire proposée à la page « *Ma bibliothèque* » de cette unité.

Cahier d'activités, page 34, activité 3 : *Remets l'histoire dans l'ordre.*

Si les élèves connaissent l'histoire originale du *Petit Chaperon rouge*, vous pouvez leur demander ce qui est identique dans ces deux histoires (les personnages par exemple) et ce qui est différent (le petit Chaperon rouge n'a pas peur et il mange le loup).

Jeu de mime

Cette activité de théâtralisation de la scène (sans paroles) vous permet de vérifier la compréhension globale de tous les élèves.

BLOC-NOTES

Unité 4

Séquence 3 ▶ 3 séances

OBJECTIFS • Raconter une histoire au passé avec des connecteurs logiques

MATÉRIEL • Des feuilles

DÉROULEMENT

5 min **Rituel de début de séance** [voir page 187 de ce guide]

5/8 min **Compréhension écrite et production orale guidée**

Livre de l'élève, page 45, activité 3 : *Choisis la bonne phrase.*
- Demander aux élèves d'observer les pages 44 et 45 de leur livre et de rappeler avec leurs mots ce que Martin fait et a fait dans cette unité.
- Lire les deux phrases tous ensemble. Demander aux élèves d'identifier les différences et de choisir la bonne phrase, puis valider la bonne réponse.

CORRIGÉ Réponse 1

8/10 min **Compréhension écrite détaillée et reproduction orale**

Livre de l'élève, page 45, histoire : *Il était une fois...*
- Proposer aux élèves de mettre en scène cette histoire par petits groupes ; certains élèves lisent le texte, d'autres jouent les différents rôles : *le petit Chaperon rouge, le loup, la grand-mère* et *le chasseur*.
- Circuler dans la classe pour aider à la compréhension et à la reproduction orale des différents éléments de l'histoire.

5/8 min **Systématisation / Ancrage**

Cahier d'activités, page 37, activité 9 : *Complète avec d'abord, ensuite après, enfin et remets l'histoire dans l'ordre.*
- Demander aux élèves de bien observer les illustrations et de réaliser l'activité individuellement.
- Procéder à une correction collective.

CORRIGÉ

1 > d – D'abord ; **2** > b – Ensuite ; **3** > a – Après ; **4** > c – Enfin

15/20 min **Production orale guidée / Ancrage**
- Proposer aux élèves de raconter une courte histoire au passé à la manière de l'activité 9 de leur cahier, avec d'autres animaux ou des situations simples.
- Écrire au tableau les 4 connecteurs. Demander aux élèves de se mettre par groupe de quatre et d'imaginer leur petite histoire puis de l'illustrer.

CONSEIL : préparez des feuilles avec la structure de l'histoire et 4 cases vierges que les élèves pourront utiliser pour créer leur histoire et que vous pourrez ensuite afficher dans la classe. Pensez à leur donner des exemples pour leur histoire comme « *d'abord, l'avion a décollé, Ensuite, il est monté.../ D'abord, je me suis réveillé. Ensuite...* »

Livre de l'élève, page 47, boîte à outils : *Qu'est-ce qui s'est passé ?*
- Demander aux élèves de relire les phrases du bandeau rose en haut et leur demander d'imaginer tous ensemble les phrases pour continuer cette histoire avec les deux autres connecteurs : *ensuite, enfin*.

5/8 min **Systématisation**

Livre de l'élève, page 46, boîte à outils : *Il était une fois...*
- Faire observer l'encadré « *Il était une fois* » et rappeler que cette formulation sert d'introduction dans les contes.
- Faire lire la phrase en haut à droite et proposer aux élèves de trouver un titre à leur histoire courte qui commence de la même façon (exemple : « *Il était une fois un petit poussin...* »).

REMARQUE : à ce stade de l'apprentissage, il n'est pas nécessaire d'effectuer un apprentissage approfondi de la différence entre les emplois du passé composé et de l'imparfait, mais en fonction du niveau de vos élèves, vous pouvez y consacrer un peu de temps ici ou reporter cet apprentissage.

2/3 min **Clôture / Rituel de fin de séance** [voir page 187 de ce guide]

Séquence 3 ▸ 3 séances

OBJECTIFS • Ancrer les nouvelles structures et le lexique de l'unité
  • Imaginer et raconter des histoires structurées au passé avec des contraintes

MATÉRIEL • Fiche n° 3 : *Grille d'observation d'un jeu*, page 46

DÉROULEMENT

5 min ## Rituel de début de séance [voir page 187 de ce guide]

10/15 min ## Ancrage phonétique

Cahier d'activités, page 37, activité 10 : *Coche la bonne case.* (CD Piste 24)
• Répéter les deux sons et faire écouter l'exemple.
• Réaliser l'activité individuellement, puis procéder à une correction collective en notant les mots de l'enregistrement au tableau.

TRANSCRIPTIONS (CD Piste 24)
1. un magicien – 2. une histoire – 3. une rose – 4. une princesse – 5. un zèbre
6. une maisonnette – 7. un chasseur – 8. un garçon
CORRIGÉ
[s] comme dans **sorcière** : **1 – 2 – 4 – 7 – 8**
[z] comme dans **Zorro** : **3 – 5 – 6**

Cahier d'activités, page 37, activité 11 : *Complète les mots de l'activité 10 avec c, ç, s, ss, z.*
• Passer à nouveau l'enregistrement et demander aux élèves de réaliser l'activité individuellement.
• Proposer aux élèves d'effectuer une correction deux par deux en comparant leurs réponses.
CORRIGÉ
1. un magi**c**ien – 2. une hi**s**toire – 3. une ro**s**e – 4. une prin**c**e**ss**e – 5. un **z**èbre – 6. une mai**s**onnette –
7. un cha**ss**eur – 8. un gar**ç**on

15/20 min ## Production orale guidée / Ancrage

Livre de l'élève, page 48, jeu : *Conte avec moi !*
• Présenter le jeu aux élèves : faire lire le titre et faire observer le plateau de jeu.
• Demander aux élèves de bien observer les cases et de lire les mots en-dessous. Expliciter les nouveaux mots.
• Faire lire les règles à haute voix et les expliciter grâce aux illustrations et à des exemples.
• Demander aux élèves de se mettre par groupes de quatre et de choisir un animal chacun.
• Inviter les élèves à découper leur carte dans leur cahier d'activités page 73 : chaque animal a une couleur.
• Insister sur l'importance de réaliser le jeu en français : les élèves devront raconter une histoire en quatre étapes en posant leurs quatre cartes sur quatre éléments du plateau pour former une ligne. Lorsqu'un élève choisit un élément (personnage, verbe ou objet), il doit faire une / des phrases correctes comportant cet élément pour pouvoir poser sa carte.
• Pendant le jeu, observer les productions orales des élèves (évaluation formative) à l'aide de la fiche n° 3.
• Encourager les productions, être l'arbitre en cas de litige.
• À la fin du jeu, identifier les gagnants et inviter tous les élèves à les féliciter en leur disant « *Bravo ! Tu as gagné !* »

8/10 min ## Stratégies d'apprentissage

Cahier d'activités, page 41 : *Les astuces de Martin*
• Lire et découvrir tous ensemble les astuces de Martin pour parler facilement devant les autres.
• Demander aux élèves s'ils utilisent aussi ces astuces et s'ils en connaissent d'autres.
• Noter les astuces des élèves et les afficher dans la classe.

8/10 min ## Auto-dictionnaire

Cahier d'activités, page 68 : *Mon auto-dico*
• Inviter les élèves à écrire dans leur auto-dico les mots de l'unité 4 qui leur semblent importants, et à l'illustrer.

2/3 min ## Clôture / Rituel de fin de séance [voir page 187 de ce guide]

Unité 4

Séquence 4 ▶ 2 à 3 séances

OBJECTIFS • Ancrer les acquis de l'unité par des activités transdisciplinaires et interculturelles en français : un peu de littérature

MATÉRIEL • Internet (facultatif)

DÉROULEMENT

3/5 min **Rituel de début de séance** [voir page 187 de ce guide]

de 40 min à 1h30 **Activité transdisciplinaire et civilisation : un peu de littérature**

Le pictogramme, le bandeau rose
• Désigner le pictogramme et demander aux élèves ce qu'ils pensent explorer aujourd'hui.

Le titre de la page et le bandeau bleu
• Faire lire le titre et expliciter le bandeau bleu pour attiser la curiosité des élèves. Leur demander s'ils connaissent des contes célèbres, de les nommer et de faire quelques phrases pour raconter l'histoire de ces contes.

Livre de l'élève, page 50, activité 1
• Demander aux élèves de bien regarder les quatre couvertures de ces contes. Leur indiquer qu'il s'agit de quatre couvertures de livres de contes authentiques. Préciser que les enfants français connaissent très bien ces contes et leur demander de repérer leur titre.
• Noter ces titres en français au tableau.
• Demander aux élèves s'ils connaissent ces contes et leur titre dans leur langue maternelle. Si ce n'est pas le cas, vous pouvez leur indiquer les titres en langue maternelle pour faire appel à leurs connaissances préalables.

Livre de l'élève, page 50, activité 2
• Demander aux élèves d'associer chaque élément au bon conte en faisant appel à leurs connaissances préalables de ces contes ou par le biais de leur imagination.

Livre de l'élève, page 50, activité 3 : *Et toi ? Décris un conte de ton pays.*
• Inviter les élèves à nommer des contes de leur pays et à faire quelques phrases pour en parler. Proposer ensuite aux élèves de se rendre dans leur cahier pour décrire en détails un conte de leur pays.

Cahier d'activités, page 38, activité 13 : *Décris un conte de ton pays.*
• Lire la consigne, la structure de ce texte et les éléments attendus tous ensemble.
• Demander aux élèves de réaliser cette activité individuellement avec leur conte préféré.
• Circuler dans la classe pour soutenir et aider les élèves dans cette phase de production écrite.

REMARQUE : demandez aux élèves ce qu'ils font pendant ces cours dans leur pays, quels livres ils lisent et étudient en classe. Il peut être intéressant d'observer avec eux s'ils ont étudié des livres d'auteurs de leur pays ou d'auteurs étrangers.

CONSEIL : afin de motiver et impliquer tous les élèves, vous pouvez commencer cette activité en français, puis leur proposer une parenthèse en langue maternelle pour parler des contes célèbres qu'ils connaissent. Reprendre les titres et les mots / expressions importants en français et les noter au tableau, ce qui servira pour l'activité 3 et la description dans leur cahier d'activités.

REMARQUE : si vous ne connaissez pas ces contes ou si vous voulez les relire avant cette séance, vous pouvez consulter des sites spécialisés comme : http://www.cndp.fr/actualites/neuf-contes-de-perrault-en-ligne.html, http://www.lirecréer.org/

CONSEIL : si vos élèves ne connaissent pas ces contes, il est intéressant de faire appel à leur imagination pour réaliser cette deuxième activité et leur demander de raconter « leur » version de ces contes avant de leur raconter les « vraies » histoires.

CORRIGÉ
L'histoire d'Aladin ou la lampe magique : **Aladin – le génie – la grotte – la lampe merveilleuse**
Le Chat botté : **le Chat botté – le fils du meunier – le château – les bottes de sept lieues**
Blanche-Neige (et les sept nains) : **Blanche-Neige – les sept nains – la maisonnette – le miroir magique**
Le Petit Poucet : **le petit Poucet – l'ogre – la forêt – les cailloux blancs**

CONSEIL : en fonction de la durée de vos séances, vous pouvez aussi proposer aux élèves de faire des recherches sur Internet en français sur leur conte.

REMARQUE : vous pouvez aussi intégrer ce travail à votre propre cours de littérature en langue maternelle. Vous pouvez par exemple proposer aux élèves des activités de comparaison entre contes de différents pays.

2/3 min **Clôture / Rituel de fin de séance** [voir page 187 de ce guide]

Séquence 4 ▸ 2 à 3 séances

OBJECTIFS • Développer la compréhension écrite globale d'un document (semi)-authentique : une histoire

MATÉRIEL • Aucun

DÉROULEMENT

5 min **Rituel de début de séance** [voir page 187 de ce guide]

20/25 min **Découverte d'un document écrit semi-authentique**

Livre de l'élève, page 51 : *Un loup-garou à l'école*
• Annoncer aux élèves qu'ils vont découvrir un nouveau texte.
• Demander aux élèves d'observer la page et de dire de quel type de document il s'agit selon eux et ce qu'ils pensent découvrir à partir de ce texte en regardant seulement les images / la présentation générale.
REMARQUE : vous pouvez faire remarquer aux élèves que cette histoire est écrite dans un vieux livre qui doit sûrement contenir plusieurs histoires, puisque celle-ci commence à la page 28 du livre.
• Demander aux élèves de lire le titre et expliciter le mot *loup-garou* à l'aide de l'illustration.

Lecture et compréhension écrite
• Inviter les élèves à lire le texte une première fois individuellement dans le cadre d'une lecture-plaisir.

Compréhension écrite guidée
• Lire et expliciter les questions tous ensemble.
• Proposer aux élèves de chercher les réponses dans le texte en binôme.
• Corriger en repérant tous ensemble les éléments importants dans le texte.
CORRIGÉ
1. Le héros est le nouvel élève / « le nouveau ».
2. Les méchants sont les « Grands » / la bande des « Grands ».
3. L'histoire se passe à l'école.
4. Le héros est spécial parce que c'est un loup-garou.
5. Non, il n'a pas eu peur du tout.
REMARQUE : cette histoire très structurée est l'occasion d'approfondir les compétences en compréhension écrite de vos élèves. Après ces questions de compréhension globale, vous pouvez les amener à repérer les connecteurs de l'histoire, à décrire les personnages, les différentes situations…

15/20 min **Reproduction écrite et production orale**

Livre de l'élève, page 51, activité 2 : *Pour connaître la fin de l'histoire...*
• Faire lire la consigne et demander aux élèves s'ils savent ce qu'est un code secret.
• Inviter les élèves à prendre leur cahier d'activités pour découvrir la fin de l'histoire.

Cahier d'activités, page 38, activité 14 : *Regarde le code secret et découvre la fin de l'histoire.*
• Proposer aux élèves de réaliser l'activité individuellement, puis de comparer leur réponse avec leur voisin(e), puis procéder à une correction collective.
• Inviter les élèves à donner leur opinion sur la fin de l'histoire.
CORRIGÉ
Enfin, le réveil a sonné et je me suis réveillé : les loups-garous, ça n'existe pas !
REMARQUE : en fonction de la durée de vos séances, vous pouvez proposer aux élèves d'imaginer une autre fin à cette histoire.

Pour aller plus loin...
Cette histoire aborde de manière implicite des thèmes importants de la vie de vos élèves comme le fait d'être différent ou la maltraitance à l'école. Par le biais de la mise en scène de cette histoire en pièce de théâtre ou de discussions de classe, vous avez la possibilité de prolonger ces thématiques en français et en langue maternelle.

2/3 min **Clôture / Rituel de fin de séance** [voir page 187 de ce guide]

Séquence 5 ▶ 2 à 3 séances

OBJECTIFS • Rebrasser les nouveaux acquis de l'unité
• Faire un bilan et une auto/co-évaluation

MATÉRIEL • Fiche n° 4 : *Grille de co-évaluation*, **page 47**

DÉROULEMENT

3/5 min **Rituel de début de séance** [voir page 187 de ce guide]

25/30 min **Bilan oral et écrit**

Cahier d'activités, page 39 : *Je fais le point !*
• Faire lire la consigne, aider les élèves à formuler ce qu'ils doivent faire : « *Nous allons raconter ce que William a fait la semaine dernière.* »
• Demander aux élèves de bien regarder les images et de dire ce qu'ils voient sur l'agenda de William.
• Faire travailler les élèves individuellement : chaque élève écrit un texte de quelques lignes pour décrire les activités de William la semaine précédente.
• Circuler dans la classe pour aider les élèves et vérifier les acquis.

Retransmission orale et co-évaluation
• Distribuer aux élèves la grille de co-évaluation (fiche n° 4) et la faire relire à haute voix.
• Demander aux élèves de se mettre deux par deux.
• Indiquer aux élèves qu'ils devront chacun(e) présenter leur texte à un(e) camarade qui pourra ensuite poser des questions et qui co-évaluera la présentation orale avec lui / elle. Avant de commencer les présentations orales, proposer aux élèves de relire les stratégies de Martin pour parler devant les autres (voir cahier d'activités page 41) et laisser suffisamment de temps aux élèves pour s'entraîner.
• Après les présentations orales en binôme, procéder à une discussion finale avec tous les élèves à partir des grilles (inciter les critiques constructives et les encouragements).

15/20 min **Auto-évaluation**

Cahier d'activités, page 41, portfolio : *Je raconte des histoires en français !*
• Demander aux élèves ce qu'ils ont fait en français dans l'unité 4 : accepter toutes les propositions et reprendre distinctement les plus importantes en français.
• Faire remarquer le titre de la page et demander aux élèves si maintenant ils pensent pouvoir raconter des histoires en français ; les aider à donner des exemples.

Et toi ? Lis, colorie et complète.
• Demander aux élèves de lire les quatre premières phrases du tableau une par une et les laisser colorier individuellement. Les guider en fonction des questions et des difficultés. Pour cette première séance, ils pourront colorier les compétences 1 à 4, au choix de l'enseignant(e) par rapport aux avancées de ses élèves et au parcours effectué. La cinquième compétence sera complétée après la réalisation du projet.

J'apporte... et je note...
• Expliquer ce qui est attendu et inviter les élèves à compléter la phrase sous le tableau à la maison ou en classe à la prochaine séance.

2/3 min **Clôture / Rituel de fin de séance** [voir page 187 de ce guide]

CORRIGÉS

Bilan

Exemple de production attendue :

Lundi dernier, William *est tombé malade. Il n'est pas allé à l'école. Il est resté au lit.*
Mardi, il a passé le DELF Prim A2 et il a réussi.
Mercredi il n'est pas allé au cinéma.
Jeudi, il a lu les pages 12 à 15 du Petit Chaperon rouge.
Vendredi, il a eu un match de football.
Dimanche, il est allé à l'anniversaire de Vanessa à 16 h 00.

REMARQUES ET CONSEILS

Cahier d'activités, page 39 : *Je fais le point !*

Les élèves peuvent inventer des éléments complémentaires s'ils le souhaitent.

Co-évaluation

Vous pouvez également proposer à vos élèves d'échanger leurs textes afin de réaliser une co-évaluation de leurs productions écrites. Distribuez alors une grille de co-évaluation complémentaire, construite à partir du modèle de celle de la production orale avec des critères d'évaluation différents.

[+ voir conseil général page 190]

J'apporte… et je note…

Cette étape peut être l'occasion de parler de livres et contes célèbres que les élèves adorent (en français ou non). En fonction des équipements dans votre école ou votre ville, vous pouvez également organiser une visite à la bibliothèque de l'école et/ou à la bibliothèque de l'Institut français le plus proche afin de motiver les élèves. Lors de cette visite, proposez à vos élèves de choisir, voire d'emprunter un livre et de le présenter aux autres.

Unité 4

BLOC-NOTES

Séquence 5 ▸ 2 à 3 séances

OBJECTIFS • Rebrasser les nouveaux acquis de l'unité et des connaissances préalables
• Préparer au DELF Prim A2

MATÉRIEL • Aucun

DÉROULEMENT

5 min **Rituel de début de séance** [voir page 187 de ce guide]

35/50 min **Je m'entraîne au DELF Prim**

Cahier d'activités, page 40 : *Compréhension des écrits*
• Rappeler la compétence qui va être travaillée.
• Demander aux élèves de lire et d'expliciter la consigne.
• Faire réaliser l'activité individuellement : inviter les élèves à lire les questions avant de lire le texte afin de procéder à une lecture ciblée (durée 10/15 minutes).
• Procéder à une correction collective : certains élèves lisent le texte à haute voix puis d'autres lisent les questions. Les élèves donnent ensuite leurs réponses et les justifient. L'enseignant(e) valide les bonnes réponses.
• Faire un petit bilan des impressions, des difficultés et répondre aux questions.
• Penser à rassurer et encourager tous les élèves.

Cahier d'activités, page 30 : *Production écrite*
• Expliquer la compétence qui va être travaillée.
• Demander aux élèves de lire et d'expliciter la consigne.
• Faire décrire les illustrations et dire tout ce à quoi elles leur font penser (exemple : la cuisine = *« Nous avons préparé un gâteau avec notre grand-mère. »*).
• Faire réaliser l'activité individuellement (durée : 15/20 minutes).
• Procéder à une correction par petits groupes : demander aux élèves d'échanger leurs feuilles puis de lire les productions de leur camarade, de faire des critiques constructives et d'aider à corriger les phrases à l'aide de leurs boîtes à outils, du petit précis de grammaire et de leur auto-dico.
• Circuler dans les groupes et aider à corriger.
• Faire remarquer les meilleures productions et demander aux élèves de les lire à haute voix.
• Encourager les autres élèves et donner des conseils personnalisés à chacun pour améliorer leur écrit.
• Proposer aux élèves de réécrire leur texte sans faute et de l'améliorer avec les idées entendues.
• Faire un petit bilan des impressions, difficultés et répondre aux questions.
• Donner les derniers conseils collectifs : *« lisez bien la consigne pour voir si c'est hier, aujourd'hui ou demain (le passé, le présent, le futur) »*, *« il faut bien se relire »*, *« faites attention aux verbes et aux accords »*…

2/3 min **Clôture / Rituel de fin de séance** [voir page 187 de ce guide]

Cahier d'activités, page 40 : *Compréhension des écrits*

1. Léa a choisi un conte africain
2. Faux. « Elle s'est réveillée en colère. »
3. La libellule habite dans un arbre à côté du village.

4. X

Cahier d'activités, page 40 : *Production écrite*

Exemple de production attendue :
Ce week-end je suis allé(e) chez ma grand-mère. C'était super bien !
Nous avons préparé un gâteau au chocolat. Mamie a écouté la radio.
Nous nous sommes promenés dans la forêt.
Mon frère a pris des photos. Moi, j'ai vu un écureuil.
Le soir, Mamie nous a raconté une histoire dans le salon.

REMARQUES ET CONSEILS

Compréhension des écrits

Cette épreuve correspond à des questionnaires de compréhension portant sur trois ou quatre courts documents écrits simples ayant trait à des situations de la vie quotidienne. L'épreuve totale devrait durer environ 30 minutes. Dans cette unité nous vous proposons la deuxième activité de compréhension des écrits à partir d'un document semi-authentique plus complexe que le premier qui appelle une compréhension globale puis détaillée du document. Les illustrations aident à la compréhension des élèves.

Production écrite

Cette épreuve comprend la rédaction de deux brèves productions écrites (lettre amicale ou message) pour « décrire un événement ou des expériences personnelles » (1) et « écrire pour inviter, remercier, demander, informer… » (2). Elle devrait durer 45 minutes au total. L'activité proposée, en rapport directe avec les acquis de *Tip Top !* 3, permet aux élèves de s'entraîner à la première partie de cette épreuve.

Proposez aux élèves de conserver leur texte définitif dans leur pochette de français comme trace / modèle qu'ils pourront relire avant l'épreuve officielle.
[+ voir conseil général page 190]

BLOC-NOTES

....
....
....
....
....
....
....
....
....
....
....
....

Unité 4

Séquence 6 ▶ 2 à 3 séances

OBJECTIFS • Réinvestir les acquis de l'unité dans un projet créatif et collaboratif en français

MATÉRIEL • Des feuilles blanches ou colorées, des stylos, des feutres, de la colle, des ciseaux
• Des dictionnaires

DÉROULEMENT

3/5 min **Rituel de début de séance** [voir page 187 de ce guide]

de 40 min à 2h30 **Création / Réinvestissement**

Projet, page 52, livre de l'élève : *Fabriquons un livre de contes !*
• Faire observer et lire les exemples de productions finales, motiver et attiser la curiosité des élèves.
• Faire lire le titre et aider les élèves à nommer la tâche finale à partir du pictogramme et du titre : *« Nous allons fabriquer un/des livre(s) de contes ! »*
• Laisser le temps aux élèves de parcourir le mode d'emploi individuellement, puis lire et expliciter le mode d'emploi collectivement.
• Réaliser les étapes.

Étape 1
Demander aux élèves de se mettre par petits groupes de 2 à 5 élèves en fonction du nombre d'élèves dans la classe.

Étape 2
Expliquer aux élèves que chaque groupe va choisir les différents éléments de son conte dans le tableau du cahier d'activités (page 42, activité 1). Ils peuvent sélectionner : un héros, un ami, un méchant, un objet, un lieu et une (ou plusieurs) action(s). Laisser le temps aux élèves de bien réfléchir à leur idée de contes. Circuler dans les groupes pour aider les élèves et stimuler l'imagination, notamment en rappelant certaines histoires de contes célèbres.

Étape 3
Inviter les élèves à préparer leur conte dans leur cahier d'activités page 43. Circuler dans la classe pour les aider à rédiger. Les inciter à consulter les différents outils à leur disposition pour améliorer leur écrit (les boîtes à outils, leur auto-dico, leur précis de grammaire, un dictionnaire…).

Étape 4
Proposer aux élèves d'échanger leur texte avec un autre groupe pour le relire et corriger les fautes ensemble. Circuler dans la classe pour aider, vérifier et valider les dernières versions.

Étape 5
Indiquer aux élèves qu'ils vont apprendre à fabriquer un mini-livre. Distribuer une feuille (A4) à chaque élève et les laisser parcourir le mode d'emploi illustré. Reprendre chaque étape tous ensemble et faire fabriquer les mini-livres.
REMARQUE : la fabrication peut également se faire avec une feuille plus grande (A3).

Étape 6
Demander aux élèves de recopier leur conte dans leur mini-livre.

Etape 7
Faire illustrer les histoires.

Etape 8
Inviter les élèves à préparer des présentations orales de leurs livres. Par groupe, ils répètent leurs contes à haute voix et peuvent utiliser les astuces de Martin pour se préparer.
• Faire lire la conclusion : *« Bravo ! Vos livres de contes sont prêts. Présentez-les dans votre école ! »*
• Inviter les groupes à présenter leurs contes devant la classe.

Pour aller plus loin...
• Proposez aux élèves de réaliser un grand livre de contes de la classe avec toutes leurs histoires.
• En fonction de votre situation d'enseignement, proposez aux élèves de lire leurs contes à d'autres élèves de l'école apprenant le français comme eux (à des plus petits par exemple), ou à mettre en scène leurs histoires sous la forme d'une pièce de théâtre à présenter à leurs parents.

2/3 min **Clôture / Rituel de fin de séance** [voir page 187 de ce guide]

Test de l'unité 4
Guide de classe, page 129, test 4

TRANSCRIPTIONS

Exercice 1

 Piste 38

> *Écoute et coche la bonne case.*
> Il était une fois une sorcière joyeuse. Un jour son ami l'ogre est arrivé fatigué. « Qu'est-ce qui s'est passé ? » a demandé la sorcière. D'abord, l'ogre s'est assis sur une petite chaise. Ensuite, il a commencé à raconter son histoire.

CORRIGÉS

Exercice 1 : réponse **c**

Exercice 2

a) Il était une fois un chevalier joyeux.

b) Il était une fois une fée en colère.

c) Il était une fois un loup étonné.

d) Il était une fois une princesse amoureuse.

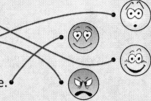

Exercice 3

a) Elle est allée dans  une forêt.

c) Il est allé dans une maisonnette.

b) Ils sont allés dans  un château.

d) Elles sont allées dans  une grotte.

Exercice 4

Exemple de production attendue :
Ce matin, je n'ai pas écouté la radio. Je n'ai pas pris le bus pour aller à l'école. Je ne suis pas allé au cinéma. Je n'ai pas joué avec Mathilde.

Exercice 5

Circuler dans la classe et poser deux questions à chaque élève. Demander d'abord : *« Quel méchant de conte tu préfères ? »* Puis, lorsque l'élève a répondu, poser la question : *« Où es-tu allé(e) ce week-end ? »* Pour faire varier cette deuxième question, vous pouvez changer le moment : *« Où es-tu allé(e) hier / pendant les vacances… ? »*

Barème : chaque exercice est noté sur 4 points.

REMARQUES ET CONSEILS

• Sachant que la délivrance de notes est souvent obligatoire dans les écoles pour attester du niveau atteint à un moment donné par chaque élève vis-à-vis d'un programme établi, un test noté vous est proposé à titre **facultatif** pour chaque unité. Il propose des exercices pour évaluer les 4 compétences : CO, CE, PO, PE.
Les tests ne comportent pas de piège et reprennent les éléments principaux de l'unité.

• Pensez à mettre les élèves en condition avant le test, à les rassurer et à bien expliquer les consignes avant.
[+ voir conseil général page 190]

Fiche n° 9 : Les contes

Test 4

Nom : .... Prénom : ....

❶ Coche la bonne case.

J'écoute

...../4

ⓐ ☐   ⓑ ☐   ⓒ ☐

❷ Relie.

a) Il était une fois un chevalier joyeux. •

b) Il était une fois une fée en colère. •

c) Il était une fois un loup étonné. •

d) Il était une fois une princesse amoureuse. •

Je lis

...../4

❸ Où sont-ils allés hier ? Complète les phrases.

    a) Elle .... dans ....

    b) Ils .... dans ....

    c) Il .... dans ....

    d) Elles .... dans ....

J'écris

...../4

❹ Qu'est-ce que tu n'as pas fait ce matin ?

J'écris

....

....

....

....

...../4

❺ Réponds à ton professeur

    - Quel méchant de conte tu préfères ?

    - Où es-tu allé(e) ce week-end ?

Je parle

...../4

...../20

Unité 5 : Sur notre planète

Séquence	**1** Apprentissage	**2** Apprentissage	**3** Apprentissage
Nombre de séances (≈ 45 min / ≈ 60 min)	**3 séances**	**2 séances**	**3 séances**
Objectifs communicatifs	• Demander et dire en quoi c'est fait • Dire ce que l'on doit faire	• Exprimer un but • Parler des bons gestes pour protéger la nature	• Parler du futur
Grammaire	• *C'est en quoi ? C'est en...* • *Devoir* + infinitif	• La préposition *pour*	• Le futur simple
Lexique	• Les objets de tous les jours et les matières	• La nature et le recyclage	• La nature et le recyclage (s
Phonétique	Les sons [r] / [l]		
(Inter)culturel	La protection de la Planète		
Interdisciplinaire	Un peu de sciences		
Fiches photocopiables dans le guide	• Fiche n° 10 (p. 155) : *Les objets de tous les jours*		• Fiche n° 3 (p. 46) : *Grille d'observation d'un jeu* • Fiche n° 11 (p. 156) : *Memor du futur*
Matériel complémentaire	• Des objets en bois, en plastique, en verre, en métal et en cuir • Des boîtes en carton • Des feuilles	• Cartes étiquettes-mots (facultatif)	• Des ciseaux • Des pions et des dés • Des feuilles

4 Apprentissages transdisciplinaires et interculturels	**5** Bilans et (auto)évaluations	**6** Projet
2 à 3 séances	**2 à 3 séances**	**1 à 3 séances**
• Ancrage des nouveaux acquis de l'unité aux travers d'activités transdisciplinaires et interculturelles	• Rebrassage	• Réinvestissement des acquis de l'unité dans le cadre d'un projet collaboratif
• Ancrage	• Rebrassage	• Réinvestissement
• Ancrage	• Rebrassage	• Réinvestissement
Les sons [r] / [l]		
La protection de la Planète		
Un peu de sciences		
	• Fiche n° 4 (p. 47) : *Grille de co-évaluation* • Test 5 (p. 157)	
• Des objets en papier, plastique et verre • Internet (facultatif)		• Matériel pour le projet : des fiches cartonnées, des feutres et/ou des crayons de couleur • Internet (facultatif)

Séquence 1 ▸ 3 séances

OBJECTIFS • Demander et dire en quoi c'est fait

MATÉRIEL • Des objets en bois, en plastique, en verre, en métal et en cuir (facultatif)

DÉROULEMENT

5 min **Rituel de début de séance** [voir page 187 de ce guide]

5/8 min **Découverte / Présentation de l'unité**

Livre de l'élève, page 53 : *Sur notre planète*
• Annoncer aux élèves qu'ils vont commencer une nouvelle unité : l'unité 5. Faire observer l'illustration. Demander aux élèves ce que représente l'image, ce qu'ils voient.
• Demander aux élèves quel est le titre de l'unité et ce qu'il signifie pour eux. Leur demander quelles sont les planètes qu'ils connaissent et ce qu'ils en savent.
• Faire lire le contrat d'apprentissage et attiser la curiosité des élèves pour cette nouvelle unité.

5/8 min **Découverte**

Livre de l'élève, page 54, illustration : *C'est important pour la Planète !*
• Faire observer la nouvelle illustration et demander aux élèves de dire qui ils voient et ce qu'ils voient.
• Demander à quel moment de la journée la scène se passe et faire observer l'affiche de l'illustration « *Moi, je trie* ».

5 min **Compréhension orale / Compréhension orale guidée**

Livre de l'élève, page 54, situation 1 (CD Piste 25)
1ère écoute • Passer l'enregistrement, dialogue caché, puis demander aux élèves de dire ce qu'ils on entendu.

10/15 min **Écoute active**

Livre de l'élève, page 54, activité 1 : *Trouve les bonnes réponses.* (CD Piste 25)
2ème écoute • Avant l'écoute, faire lire la consigne et les questions. Passer l'enregistrement avec le texte et demander aux élèves de trouver les bonnes réponses.

Cahier d'activités, page 44, activité 1 : *Complète.* (CD Piste 25)
• Passer l'enregistrement phrase par phrase et laisser le temps aux élèves de compléter les phrases dans leur cahier en s'aidant des mots écrits au tableau, puis procéder à une correction collective au tableau.

Cahier d'activités, page 44, activité 2 : *Vrai ou faux ? Coche la bonne case.* (CD Piste 25)
• Faire lire la consigne et l'exemple collectivement. Puis, demander aux élèves de lire attentivement les autres phrases.
• Demander aux élèves de réaliser l'activité individuellement puis de comparer leurs réponses (repasser l'enregistrement si nécessaire) avant de procéder à une correction collective.

15/20 min **Compréhension et systématisation**

Livre de l'élève, page 56, boîte à outils : *Les matières*
• Faire cinq cercles au tableau et écrire à l'intérieur « en bois », « en plastique », « en cuir », « en métal », « en verre ».
• Faire observer aux élèves l'encadré « *Les matières* ».
• Nommer pour chaque matière un objet et l'écrire dans le cercle correspondant.
• Demander aux élèves de trouver dans la classe des objets et de dire en quelle matière ils sont. Écrire le nom des objets dans les cercles correspondants.
• Faire observer le bandeau du haut à droite et lire la question et la réponse : « *C'est en quoi ? C'est en plastique.* » Insister sur la structure « *c'est + en + nom de matière* ».

Livre de l'élève, page 56, activité 1 : *Montre un objet et demande à ton/ta voisin(e).*
• Demander aux élèves de lire la question et la réponse.
• Demander aux élèves de se mettre deux par deux et de se poser la même question en montrant des objets de la classe.
• Circuler dans la classer pour vérifier les premiers acquis et aider à formuler des phrases complètes.

2/3 min **Clôture / Rituel de fin de séance** [voir page 187 de ce guide]

TRANSCRIPTIONS

Livre de l'élève, page 54, situation 1

Piste 25

Wang : Arrête Camille ! Qu'est-ce que tu fais ?

Camille : Je jette mon papier à la poubelle.

Wang : Mais, tu dois jeter ton papier dans la poubelle bleue !

Camille : Dans la poubelle bleue, pourquoi ?

Wang : Parce que, à l'école, nous trions les déchets. On doit mettre les papiers dans la poubelle bleue.

Camille : D'accord ! Et qu'est-ce qu'on peut mettre dans la poubelle jaune ?

Wang : C'est pour les bouteilles et les sacs en plastique.

Camille : Et on peut mettre les bouteilles en verre dans la poubelle verte ?

Wang : Oui, c'est ça ! Tu vois, c'est facile !

Camille : C'est vrai ! Demain, je ferai attention. C'est important pour la Planète !

Wang : Oui, pour protéger notre planète on doit trier nos déchets.

CORRIGÉS

Livre de l'élève, page 54, activité 1 : *Trouve les bonnes réponses.* (CD Piste 25)

Camille et Wang sont **> 3**

Camille doit jeter son papier dans la poubelle **> 2**

Dans la poubelle jaune on doit mettre **> 1**

Cahier d'activités, page 44, activité 1 : *Complète.* (CD Piste 25)

1. Camille jette son papier à la **poubelle**.

2. Camille doit jeter son papier dans la **poubelle bleue**.

3. On doit jeter les bouteilles et les sacs en **plastique** dans la poubelle **jaune**.

4. On peut mettre les bouteilles en verre dans la poubelle **verte**.

5. Il faut trier les déchets pour sauver notre **planète**.

Cahier d'activités, page 44, activité 2 : *Vrai ou faux ? Coche la bonne case.* (CD Piste 25)

Vrai : **2, 5, 6**

Faux : **1, 3, 4**

REMARQUES ET CONSEILS

Page d'ouverture 53 : *Sur notre planète*

À travers cette activité, vous pouvez réviser le vocabulaire de la ville et des moyens de transport. Demandez aux élèves ce qu'ils pensent de ce paysage et s'il ressemble à leur environnement. Les élèves peuvent donner quelques réponses en langue maternelle que l'enseignant(e) reprend et confirme en français. Ne pas trop en dire, il s'agit d'attiser leur curiosité.

[+ voir conseil général page 191]

Par ailleurs, les élèves connaissent déjà les noms de certaines planètes qu'ils ont abordés lors de l'apprentissage des jours de la semaine (voir *Tip Top !* 1, cahier d'activités, page 21, activité 4).

Livre de l'élève, page 54, illustration : *C'est important pour la Planète !*

Sur l'affiche « *Moi je trie* » de l'illustration, on voit un arbre posé sur une main et on peut lire le texte « *Respect, propreté : moi je trie* ». Demander aux élèves ce qu'évoque cette affiche sans trop insister. Il s'agit d'un soutien visuel pour faciliter la compréhension de l'enregistrement audio qui va suivre.

Livre de l'élève, page 56, boîte à outils : *Les matières*

Pour rendre cette activité plus attrayante, vous pouvez aussi apporter des objets en bois, en plastique...

BLOC-NOTES

....

....

....

OBJECTIFS • Parler des matières et des objets de tous les jours

MATÉRIEL • Des boîtes en carton et des objets en bois, en plastique, en verre, en métal et en cuir
• Fiche n° 10 : *Les objets de tous les jours*, page 155

DÉROULEMENT

5 min **Rituel de début de séance** [voir page 187 de ce guide]

8/10 min **Systématisation / Ancrage**
• Montrer les objets utilisés lors de la séance précédente et demander « *C'est en quoi ?* ».

Jeu avec les mots des matières 💡
• Faire des groupes de quatre élèves. Chaque groupe constitue deux équipes de deux. Donner à chaque groupe une boîte contenant des objets de différentes matières.
• Un élève met la main dans la boîte et touche un objet. Dans un premier temps, il doit dire en quelle matière il est fait, ensuite il sort l'objet afin de vérifier. Si son affirmation est correcte, l'élève garde l'objet, sinon il remet l'objet dans la boîte. L'équipe adverse fait de même. Au bout de quelques minutes, l'équipe qui a le plus d'objets a gagné.

8/10 min **Compréhension et systématisation**

Livre de l'élève, page 56, boîte à outils : *Les objets de tous les jours*
• Faire observer l'encadré des objets de tous les jours.
• Photocopier et agrandir la fiche n° 10 « *Les objets de tous les jours* ». Afficher au tableau les cartes-images des objets de tous les jours et les nommer distinctement au fur et à mesure.
• Numéroter les cartes-images de un à douze en répétant distinctement le nom de chaque objet. Puis, nommer les objets un par un et demander aux élèves quels sont les numéros correspondants, par exemple : « *Quel numéro a la lampe ?* » Les élèves peuvent s'aider de leur boîte à outils.

8/10 min **Reproduction orale et écrite / Systématisation**

Jeu de *Kim* visuel
• Répéter distinctement le nom des objets représentés sur les cartes-images au tableau (fiche n° 10).
• Proposer aux élèves de fermer les yeux. Enlever une carte-image et demander aux élèves quelle est la carte-image qui manque.

Cahier d'activités, page 45, activité 4 : *Regarde et complète*.
• Faire lire la consigne puis demander aux élèves de réaliser l'activité individuellement.
• Procéder à une correction collective au tableau.

10/15 min **Systématisation / Ancrage**

Livre de l'élève, page 56, boîte à outils
• Faire remarquer le bandeau du haut avec « *C'est une bouteille en verre. Mon cartable est en cuir.* »
• Proposer aux élèves de se mettre deux par deux et de faire des phrases sur le même modèle avec les objets de tous les jours. Donner un exemple ou deux : « *C'est une brosse à dents. Ma brosse à dents est en plastique.* » 💡

Cahier d'activités, page 45, activité 5 : *Complète*.
• Faire lire la consigne puis demander aux élèves de compléter les phrases 1 à 5 individuellement.
• Procéder à une correction collective au tableau.
• Pour les items 6 à 8, proposer aux élèves de se mettre deux par deux et de créer des phrases sur le même modèle, puis de les présenter à la classe. 💡

5/8 min **Phonétique**

Livre de l'élève, page 57, méli-mélodie, les sons [r] / [l] (CD Piste 27)
• Faire observer les deux illustrations et demander aux élèves de les décrire.
• Passer l'enregistrement puis répéter le méli-mélodie tous ensemble.

2/3 min **Clôture / Rituel de fin de séance** [voir page 187 de ce guide]

TRANSCRIPTIONS

Livre de l'élève, page 57, méli-mélodie, les sons [r] / [l]

Un plat en plastique, c'est très pratique.
Les verres en verre, c'est super pour la Terre.

CORRIGÉS

Cahier d'activités, page 45, activité 4 : *Regarde et complète.*

une canette

une lampe

un verre

une brosse
à dents

un couteau

une fourchette

une poubelle

une bouteille

une boîte
de conserve

un bocal

Quel objet n'est pas à sa place dans la cuisine ? **La brosse à dents.**

Cahier d'activités, page 45, activité 5 : *Complète.*

1. Ce sont des chaussures. Elles sont en **cuir**.
2. C'est un bocal de cornichon. Il est en **verre**.
3. C'est un livre de contes. Il est en **papier**.
4. C'est une canette de soda. Elle est en **métal**.
5. C'est une brosse à dents. Elle est en **plastique**.

REMARQUES ET CONSEILS

Jeu avec les mots des matières

Découpez un trou dans les couvercles des boîtes, par exemple des boîtes à chaussures, pour que les élèves puissent y passer la main pour toucher les objets. Si vous ne disposez pas de boîtes, vous pouvez utiliser des sacs. Choisissez des objets de la vie quotidienne, par exemple : une brosse à dents, un petit flacon en verre, une petite cuillère en métal, un porte-monnaie en cuir, une perle en bois…

Prolongement : dans une autre séance, vous pouvez proposer aux élèves de jouer à nouveau à ce jeu avec des objets qu'ils auront apportés eux-mêmes.

Livre de l'élève, page 56, boîte à outils : *Les objets de tous les jours*

Dans un premier temps, les élèves identifient les objets et apprennent leurs noms en français sans les nommer, ils disent le numéro correspondant à la bonne image. Puis, petit à petit, les activités vont les mener vers la reproduction orale.

Cahier d'activités, page 45, activité 5 : *Complète.*

Circulez dans la classe pendant que les élèves écrivent leurs phrases afin de les soutenir et de les aider à se corriger.

BLOC-NOTES

Unité 5

Séquence 1 ▸ 3 séances

OBJECTIFS • Dire ce que l'on doit faire

MATÉRIEL • Des feuilles

DÉROULEMENT

5 min **Rituel de début de séance** [voir page 187 de ce guide]

5 min **Compréhension**

Livre de l'élève, page 56, boîte à outils : *Le recyclage*
- Demander aux élèves s'ils savent ce que représente le logo vert puis faire lire le titre et observer l'illustration.
- Faire lire la phrase en dessous « *Je trie mes déchets* » et expliquer ce que sont les déchets.
- Demander aux élèves de dire ce que fait le garçon : « *il trie ses déchets.* » 💡

8/10 min **Compréhension orale détaillée**

Livre de l'élève, page 54, situation 1 ⟨CD Piste 25⟩
- Passer le début de l'enregistrement de la situation 1 (jusqu'à « *On doit mettre les papiers dans la poubelle bleue* ») et demander aux élèves de repérer ce que veut faire Camille et quelle est la réaction de Wang.

8/10 min **Compréhension orale détaillée**

Livre de l'élève, page 54, situation 1 ⟨CD Piste 25⟩
- Faire trois cercles au tableau et écrire à l'intérieur « *poubelle bleue* », « *poubelle verte* », « *poubelle jaune* ».
- Passer à nouveau l'enregistrement de la situation 1 et proposer aux élèves de repérer comment Camille et Wang doivent trier les déchets.
- Noter dans chaque cercle les réponses des élèves.
- Après cette activité, relire les phrases commençant par « *tu dois jeter, on doit mettre, on doit trier* » en insistant sur le verbe *devoir* et expliquer qu'il s'agit d'une obligation.

10/15 min **Systématisation / Ancrage**

Livre de l'élève, page 57, boîte à outils : *Devoir*
- Faire lire et observer l'encadré du verbe *devoir*.
- Faire remarquer les verbes en rouge et expliquer aux élèves que le verbe *devoir* est toujours suivi d'un autre verbe (à l'infinitif). 💡
- Demander aux élèves de nommer tous les verbes qu'ils connaissent (à l'infinitif) et les noter au tableau.
- Inviter les élèves à faire des phrases avec la construction « sujet + *devoir* + verbe à l'infinitif » avec l'aide des verbes notés au tableau. Bien insister sur la différence entre « *je jette mon papier à la poubelle* » et « *je dois jeter mon papier à la poubelle* », « *je fais du vélo* » et « *je dois faire du vélo* »…

Cahier d'activités, page 47, activité 8 : *Complète avec devoir*.
- Faire lire la consigne puis demander aux élèves de réaliser l'activité individuellement.
- Procéder à une correction collective au tableau.

15/20 min **Production orale guidée / Ancrage**

Jeu « *Dans la poubelle bleue, je dois mettre…* »
- Distribuer des feuilles et demander aux élèves de dessiner des objets en verre, en papier et en plastique. Conseiller aux élèves de consulter leurs auto-dicos afin de trouver des idées d'objets.
- Leur demander de découper les objets qu'ils ont dessinés, puis de les présenter à la classe en précisant leur nom et leur matière (exemple : « *C'est un journal, il est en papier* »).
- Proposer aux élèves de se mettre en cercle, mettre les dessins découpés au milieu et expliquer les règles du jeu.

 Clôture / Rituel de fin de séance [voir page 187 de ce guide]

Cahier d'activités, page 47, activité 8 : *Complète avec devoir.*

1. Tu ne **dois** pas jeter ta bouteille en plastique dans la poubelle bleue !

2. On **doit** sauver notre planète.

3. Nous **devons** trier nos déchets dans les poubelles de couleurs.

4. Vous **devez** prendre des douches !

5. Elles **doivent** aller à l'école en bus.

6. Je **dois** aider mes camarades à préparer la Fête verte de l'école.

REMARQUES ET CONSEILS

Livre de l'élève, page 56, boîte à outils : *Le recyclage*

Pensez à demander aux élèves s'ils trient leurs déchets. Si oui, demandez-leur comment ils trient et la couleur des différentes poubelles dans leur pays.

Livre de l'élève, page 57, boîte à outils : *Devoir*

Pensez à expliquer la signification des verbes à l'infinitif de l'encadré que les élèves ne connaissent pas.
En fonction du niveau de vos élèves et de la durée des séances, vous pouvez faire le choix de prolonger ce travail sur l'expression de l'obligation et proposer une comparaison de la conjugaison du verbe modal *devoir* en français avec celle dans leur langue maternelle. Pour vous y aider, vous pouvez utiliser le précis grammatical à la page 75.
Les élèves connaissent déjà le sens et l'emploi des deux autres verbes modaux *pouvoir et vouloir*.

Préparation du jeu « *Dans la poubelle bleue, je dois mettre…* »

En fonction du nombre et de la durée de vos séances, vous pouvez demander aux élèves de dessiner les objets à la maison avant la séance ou si vous disposez de vieilles revues, vous pouvez demander à vos élèves d'y découper des objets de différentes matières, ou encore imprimez des images à l'aide de sites internet de banque d'images libres de droits comme http://www.moufle.net ou http://www.picto.qc.ca/.

Règles du jeu « *Dans la poubelle bleue, je dois mettre…* »

Le professeur commence en disant « *Dans la poubelle bleue, je dois mettre* + le nom d'un des objets dessinés ». L'élève qui est à gauche reprend toute la phrase et ajoute un objet. Poursuivre ainsi de suite jusqu'à ce que le professeur frappe des mains pour indiquer qu'il faut changer de poubelle. À ce moment-là, l'élève qui doit jouer dit « *Dans la poubelle (couleur de son choix), je dois mettre* (nom de l'objet) ». Les élèves qui ne peuvent pas continuer la phrase ou bien qui se trompent dans l'ordre des objets, sont éliminés.
Pour rendre ce jeu plus facile, vous pouvez accepter que les élèves se trompent dans l'ordre des objets déjà cités.
Pour accélérer le rythme du jeu et le rendre encore plus motivant, n'attendez pas trop longtemps pour frapper des mains et signifier un changement de poubelle.

BLOC-NOTES

Unité 5

Séquence 2 ▸ 2 séances

OBJECTIFS • Découvrir une chanson

MATÉRIEL • Aucun

DÉROULEMENT

5 min **Rituel de début de séance** [voir page 187 de ce guide]

10/15 min **Découverte et compréhension**

Livre de l'élève, page 55, chanson : « *Qu'est-ce que tu feras demain ?* » CD Piste 26
- Inviter les élèves à regarder l'illustration de la page 53.
- Identifier avec les élèves la campagne, la montagne, la rivière, la plage sur l'illustration en donnant des indices, par exemple : « *à la campagne, il y a une vache noire et blanche* » ; « *dans la mer, il y a un gros poisson et un grand bateau* » ; « *dans la rivière, il y a deux petits bateaux* » ; « *sur la plage, il y a un homme en short* » ; « *à la montagne, il y a de la neige et on peut faire du ski* ».
- Annoncer aux élèves qu'ils vont découvrir une nouvelle chanson qui parle de la Planète et de tous ces endroits qu'ils viennent de découvrir.
1ère écoute : écoute-plaisir et découverte de la chanson par les élèves 💡
  - Proposer aux élèves d'écouter cette chanson et de dire les mots qu'ils reconnaissent.
  - Écrire ces mots au tableau.

10/15 min **Écoute active / Compréhension détaillée**

Livre de l'élève, page 55, activité 2 : *Montre les bons dessins.* CD Piste 26
2ème écoute • Faire lire la consigne.
  - Passer l'enregistrement couplet par couplet et demander aux élèves de montrer les illustrations correspondantes.

Cahier d'activités, page 44, activité 3 : *Entoure les bonnes réponses.* CD Piste 26
3ème écoute • Demander aux élèves de lire les phrases de l'activité et d'être attentifs aux deux mots proposés pour chaque phrase. 💡
  - Passer l'enregistrement couplet par couplet et laisser le temps aux élèves de répondre.
  - Pour la correction, passer à nouveau l'enregistrement de la chanson et valider les bonnes réponses.

10/15 min **Systématisation / Reproduction**

Livre de l'élève, page 56, boîte à outils
- Faire observer aux élèves dans leur livre l'encadré « *La nature* ».
- Demander s'ils connaissent ces paysages et s'ils sont déjà allés dans des endroits similaires. 💡

Cahier d'activités, page 46, activité 6 : *Dessine les mots.*
- Faire lire la consigne.
- Demander aux élèves de réaliser l'activité individuellement. 💡

5/8 min **Productions orale et/ou écrite guidées**
- Proposer aux élèves d'échanger leurs cahiers et de décrire leurs dessins à un(e) camarade.

Variante : proposer aux élèves d'écrire quelques phrases pour décrire leurs dessins, puis de les lire à leurs camarades.

2/3 min **Clôture / Rituel de fin de séance** [voir page 187 de ce guide]

TRANSCRIPTIONS

Livre de l'élève, page 55, chanson

 Piste 26

Qu'est-ce que tu feras demain ?

Pour protéger la Planète,
Qu'est-ce que tu feras demain ?
Pour protéger les rivières,
Je ferai attention d'éteindre les lumières.

Pour protéger la Planète,
Qu'est-ce que tu feras demain ?
Pour protéger les montagnes,
Je trierai mes déchets
Mes cartons, mes papiers.

Pour protéger la Planète,
Qu'est-ce que tu feras demain ?
Pour protéger les mers,
Je ne prendrai pas de bain
Mais des douches le matin.

Pour protéger la Planète,
Qu'est-ce que tu feras demain ?
Pour protéger les campagnes,
Je prendrai mon vélo
Pour éviter l'auto.

Pour protéger la Planète,
Qu'est-ce que tu feras demain ?

CORRIGÉS

Livre de l'élève, page 55, activité 2 : *Montre les bons dessins.* `CD Piste 26`
Dessins **c, b, d, a**

Cahier d'activités, page 44, activité 3 : *Entoure les bonnes réponses.* `CD Piste 26`
1. lumières – **2.** mes cartons, mes papiers – **3.** bain – **4.** vélo

REMARQUES ET CONSEILS

Livre de l'élève, page 55, chanson : « *Qu'est-ce que tu feras demain ?* »
1ère écoute
Les élèves connaissent les moyens de transport, les moments de la journée...

Cahier d'activités, page 44, activité 3 : *Entoure les bonnes réponses.*
Il s'agit ici d'une activité de discrimination auditive de certains mots et non d'une compréhension orale détaillée de chaque couplet de la chanson.

Livre de l'élève, page 56, boîte à outils : *La nature*
Les élèves peuvent parler en langue maternelle. Si certains élèves ne sont jamais allés dans un de ces endroits, demandez-leur s'ils aimeraient y aller et pourquoi.
Pour leur permettre de réviser le vocabulaire des loisirs, vous pouvez leur demander ce qu'on peut faire dans les différents endroits. Par exemple : « *à la mer, on peut nager ; à la montagne, on peut faire du ski.* »

Cahier d'activités, page 46, activité 6 : *Dessine les mots.*
C'est un moment de plaisir et de créativité autour des nouveaux apprentissages de l'unité. Vous pouvez aussi proposer aux élèves de faire les dessins sur des feuilles de format A4 que vous pourrez accrocher ensuite dans la classe ou qu'ils pourront mettre dans leur pochette de français.

BLOC-NOTES

....
....
....
....
....
....

Unité 5

Séquence 2 ▸ 2 séances

OBJECTIFS • Exprimer un but
• Parler des bons gestes pour protéger la nature

MATÉRIEL • Cartes étiquettes-mots (facultatif)

DÉROULEMENT

5 min **Rituel de début de séance** [voir page 187 de ce guide]

5/8 min **Reproduction orale**

Livre de l'élève, page 35, chanson : « *Qu'est-ce que tu feras demain ?* » CD Piste 26
• Demander aux élèves s'ils se souviennent de la chanson et s'ils peuvent la fredonner.
• Passer l'enregistrement et encourager les élèves à reprendre le refrain.

15/20 min **Compréhension et systématisation**

Livre de l'élève, page 57, boîte à outils
• Faire remarquer le bandeau du haut avec « *Pour protéger la Planète, nous devons faire les bons gestes.* »
• Expliquer ce que sont « *les bons gestes* ».
• Demander aux élèves pourquoi on doit faire les bons gestes. Reprendre la réponse en insistant sur le « *pour* » : « *Pour protéger la Planète.* »
• Expliquer que l'on utilise *pour* afin d'exprimer un but : on fait (ou pas) une action afin d'atteindre un certain but. Dans le cas de la phrase « *Pour protéger la Planète, nous devons faire les bons gestes* », l'action est « *faire les bons gestes* » et le but est « *(pour) protéger la Planète.* »

Livre de l'élève, page 57, boîte à outils : *Pour...*
• Faire observer l'encadré « *Pour...* » et demander aux élèves de lire les phrases.
• Mettre en évidence la structure « *Pour + verbe (à l'infinitif) + phrase / action* ».

Cahier d'activités, page 47, activité 9 : *Mets les étiquettes dans l'ordre.*
• Faire lire la consigne puis demander aux élèves de réaliser l'activité deux par deux.
• Procéder à une correction collective au tableau.

8/10 min **Compréhension écrite et systématisation**

Livre de l'élève, page 35, chanson : « *Qu'est-ce que tu feras demain ?* »
• Écrire au tableau les quatre expressions de but de la chanson :
Pour protéger les rivières...   *Pour protéger les mers...*
Pour protéger les montagnes...   *Pour protéger les campagnes...*
Proposer aux élèves de se mettre deux par deux et de retrouver dans la chanson les actions à faire pour atteindre ces buts.
• Vérifier tous ensemble et valider les bonnes réponses.

8/10 min **Production orale guidée**
• Proposer ensuite aux élèves de se remettre deux par deux pour faire oralement des phrases sur le même modèle pour exprimer un but.
• Circuler dans la classe pour aider et vérifier.

5/8 min **Compréhension écrite et production orale guidée**

Livre de l'élève, page 55, activité 3 : *Choisis la bonne phrase.*
• Faire observer aux élèves les pages 54 et 55 de leur livre. Demander de dire avec leurs propres mots ce qu'ils font dans cette unité.
• Lire les deux phrases tous ensemble. Demander aux élèves d'identifier les différences et de choisir la bonne phrase, puis valider la bonne réponse.

2/3 min **Clôture / Rituel de fin de séance** [voir page 187 de ce guide]

Cahier d'activités, page 47, activité 9 : *Mets les étiquettes dans l'ordre.*
   1. Pour protéger les rivières, on doit recycler nos déchets.
   2. Pour aider la nature, je dois prendre des douches.

Livre de l'élève, page 55, activité 3 : *Choisis la bonne phrase.*
   Réponse **1**

REMARQUES ET CONSEILS

Livre de l'élève, page 57, boîte à outils : *Pour...*
   Pour faciliter la compréhension et l'acquisition de ces nouveaux éléments, commencez par travailler avec des phrases à la forme affirmative, puis introduisez la forme négative.
   « Pour aider la Planète, on doit faire les bons gestes. »
   > action : *« on doit faire les bons gestes »* ; **but :** *« (pour) aider la Planète ».*
   « Pour protéger la nature, on ne doit pas prendre un bain tous les jours. »
   > action : *« on ne doit pas prendre un bain tous les jours »* ; **but :** *« (pour) protéger la nature ».*
   Les élèves peuvent trouver des exemples de verbes à l'infinitif dans le précis de grammaire.

Cahier d'activités, page 47, activité 9 : *Mets les étiquettes dans l'ordre.*
   En fonction du niveau de vos élèves, vous pouvez commencer par faire cette activité collectivement sous la forme d'un puzzle en recopiant les étiquettes-mots de l'activité sur des cartes blanches. Puis, demandez aux élèves de refaire l'activité par écrit et individuellement dans leur cahier d'activités.

Livre de l'élève, page 35, chanson : *« Qu'est-ce que tu feras demain ? »*

   1ère strophe :
   • but : *« pour protéger les rivières »*
   • action : *« faire attention d'éteindre les lumières »*

   2ème strophe :
   • but : *« pour protéger les montagnes »*
   • action : *« trier mes déchets, mes cartons, mes papiers »*

   3ème strophe :
   • but : *« pour protéger les mers »*
   • action : *« ne pas prendre de bain mais des douches le matin »*

   4ème strophe :
   • but : *« pour protéger les campagnes »*
   • action : *« prendre le vélo »*

Unité 5

BLOC-NOTES

....
....
....
....
....
....
....
....
....
....
....
....

Séquence 3 ▶ 3 séances

OBJECTIFS • Parler du futur

MATÉRIEL • Aucun

DÉROULEMENT

5 min **Rituel de début de séance** [voir page 187 de ce guide]

8/10 min **Production orale guidée**

Livre de l'élève, page 35, chanson : « *Qu'est-ce que tu feras demain ?* »
• Proposer aux élèves de lire la chanson à la façon d'un poème.
• Demander aux élèves de commencer par lire la chanson à voix haute pour s'entraîner et circuler dans la classe pour les aider.
• Inviter les élèves qui le souhaitent à lire / réciter le poème devant la classe seuls ou à plusieurs.
• Faire répéter le refrain en chantant par tous les élèves : « *Pour protéger la Planète, qu'est-ce que tu feras demain ?* »

20/25 min **Compréhension et systématisation**

Livre de l'élève, page 57, boîte à outils
• Faire remarquer le bandeau du haut avec « *Qu'est-ce que tu feras demain ?* », « *Demain, je trierai mes déchets.* »
• Dessiner au tableau une ligne du temps avec « *hier* » « *aujourd'hui* » et « *demain* ».
• Demander aux élèves comment ils peuvent dire la même chose que dans le bandeau mais pour aujourd'hui, les aider à formuler : « *Qu'est-ce que tu fais aujourd'hui ?* », « *Aujourd'hui, je trie mes déchets.* » et écrire sous aujourd'hui : « *Je trie* ».
• Faire de même avec hier : « *Qu'est-ce que tu as fait hier ?* », « *Hier, j'ai trié mes déchets* ».
• Expliquer aux élèves qu'ils vont apprendre une nouvelle façon d'exprimer le futur. Reprendre la phrase du tableau et écrire « *Je trierai* » sur la ligne du temps à droite.

Livre de l'élève, page 57, boîte à outils : *Trier, faire, aller*
• Faire observer le verbe *trier* dans le tableau et expliquer la formation du futur simple avec des verbes réguliers. Donner d'autres exemples.
• Faire observer les verbes irréguliers *faire* et *aller*. Demander aux élèves quelles sont les différences de conjugaison avec le verbe *trier* et les ressemblances.

8/10 min **Production orale guidée**

Livre de l'élève, page 57, activité 2 : *Et toi ? Parle à un(e) camarade.*
• Faire lire la consigne. Dire et faire répéter la question et la réponse.
• Demander aux élèves de réaliser l'activité deux par deux.
• Circuler dans la classe pour aider les élèves à formuler correctement les questions et les réponses.
• Après l'activité, demander aux élèves quelles ont été les réponses de leur voisin(e).

8/10 min **Production écrite guidée**

Cahier d'activités, page 46, activité 7 : *Complète les phrases.*
• Faire lire la consigne et demander aux élèves de réaliser l'activité individuellement.
• Circuler dans la classe pour aider les élèves et répondre aux questions éventuelles.
• Procéder à une correction collective.

2/3 min **Clôture / Rituel de fin de séance** [voir page 187 de ce guide]

CORRIGÉS

Livre de l'élève, page 57, activité 2 : *Et toi ? Parle à un(e) camarade.*
Exemple de productions orales attendues :
Qu'est-ce que tu feras demain ?
Demain, je trierai mes déchets.
Demain, je ferai les bons gestes.

Cahier d'activités, page 44, activité 7 : *Complète les phrases.*
1. Bientôt, on **organisera** la Fête de l'école verte de l'école.
2. Demain, nous **ferons** une promenade à la montagne.
3. Après l'école, Paula **ira** aider ses camarades.
4. La semaine prochaine, vous **irez** en vacances à la mer.
5. Mardi, nous **visiterons** une ferme écologique à la campagne.
6. À 5 heures, j'**irai** au cinéma voir le nouveau film sur la nature et les animaux.

REMARQUES ET CONSEILS

Livre de l'élève, page 35, chanson : « *Qu'est-ce que tu feras demain ?* »
« *Qu'est-ce que tu feras demain ?* » est une chanson, mais il peut être intéressant de la lire comme un poème. Les élèves trouveront le ton et le rythme qui leur convient. Dans un premier temps, lisez la chanson vers par vers et faites répéter vos élèves. De cette façon, ils apprendront à prononcer correctement. Ensuite, laissez les élèves lire la chanson à voix haute pendant que vous circulez dans la classe pour aider les élèves qui ont des difficultés de prononciation.
Si certains élèves le souhaitent, ils peuvent lire la chanson à la façon d'un rap.

Livre de l'élève, page 57, boîte à outils

Les élèves ont déjà appris le futur proche (*Tip Top !* 2 unité 3). En fonction de leur niveau, cela peut être également l'occasion de réviser ce temps. Reprendre les phrases « *Qu'est-ce que je vais faire demain ?* », « *Demain, je vais trier mes déchets.* » et écrire près de *demain* « *Je vais* » (voir schéma ci-dessus).

Livre de l'élève, page 57, boîte à outils : *Trier, faire, aller*
Faites remarquer à vos élèves qu'au futur tous les verbes prennent la même terminaison : *-ai, -as, -a-ons, -ez, -ont.* Le futur simple de l'indicatif des verbes réguliers se forme à partir de l'infinitif, suivi de la terminaison : *trier + -ai, -as, -a, -ons, -ez, -ont.*
Pour découvrir la conjugaison d'autres verbes irréguliers au futur simple, vous pouvez consulter le précis de grammaire à la page 76 avec vos élèves.

Livre de l'élève, page 57, activité 2 : *Et toi ? Parle à un(e) camarade.*
Variante : afin de réviser le vocabulaire des loisirs et d'utiliser le futur simple dans un autre contexte que celui des bons gestes et de l'environnement, vous pouvez demander à vos élèves de parler de leurs loisirs ou de leur futures vacances. Par exemple : « *Qu'est-ce que tu feras demain / pendant les vacances ?* » « *Demain / Pendant les vacances, j'irai à la piscine avec mes amis.* » « *Demain / Pendant les vacances, je jouerai au foot avec mes copains.* »

BLOC-NOTES

....
....
....
....
....

Unité 5

OBJECTIFS • Parler du futur (suite)

MATÉRIEL • Fiche n° 11 : *Memory du futur*, page 156
• Des ciseaux

2/3 min **Rituel de début de séance** [voir page 187 de ce guide]

1/2 min **Mise en contexte**
• Expliquer aux élèves qu'ils vont participer au jeu « *Les bons gestes* » et qu'ils vont avoir besoin d'utiliser ce qu'ils ont appris dans cette unité, pour bien parler. Alors, ils vont commencer par quelques activités d'échauffement.

10/15 min **Ancrage phonétique**

Cahier d'activités, page 47, activité 10 : *Barre l'intrus.* CD Piste 28
• Faire lire la consigne aux élèves.
• Passer l'enregistrement une première fois en s'arrêtant après chaque série de mots, les élèves font l'activité individuellement.
• Passer une deuxième fois l'enregistrement en continu, les élèves vérifient leurs réponses.
• Procéder à une correction collective en écoutant une dernière fois.

Cahier d'activités, page 47, activité 11 : *Écoute et complète.* CD Piste 29
• Faire lire la consigne aux élèves.
• Pendant la première écoute, demander aux élèves d'écouter sans faire l'activité.
• Pendant la deuxième écoute, arrêter de temps en temps l'enregistrement pour permettre aux élèves de compléter l'activité.
• Proposer aux élèves de se mettre deux par deux pour comparer leurs résultats.
• Faire une correction collective en écoutant une dernière fois.

10/15 min **Systématisation**

Jeu de *Memory* (version 1)
• Rappeler tous ensemble comment se forme le futur simple des verbes réguliers et écrire au tableau la conjugaison du verbe *trier* au futur.
• Inviter les élèves à se mettre deux par deux et distribuer un jeu de *Memory* à chaque groupe (fiche n° 11).
• Expliquer les règles du jeu.
• Laisser suffisamment de temps aux élèves pour réaliser l'activité et circuler dans la classe pour aider et valider les bonnes réponses en cas de litige.

10/15 min **Compréhension écrite et production orale**

Livre de l'élève, page 59, jeu : *Les bons gestes*
• Présenter le jeu aux élèves : faire lire le titre et remarquer le pictogramme « *Nous jouons* ». Expliquer qu'ils vont devoir regarder les images et dire si les gestes que font les personnages sont bons ou mauvais pour la nature.
• Demander aux élèves de se mettre deux par deux pour discuter des gestes et dire s'ils sont bons ou mauvais pour la nature. Insister sur le fait qu'ils doivent parler français.
• Circuler dans la classe pour aider les élèves.
• Faire une correction collective.

8/10 min **Production écrite guidée**

Cahier d'activités, page 48, activité 12 : *Complète la fiche « idée verte ».*
• Faire la consigne et expliquer aux élèves qu'ils vont devoir compléter la fiche. Les élèves pourront s'aider de leur boîte à outils.
• Demander aux élèves de réaliser l'activité individuellement.
• Circuler dans la classe pour aider les élèves en difficulté.
• Procéder à une correction collective.

2/3 min **Clôture / Rituel de fin de séance** [voir page 187 de ce guide]

TRANSCRIPTIONS

Cahier d'activités, page 47, activité 10, les sons [r] / [l]

> **1.** une poubelle – une fourchette – une lampe
> **2.** la Planète – une rivière – le recyclage
> **3.** une brosse à dents – une boîte de conserve – un bocal
> **4.** en cuir – en verre – en métal

Cahier d'activités, page 47, activité 11

> **1.** Un verre en verre vert, c'est très joli !
> **2.** Je jette mon journal dans la poubelle jaune.
> **3.** Cette fourchette est en plastique ? Non, elle est en métal.

CORRIGÉS

Cahier d'activités, page 47, activité 10, les sons [r] / [l] : *Barre l'intrus.* (CD Piste 28)

> **1.** une poubelle – ~~une fourchette~~ – une lampe
> **2.** ~~la Planète~~ – une rivière – le recyclage
> **3.** une brosse à dents – une boîte de conserve – ~~un bocal~~
> **4.** en cuir – en verre – ~~en métal~~

Cahier d'activités, page 47, activité 11 : *Écoute et complète.* (CD Piste 29)

> **1.** Un ve<u>rr</u>e en ve<u>rr</u>e ve<u>r</u>t, c'est t<u>r</u>ès jo<u>l</u>i !
> **2.** Je jette mon jou<u>r</u>na<u>l</u> dans la poube<u>ll</u>e jaune.
> **3.** Cette fou<u>r</u>chette est en p<u>l</u>astique ? Non, e<u>ll</u>e est en méta<u>l</u>.

Livre de l'élève, page 59, jeu : *Les bons gestes*

> Les bons gestes : **1, 2, 5.**
> Les mauvais gestes : **3, 4.**

Cahier d'activités, page 48, activité 12 : *Complète la fiche « idée verte ».*

> Un bon geste pour demain :
> Éteindre la **lumière**.
> Pour protéger **la Planète**, qu'est-ce que je ferai demain ? Demain, je ferai un bon geste pour protéger **la nature**.
> Idée verte :
> On **doit** éteindre la **lumière** de toutes les pièces de la maison avant de partir à l'école.

REMARQUES ET CONSEILS

Jeu du *Memory*

> Les élèves doivent séparer les cartes *« pronoms personnels »* des cartes *« verbes »*. Ensuite, ils placent les cartes *« pronoms personnels »* à gauche de la table et les cartes *« verbes »* à droite de la table. Les cartes sont placées sur la table face cachée de sorte que les élèves ne voient pas ce qui est écrit sur les cartes. Le premier joueur retourne une carte *« pronom personnel »* et lit ce qui est écrit. Il retourne ensuite une carte *« verbe »* et la lit. Si les deux cartes vont ensemble, l'élève peut les garder, sinon il les retourne et passe son tour. L'élève qui a le plus de paires de cartes a gagné.
> Pour aider vos élèves, vous pouvez écrire au tableau les pronoms personnels et les terminaisons associées.

Livre de l'élève, page 59, jeu : *Les bons gestes*

> Ce jeu vous donne l'occasion d'aborder certains gestes simples de la vie quotidienne qui ont une influence sur l'environnement comme, par exemple, fermer le robinet d'eau, éteindre l'ordinateur et fermer la porte du frigo. Vous pouvez demander aux élèves s'ils font certains de ces bons gestes ou bien s'ils pensent qu'ils pourraient en faire. Vous pouvez aussi proposer aux élèves de commencer à faire des bons gestes en classe. Proposez-leur d'utiliser les deux faces d'une feuille de papier pour dessiner ou bien de recycler les feuilles photocopiées sur une face et de les utiliser comme papier brouillon.

Séquence 3 ▸ 3 séances

Séance **3**

OBJECTIFS • Ancrer les nouvelles structures et du lexique

MATÉRIEL • Des feuilles
• Fiche n° 3 : *Grille d'observation d'un jeu*, page 46
• Des dés et des pions

DÉROULEMENT

5 min **Rituel de début de séance** [voir page 187 de ce guide]

5/8 min **Mise en contexte**

Jeu de rôle
• Inviter les élèves à reprendre le dialogue 1 deux par deux.
• S'ils le souhaitent, certains élèves peuvent faire une présentation devant leurs camarades.

15/20 min **Ancrage**

Jeu de *Memory* (version 2)
• Annoncer aux élèves qu'ils vont créer eux-mêmes un jeu « *Memory du futur* » pour leurs camarades.
• Inviter les élèves à se mettre deux par deux et distribuer une feuille par binôme.
• Demander aux élèves de créer un « *Memory du futur* » en s'aidant de la boîte à outils et du précis de grammaire. 💡
• Chaque groupe échange son jeu de « *Memory du futur* » avec un autre groupe et peut ensuite jouer.
• Circuler dans la classe pour aider les élèves et valider les bonnes réponses en cas de litige.

CONSEIL : les élèves devront découper la feuille de papier afin d'obtenir 18 petites cartes, 9 pour les pronoms personnels et 9 pour les verbes conjugués au futur.

Si vous voulez rendre le jeu un peu plus difficile, vous pouvez proposer aux élèves de choisir des sujets à la place des pronoms personnels (sauf pour *je*, *on* et *vous*), par exemple : *le garçon* à la place de *il* ; *mes copains et moi* à la place de *nous*…

15/20 min **Ancrage / Production orale guidée**

Livre de l'élève, page 58, jeu : *Je recycle*
• Présenter le jeu aux élèves : faire lire le titre et remarquer le pictogramme « *Nous jouons* ».
• Faire observer le plateau de jeu et demander aux élèves de repérer les cases de départ et d'arrivée.
• Faire remarquer l'encadré de droite et expliquer la signification de chaque symbole : s'ils voient l'un de ces symboles sur le plateau de jeu, ils devront répondre à la question correspondante.
• Faire lire les règles à haute voix et les expliciter grâce aux illustrations et à des exemples.
• Demander aux élèves de se mettre par groupes de trois à quatre.
• Insister sur l'importance de réaliser le jeu en français, de faire des phrases complètes avec la bonne structure.

REMARQUE : pendant le jeu, veillez à ce que les élèves utilisent les structures apprises dans l'unité 5.
• Pendant le jeu, observer les productions orales des élèves (évaluation formative) à l'aide de la grille d'observation du jeu (fiche n° 3).
• Encourager les productions, être l'arbitre en cas de litige.
• À la fin du jeu, identifier les gagnants et inviter tous les élèves à les féliciter en leur disant « *Bravo ! Tu as gagné !* »

2/3 min **Clôture / Rituel de fin de séance** [voir page 187 de ce guide]

Séquence 4 ▸ 2 à 3 séances

OBJECTIFS • Ancrer les acquis de l'unité par des activités transdisciplinaires et interculturelles en français : un peu de sciences

MATÉRIEL • Des objets en papier, plastique et verre
• Internet (facultatif)

DÉROULEMENT

3/5 min **Rituel de début de séance** [voir page 187 de ce guide]

10/15 min **Stratégies d'apprentissage**

Cahier d'activités, page 51 : *Les astuces de Wang*
• Lire et découvrir tous ensemble les astuces de Wang.
• Demander aux élèves ce qu'ils pensent de ces astuces, s'ils les utilisent aussi et s'ils en connaissent d'autres.
• Noter les astuces des élèves pour bien comprendre un nouveau texte et les afficher dans l'espace réservé aux « astuces » d'apprentissage.

REMARQUE : avant de commencer les activités transdisciplinaires et le texte de « Ma bibliothèque », il est intéressant de faire le point sur les stratégies qui peuvent aider les élèves à comprendre un nouveau texte.

de 40 min à 1h30 **Activité transdisciplinaire : un peu de sciences**

Le pictogramme
• Faire rappeler la signification de ce pictogramme et demander aux élèves ce qu'ils pensent explorer aujourd'hui.
• Montrer les objets apportés en papier, verre et plastique et demander aux élèves s'ils savent à partir de quelle matière première ils ont été fabriqués (*le plastique vient du pétrole, le verre vient du sable, le papier vient du bois…*).

Le titre de la page et le bandeau bleu
• Faire lire le bandeau bleu pour attiser la curiosité des élèves. Poursuivre la discussion autour des connaissances des élèves sur les matières premières.

REMARQUE : si vous donnez les cours de sciences ou si vous pouvez travailler en commun avec le professeur de sciences de votre école, vous pouvez prévoir un cours sur la fabrication du verre, du papier ou bien du plastique afin de créer un lien entre la classe de langue et la classe de sciences.

Livre de l'élève, page 60, activités 1 et 2
• Lire la consigne tous ensemble. Laisser suffisamment de temps aux élèves pour découvrir les documents présentés.

Premier encadré : *Le recyclage qu'est-ce que c'est ?*
• Faire remarquer le logo du recyclage. Inviter les élèves à commenter ce qu'ils voient sur l'image du premier encadré.
• Donner aux élèves le temps de faire une première lecture du texte.
• Demander aux élèves ce qu'ils ont compris et s'ils connaissent d'autres objets recyclés ou matières recyclables.

Deuxième encadré : *La canette*
• Faire observer les canettes de soda et demander aux élèves d'interpréter l'illustration :
une canette usagée ⇢ une canette neuve.
• Lire le texte ensemble une première fois. Demander aux élèves ce qu'ils ont compris. Expliciter le texte.
• Discuter des avantages et des inconvénients du recyclage.
• Demander aux élèves s'ils ont des idées pour recycler des objets

Cahier d'activités, page 48, activité 13 : *Complète avec tes idées pour recycler les déchets.*
• Faire lire la consigne et expliquer aux élèves qu'ils vont devoir imaginer des idées pour recycler des déchets.
• Demander aux élèves de se mettre en groupe de deux ou trois.
• Circuler dans la classe pour aider les élèves.
• Lorsqu'ils ont terminé, inviter les groupes à venir au tableau pour présenter leurs idées pour recycler les déchets.

REMARQUE : pour faire découvrir d'autres idées à vos élèves, vous pouvez leur proposer de visiter le site de « tête à modeler » : www.teteamodeler.com (rubrique écologie-recyclage).

2/3 min **Clôture / Rituel de fin de séance** [voir page 187 de ce guide]

Séquence 4 ▶ 2 à 3 séances

OBJECTIFS • Développer la compréhension écrite globale d'un document (semi-)authentique : un mode d'emploi

MATÉRIEL • Aucun

DÉROULEMENT

 Rituel de début de séance [voir page 187 de ce guide]

20/25 min **Découverte d'un document écrit (semi-)authentique**

Livre de l'élève, page 61 : *Mode d'emploi : un bol en papier recyclé*
- Annoncer aux élèves qu'ils vont découvrir un nouveau texte.
- Demander aux élèves d'observer la page et de dire de quel type de document il s'agit selon eux et ce qu'ils pensent découvrir à partir de ce texte en regardant seulement les images et la structure du texte.
- Avant de commencer la découverte du texte, leur demander s'ils se souviennent des astuces de Wang sur la lecture d'un texte nouveau. Leur suggérer d'appliquer les conseils de Wang pour cette la lecture.
- Réaliser une découverte globale du document : demander aux élèves de trouver le titre du document, de lire les sous-titres et bien observer les images.

Lecture / Compréhension écrite
- Inviter les élèves à lire le texte une première fois individuellement dans le cadre d'une lecture-plaisir.

Compréhension écrite guidée
- Lire la consigne et expliciter les questions tous ensemble.
- Proposer aux élèves de chercher les réponses dans le texte en binôme.
- Faire une correction collective en demandant aux élèves de justifier leurs réponses avec des éléments du texte.

CORRIGÉ

1. Un bol en papier recyclé.

2. On doit utiliser du papier.

3. D'abord, il faut faire de la colle à papier.

4. On doit prendre de un verre de farine et trois verres d'eau (on mélange d'abord un verre de farine et un verre d'eau puis on ajoute 2 verres d'eau).

5. Il faut mettre au total 6 fois des bandes de papier (voir les encadrés 4 et 6).

CONSEIL : lorsque les élèves auront lu le texte, leur demander s'ils ont utilisé des stratégies et si elles ont été efficaces.

Pour aller plus loin…

Si vous avez le temps, vous pouvez faire réaliser ce bol en papier ou proposer aux élèves de créer un autre objet recyclé et organiser une exposition dans la classe ou dans l'école.

15/20 min **Production écrite et production orale guidée**
- Proposer aux élèves d'écrire un mode d'emploi à la manière de celui du bol pour accompagner une de leurs idées de recyclage (cahier d'activités, page 48, activité 13). Cette activité pourra se faire à deux ou trois.
- Faire lire et présenter les productions écrites des élèves soit collectivement soit par petits groupes.

2/3 min **Clôture / Rituel de fin de séance** [voir page 187 de ce guide]

Séquence 5 ▸ 2 à 3 séances

OBJECTIFS • Rebrasser les nouveaux acquis de l'unité
• Faire un bilan et une auto/co-évaluation

MATÉRIEL • Fiche n° 4 : *Grille de co-évaluation*, page 47

DÉROULEMENT

3/5 min **Rituel de début de séance** [voir page 187 de ce guide]

25/30 min **Bilan oral et écrit**

Cahier d'activités, page 49 : *Je fais le point !*
• Faire lire la consigne, aider les élèves à formuler ce qu'ils doivent faire : *« Nous allons écrire ce qu'on doit faire et ce qu'on ne doit pas faire à l'école pour protéger la Planète. »*
• Expliquer que dans l'école de Claire, on oublie de faire les bons gestes. Demander aux élèves de bien observer les images et de repérer les « oublis ».
• Faire travailler les élèves individuellement : chaque élève écrit un texte sur ce qu'on doit faire et ce qu'on ne doit pas faire à l'école pour protéger la Planète.
• Circuler dans la classe pour aider les élèves et vérifier les acquis.

REMARQUE : s'ils le souhaitent, les élèves peuvent inventer des bons gestes complémentaires.

Retransmission orale et co-évaluation
• Distribuer aux élèves la grille de co-évaluation (fiche n° 4) et la faire relire à haute voix.
• Demander aux élèves de se mettre deux par deux.
• Demander aux élèves de présenter leur texte à leur camarade. L'autre élève co-évalue la présentation orale et la production écrite. 🔦
• Procéder à une discussion finale avec tous les élèves à partir des grilles (inciter les critiques constructives et les encouragements).

15/20 min **Auto-évaluation**

Cahier d'activités, page 51, portfolio : *Je dis ce que je dois faire en français !*
• Demander aux élèves ce qu'ils ont fait en français dans l'unité 5 : accepter toutes les propositions et reprendre distinctement les plus importantes en français.
• Faire remarquer le titre de la page et demander aux élèves si maintenant ils pensent pouvoir dire ce qu'ils doivent faire en français et les aider à donner des exemples.

Et toi ? Lis, colorie et complète.
• Faire lire la consigne.
• Demander aux élèves de lire chaque phrase du tableau une par une et les laisser colorier individuellement.
• Les guider en fonction des questions et des difficultés. Si un élève se sous- ou se surévalue, l'aider à s'interroger, proposer une petite activité ou une question qui lui permette de voir plus juste. 🔦

J'apporte... et je note...
• Expliquer ce qui est attendu et inviter les élèves à compléter la phrase sous le tableau à la maison en classe à la prochaine séance.

2/3 min **Clôture / Rituel de fin de séance** [voir page 187 de ce guide]

Unité 5

Cahier d'activités, page 49 : *Je fais le point !*

Exemple de production attendue :
Pour protéger la Planète…
La classe est terminée. On doit éteindre les lumières de la classe.
On doit trier nos déchets.
On doit éteindre l'ordinateur.
On doit fermer la porte du réfrigérateur.
On ne doit pas laisser le robinet ouvert.

REMARQUES ET CONSEILS

Co-évaluation

Pour cette activité de bilan, vous pouvez également proposer une grille de co-évaluation complémentaire pour évaluer la production écrite. **[+ voir conseil général p. 190]**

Portfolio

Après avoir laissé vos élèves remplir le portfolio, vous pouvez leur proposer de vérifier leur auto-évaluation en organisant une activité complémentaire pour chaque compétence évaluée. Puis, proposez-leur d'ajuster leur auto-évaluation dans leur tableau.

Voici quelques exemples d'activités.

Je comprends la chanson « Pour protéger la Planète ».
- Demander aux élèves d'écrire *vrai* et *faux* sur deux fiches cartonnées.
- Faire écouter la chanson couplet par couplet et poser des questions auxquelles les élèves devront répondre par *vrai* ou *faux* en montrant une des fiches cartonnées.

Je lis un mode d'emploi.
- Photocopier le mode d'emploi du bol en papier recyclé, découper les différents encadrés sans les numéros.
- Coller sur une feuille blanche les encadrés dans le désordre.
- Faire des photocopies. Distribuer cette fiche aux élèves en leur demandant de numéroter les encadrés dans le bon ordre. Procéder à une correction collective.

Je parle et je dis ce que je dois faire.
- Proposer aux élèves de rejouer au jeu « *Dans la poubelle bleue, je dois mettre…* » de la séquence 1 séance 3, mais en remplaçant la phrase par « *Pour sauver la Planète, je dois…* ».

Je demande en quoi c'est fait et je réponds.
- Inviter les élèves à montrer des objets et à se poser la question : « *C'est en quoi ?* » et y répondre.

J'écris mes idées vertes.
- Dans l'activité 13 du cahier d'activités, page 48, les élèves ont déjà écrit des idées vertes. Leur demander de les relire et de dire s'ils pensent qu'ils ont bien réussi ou pas.
   REMARQUE : dans le cadre d'une évaluation formative, pensez à aller voir individuellement les élèves qui pensent ne pas avoir bien réussi et demandez-leur ce qu'ils pensent qu'ils doivent faire pour améliorer leur production. Donnez-leur l'occasion de refaire l'activité, puis comparez avec eux les deux productions pour constater les progrès.
   [+ voir conseil général page 191]

BLOC-NOTES

....
....
....
....
....
....
....
....
....

OBJECTIFS • Rebrasser les nouveaux acquis de l'unité et les connaissances préalables
• Préparer au DELF Prim A2

MATÉRIEL • Fiche n° 4 : *Grille de co-évaluation*, page 47 (facultatif)

DÉROULEMENT

5 min **Rituel de début de séance** [voir page 187 de ce guide]

35/45 min **Je m'entraîne au DELF Prim**

Cahier d'activités, page 50 : *Production écrite*
• Expliquer la compétence qui va être travaillée.
• Demander aux élèves de lire et d'expliciter la consigne.
• Demander aux élèves d'observer les trois illustrations et les aider à décrire ce que font les personnages.
• Faire réaliser l'activité individuellement (durée : 10 min maximum).
• Procéder à une correction par petits groupes : demander aux élèves d'échanger leurs cahiers puis de lire les productions de leurs camarades, de faire des critiques constructives et d'aider à corriger les phrases à l'aide de la boîte à outils, du précis de grammaire et de leur auto-dico.
• Circuler dans les groupes et aider à corriger.
• Faire remarquer les meilleures productions et demander aux élèves de les lire à haute voix. Encourager les autres élèves et donner des conseils personnalisés à chacun pour améliorer leur écrit.
• Proposer aux élèves de réécrire leur texte sans fautes et de l'améliorer avec les idées entendues.
• Faire un petit bilan des impressions, difficultés et répondre aux questions.

Cahier d'activités, page 50 : *Production orale en interaction*
• Expliquer la compétence qui va être travaillée.
• Faire lire et expliquer les consignes.
• Demander aux élèves d'observer le dessin et d'expliquer ce qu'ils voient.
• Inviter les élèves à se mettre deux par deux : un(e) élève joue le rôle du / de la camarade qui jette son papier dans la rue, l'autre élève explique ce qu'il doit faire et pourquoi. Lorsqu'ils ont terminé, les élèves inversent les rôles.
• Demander à certains groupes de présenter leur dialogue devant la classe. Les autres élèves écoutent attentivement puis commentent les prestations. L'enseignant(e) donne également des indications : « *Écoutez bien les questions de l'examinateur, ça vous aide pour répondre. Faites des phrases simples et complètes.* »
• Demander à certains élèves de passer l'épreuve dans les conditions de l'examen : un(e) élève vient au bureau de l'enseignant(e) et ils simulent le dialogue ensemble.
• Inviter les autres élèves à commenter la prestation de leurs camarades (commentaires constructifs et encouragements, avec ou sans l'aide de la grille de co-évaluation : fiche n° 4). L'enseignant(e) fait également des remarques positives et donne des conseils pour améliorer les points faibles.

2/3 min **Clôture / Rituel de fin de séance** [voir page 187 de ce guide]

CORRIGÉS

Cahier d'activités, page 50 : *Production écrite*

Exemple de production possible :

Salut Pascal,

Je ne peux pas aller à la Journée verte de l'école pour trier les déchets sur la plage parce que je suis très malade. J'ai mal à la tête. Je dois rester à la maison. Je te propose une autre idée verte : lundi, on ira à l'école à vélo. Qu'en penses-tu ?

Au revoir,

Pierre

Cahier d'activités, page 50 : *Production orale en interaction*

Exemple de production possible :

L'élève : *Arrête, tu ne dois pas jeter ton papier dans la rue.*

L'enseignant(e) : *Et pourquoi ?*

L'élève : *Tu dois faire les bons gestes.*

L'enseignant(e) : *Les bons gestes ! Qu'est-ce que c'est ?*

L'élève : *Tu dois trier tes déchets.*

L'enseignant(e) : *Pour trier mes déchets, qu'est-ce que je dois faire ?*

L'élève : *Tu dois jeter le papier dans la poubelle bleue.*

L'enseignant(e) : *Et pourquoi ?*

L'élève : *Pour sauver la Planète !*

L'enseignant(e) : *D'accord, demain, je trierai mes déchets.*

REMARQUES ET CONSEILS

Cahier d'activités, page 50 : *Production écrite*

Pendant l'épreuve de production écrite, les élèves doivent rédiger deux brèves productions écrites (une lettre amicale ou un message d'invitation, de remerciement, de demande, d'information…)

Cet exercice permet aux élèves de s'entraîner à la rédaction d'un message pour refuser une invitation, remercier et proposer un autre rendez-vous à une personne.

Cahier d'activités, page 50 : *Production orale en interaction*

L'épreuve de production orale du DELF Prim est individuelle. Elle se déroule en trois étapes : un entretien dirigé, un monologue suivi et un dialogue simulé. L'ensemble de l'épreuve devrait durer entre 6 et 8 minutes par élève, en face à face avec l'examinateur. L'activité proposée sur cette page permet aux élèves de s'entraîner à l'étape 3 de la partie « *Production orale* » du DELF Prim.

[+ voir conseil général page 190]

BLOC-NOTES

Séquence 6 ▶ 2 à 3 séances ▷ Projet

OBJECTIFS • Réinvestir les acquis de l'unité dans un projet créatif et collaboratif en français

MATÉRIEL • Internet (facultatif)
• Des fiches cartonnées
• Des feutres et/ou des crayons de couleur

DÉROULEMENT

 3/5 min **Rituel de début de séance** [voir page 187 de ce guide]

 de 40 min à 2h30 **Création / Réinvestissement**

Livre de l'élève, page 62, projet : *Fabriquons une boîte à idées vertes !*
• Faire observer les exemples de productions finales, motiver et attiser la curiosité des élèves.
• Faire lire le titre et aider les élèves à nommer la tâche finale à partir du pictogramme et du titre : « *Nous allons fabriquer une boîte à idées vertes.* »
• Expliquer aux élèves qu'ils vont réaliser des fiches avec leurs meilleures idées vertes pour protéger la Planète qu'ils pourront placer dans leur boîte à idées vertes de l'école et de la classe. Ces idées pourront être mises en pratique dans la classe au quotidien.
• Laisser le temps aux élèves de parcourir le mode d'emploi individuellement puis lire et expliciter le mode d'emploi collectivement.
• Réaliser les étapes.

Étape 1
Inviter les élèves à se mettre par groupe de deux. Puis, demander aux groupes de chercher deux idées pour protéger la nature. Inviter les élèves à écrire leurs idées dans le cahier d'activités, page 52 (activité 1).

REMARQUE : veillez à ce que les élèves fassent des phrases complètes et qu'ils utilisent les structures apprises. Pour s'aider, ils peuvent consulter leur boîte à outils.

Étape 2
Proposer aux élèves de venir au tableau pour présenter leurs idées. Noter au tableau les titres des idées de chaque groupe.

Étape 3
Une fois que les groupes sont passés, discuter avec la classe des idées en demandant aux élèves ce qu'ils pensent de chaque idée verte. Puis, demander aux élèves de voter pour leurs idées vertes préférées. Faire remplir le tableau de l'activité 2, page 52 du cahier d'activités avec les idées sélectionnées par la classe.

Étapes 4 et 5
Demander aux élèves de se mettre par groupe de deux et de choisir une idée verte dans la liste de la classe. Proposer aux élèves de développer cette idée sur la fiche de l'activité 3, page 53 du cahier d'activités. Circuler dans la classe pour aider les élèves et corriger leur fiche. Une fois la fiche complétée et corrigée, les élèves peuvent la recopier sur une fiche cartonnée. Puis, demander aux élèves d'illustrer leur bon geste sur la fiche cartonnée.

CONSEIL : pour que la boîte à idées vertes soit utilisée dans la classe, vous pouvez chaque semaine choisir avec vos élèves une fiche « idée verte » et faire rappeler brièvement de quel bon geste il s'agit. Accrochez cette fiche dans la classe et indiquez aux élèves que cette semaine ils devront essayer de réaliser ce bon geste à l'école, mais aussi à la maison, dans la rue... À la fin de la semaine, vous ferez le point avec vos élèves pour savoir s'ils ont eu l'occasion de faire ce bon geste. Vous pouvez nommer cette action « Le bon geste de la semaine » !

2/3 min **Clôture / Rituel de fin de séance** [voir page 187 de ce guide]

Test de l'unité 5
Guide de classe, page 157, test 5

Exercice 1

Écoute et coche la bonne case.
Pour protéger la Planète, nous devons faire les bons gestes. On doit toujours trier nos déchets. Dans la poubelle bleue, tu peux jeter tes journaux, tes papiers, tes cartons.

CORRIGÉS

Exercice 1 : réponse **b**

Exercice 2 :
un bocal **>** en verre – un sac **>** en cuir – une boîte de conserve **>** en métal – une bouteille **>** en plastique

Exercice 3 :
a) Mardi prochain, j'**irai** à la Journée verte de l'école.
b) Bientôt, nous **ferons** une promenade à la campagne.
c) Demain, vous **trierez** vos déchets dans les poubelles de couleur.
d) Cet hiver, il **partira** à la montagne pour faire du ski.

Exercice 4 :
Exemple de production écrite attendue :
Pour protéger la Planète, je dois trier mes déchets dans les poubelles de couleur. Je dois prendre des douches. Je dois faire du vélo.

Exercice 5 :
Circuler dans la classe et poser deux questions à chaque élève. Demander d'abord : *« Est-ce que c'est important de protéger la Planète ? »* Puis, lorsque l'élève a répondu, poser la question : *« Qu'est-ce que tu dois faire pour protéger la nature ? »* Ensuite, lui demander : *« Qu'est-ce que tu feras demain ? »*
Exemple de production orale attendue :
- Pour protéger la nature, je dois trier mes déchets.
- Demain, j'irai à l'école à vélo.

Barème : chaque exercice est noté sur 4 points.

REMARQUES ET CONSEILS

- Sachant que la délivrance de notes est souvent obligatoire dans les écoles pour attester du niveau atteint à un moment donné par chaque élève vis-à-vis d'un programme établi, un test noté vous est proposé à titre **facultatif** pour chaque unité. Il propose des exercices pour évaluer les 4 compétences : CO, CE, PO, PE.
Les tests ne comportent pas de piège et reprennent les éléments principaux de l'unité.
- Pensez à mettre les élèves en condition avant le test, à les rassurer et à bien expliquer les consignes avant.
[+ voir conseil général page 190]

Fiche n° 10 : Les objets de tous les jours

155

Unité 5

Fiche n° 11 : Memory du futur

Je	Tu	Il	Elle
On	Nous	Vous	Ils
Elles	jetterai	iras	fera
protégera	aura	ferons	trierez
iront	trieront		

À PHOTOCOPIER

Test 5

Nom : .... Prénom : ....

❶ Écoute et coche la bonne case.

J'écoute

a ☐   b ☐   c ☐

...../4

❷ Relie.

Je lis

Un bocal •   • en plastique

Un sac •   • en métal

Une boîte de conserve •   • en cuir

Une bouteille •   • en verre

...../4

❸ Complète les phrases.

J'écris

a) Mardi prochain, j' .... (aller) à la Journée verte de l'école.

b) Bientôt, nous .... (faire) une promenade à la campagne.

c) Demain, vous .... (trier) vos déchets dans les poubelles de couleur.

d) Cet hiver, il .... (partir) à la montagne pour faire du ski.

...../4

❹ Raconte ce que tu dois faire pour protéger la Planète.

J'écris

....

....

....

....

....

...../4

❺ Réponds à ton professeur.

Je parle

- Qu'est-ce que tu dois faire pour protéger la nature ?

...../4

- Qu'est-ce que tu feras demain ?

...../20

Unité 6 : Vers l'avenir

Séquence	**1** Apprentissage	**2** Apprentissage	**3** Apprentissage
Nombre de séances (≈ 45 min / ≈ 60 min)	**2 séances**	**3 séances**	**3 séances**
Objectifs communicatifs	• Parler des métiers • Dire ce que l'on voudrait être	• Se situer dans le temps • Dire ce que l'on aimerait faire plus tard • Parler de l'avenir	• Parler d'un souhait • Exprimer une hypothèse • Comprendre une poésie
Grammaire	• *Je voudrais être* + nom de métier	• Conditionnel présent • Révision des temps de l'indicatif : passé composé, présent, futur	• Conditionnel présent (suite)
Lexique	• Les métiers	• Le temps • L'avenir	• *Si j'étais un(e)…, je serais un(e)…*
Phonétique	Les sons [m] / [n] / [ɲ]		
(Inter)culturel	Les métiers d'ici et d'ailleurs		
Interdisciplinaire	Un peu de géographie		
Fiches photocopiables dans le guide	• Fiche n° 3 (p. 46) : *Grille d'observation d'un jeu*	• Fiche n° 17 (p. 184) : *Étiquettes-mots - Unité 6*	• Fiche n° 3 (p. 46) : *Grille d'observation d'un jeu*
Matériel complémentaire	• Cartes de « *La ronde des métiers* », cahier d'activités pp. 75-78 • Des pions • Des dés	• Internet (facultatif)	• Des feuilles blanches • Des feutres • Du scotch • Des dictionnaires ou Inter(net) (facultatif)

4 Apprentissages transdisciplinaires et interculturels	**5** Bilans et (auto)évaluations	**6** Projet
2 à 3 séances	**2 à 3 séances**	**1 à 3 séances**
• Ancrage des nouveaux acquis de l'unité aux travers d'activités transdisciplinaires et interculturelles	• Rebrassage	• Réinvestissement des acquis de l'unité dans le cadre d'un projet collaboratif
• Ancrage	• Rebrassage	• Réinvestissement
• Ancrage	• Rebrassage	• Réinvestissement
Les sons [m] / [n] / [ɲ]		
Les métiers d'ici et d'ailleurs		
Un peu de géographie		
	• Fiche n° 4 (p. 47) : *Grille de co-évaluation* • Test 6 (p. 185)	
• Cartes de « *La ronde des métiers* », cahier d'activités pp. 75-78 • Internet (facultatif) • Site http://monecole.onisep.fr (facultatif)		• Matériel pour le projet : des feuilles, des stylos, des enveloppes, du matériel pour décorer la salle et les stands « métiers »

Unité 6

Séquence 1 ▶ 2 séances

OBJECTIFS • Comprendre et nommer des noms de métiers
• Dire quel métier on préfère

MATÉRIEL • Cartes de « *La ronde des métiers* », cahier d'activités pp. 75-78

DÉROULEMENT

5 min **Rituel de début de séance** [voir page 187 de ce guide]

5/8 min **Découverte / Présentation de l'unité**

Livre de l'élève, page 63 : *Vers l'avenir*
• Annoncer aux élèves qu'ils vont commencer une nouvelle unité : l'unité 6. Faire observer l'illustration. Demander aux élèves ce que représente l'image, ce qu'ils voient.
• Demander aux élèves de lire le titre de l'unité et l'expliciter. Leur demander de nommer les métiers qu'ils connaissent.
• Faire lire le contrat d'apprentissage et attiser la curiosité des élèves pour cette nouvelle unité.

5/8 min **Découverte**

Livre de l'élève, page 64, illustration : *Je voudrais être vétérinaire !*
• Faire observer la nouvelle illustration et demander aux élèves de dire qui ils voient et ce qu'ils voient.
• Demander aux élèves où se trouvent les personnages et pour quelle occasion : « *une journée des métiers.* »

5 min **Compréhension orale / Compréhension orale guidée**

Livre de l'élève, page 64, situation 1 `CD Piste 30`
1ère écoute • Passer l'enregistrement, dialogue caché.
• Demander aux élèves de dire qui parle et ce qu'ils ont entendu, sans confirmer pour l'instant.

10/15 min **Écoute active**

Livre de l'élève, page 64, activité 1 : *Trouve les bonnes réponses.* `CD Piste 30`
2ème écoute • Passer l'enregistrement avec le texte et demander aux élèves de trouver les bonnes réponses.

Cahier d'activités, page 54, activité 1 : *Vrai ou faux ? Coche la bonne case.* `CD Piste 30`
• Passer l'enregistrement en l'arrêtant afin de permettre aux élèves de répondre à chaque question.
• Inviter les élèves à se mettre deux par deux pour comparer leurs réponses.
• Corriger collectivement en écoutant l'enregistrement phrase par phrase.

15/20 min **Compréhension et systématisation**

Livre de l'élève, page 66, boîte à outils : *Les métiers de nos rêves*
• Faire lire le titre de l'encadré « *Les métiers de nos rêves* » et l'expliciter.
• Lire les noms de métiers dans la colonne de gauche et demander aux élèves de retrouver ces métiers dans l'illustration de la page 63.
• Lire ensemble les noms des métiers et insister sur le féminin et le masculin ou bien l'absence de féminin.

Livre de l'élève, page 66, activité 1 : *Demande à ton/ta voisin(e).*
• Inviter les élèves à se déplacer dans la classe pour poser la question à leurs camarades et à y répondre.

Cahier d'activités, page 55, activité 4 : *Relie.*
• Demander aux élèves de faire l'activité individuellement, puis procéder à une correction collective.

Jeu de mime
• Afficher les cartes « *métiers* » au tableau (cahier d'activités, pp. 75-78).
• Faire deux équipes A et B. Un élève de l'équipe A choisit une carte, sans la désigner et mime le métier à son équipe. Si l'équipe A devine de quel métier il s'agit, elle gagne 1 point. Sinon, l'équipe B peut donner une réponse. L'équipe qui a le plus de points a gagné.

2/3 min **Clôture / Rituel de fin de séance** [voir page 187 de ce guide]

TRANSCRIPTIONS

Livre de l'élève, page 64, situation 1

M. Le Gall : Aujourd'hui, la mère de Camille vient parler de son métier. Elle est vétérinaire.

Djamila : Génial ! Moi aussi, je voudrais être vétérinaire plus tard !

Maé : Ah bon ? Quels animaux tu aimerais soigner ?

Djamila : J'aimerais soigner des chevaux et des ânes.

Camille : Chut !

La mère de Camille : Alors les enfants, est-ce que vous savez quelles études on doit faire pour être vétérinaire ?

Djamila : Oui, je sais. Pour être vétérinaire, on doit avoir un baccalauréat scientifique parce qu'il y a des mathématiques et de la physique.

La mère de Camille : Oui, bravo ! Ensuite, on doit faire des études de biologie et de chimie.

Maé : Waouh, c'est difficile ! Moi, j'aimerais apprendre la géographie. Je voudrais être exploratrice.

M. Le Gall : Et les autres, quel métier aimeriez vous faire plus tard ?

CORRIGÉS

Livre de l'élève, page 64, activité 1 : *Trouve les bonnes réponses.* ⌈CD Piste 30⌋

Qui présente son métier aux élèves de M. Le Gall ? **La mère de Camille > 3**

Pour être vétérinaire, on doit étudier **les mathématiques, la biologie > 1 et 3**

Quel métier Maé aimerait faire plus tard ? **Exploratrice > 2**

Cahier d'activités, page 54, activité 1 : *Vrai ou faux ? Coche la bonne case.* ⌈CD Piste 30⌋

1. Vrai – **2.** Faux – **3.** Faux – **4.** Vrai – **5.** Faux – **6.** Vrai

Livre de l'élève, page 66, activité 1 : *Demande à ton/ta voisin(e).*

Exemple de production attendue :

Mon métier préféré est pompier.

Cahier d'activités, page 55, activité 4 : *Relie.*

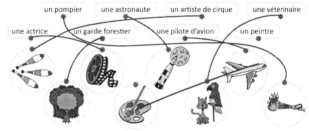

REMARQUES ET CONSEILS

Page d'ouverture 63 : *Vers l'avenir*

Les élèves peuvent donner quelques réponses en langue maternelle que l'enseignant(e) reprend et confirme en français : ne pas trop en dire, il s'agit d'attiser leur curiosité. Reprenez les noms des métiers en français et notez-les au tableau. Demandez aux élèves de repérer les mots transparents et soulignez-les. Recopiez ou bien faites recopier les noms des métiers sur une grande feuille que vous afficherez dans la classe. Si vous avez le temps, vous pouvez proposer aux élèves de l'illustrer.

[+ voir conseil général page 191]

Livre de l'élève, page 66, boîte à outils : *Les métiers de nos rêves*

Si vous avez le temps, vous pouvez profiter de cette activité pour expliquer que certains métiers n'ont pas de féminin parce qu'ils étaient réservés aux hommes autrefois mais que ce n'est plus le cas en France. Vous pouvez vous amuser à rechercher d'autres métiers qui sont soit exclusivement féminins (sage-femme…) soit exclusivement masculin (pompier…) et voir si dans votre pays, ces métiers sont exercés par des femmes et/ou des hommes.

Livre de l'élève, page 66, activité 1 : *Demande à ton/ta voisin(e).*

Vous pouvez prolonger cette activité en demandant aux élèves de se rappeler les métiers préférés de leurs camarades : *« Quel est le métier préféré de… ? »* Vous pouvez également faire un mini-sondage sur les métiers préférés de la classe.

Le jeu de mime

Limitez le temps en vous aidant d'un sablier.

Unité 5

Séquence 1 ► 2 séances

OBJECTIFS • Parler des métiers

MATÉRIEL • Fiche n° 3 : *Grille d'observation d'un jeu*, page 46
• Des pions, des dés

DÉROULEMENT

5 min **Rituel de début de séance** [voir page 187 de ce guide]

5/8 min **Systématisation**

Jeu de rapidité
• Afficher au tableau les cartes des métiers en les renommant.
• Faire des équipes et demander aux élèves de se mettre en file indienne par équipe. Lorsque l'enseignant(e) prononce un métier (par exemple : « *le pompier* »), les premiers de chaque file courent au tableau et touchent la carte du métier qu'ils pensent avoir entendu. Le plus rapide à désigner la réponse correcte gagne un point pour son équipe.

20/25 min **Compréhension, systématisation et reproduction**

Livre de l'élève, page 66, boîte à outils : *Les métiers de nos rêves*
• Faire observer les deux colonnes de droite : « *Que font-ils ?* », « *Où ?* »
• Inviter les élèves à faire des phrases complètes :
sujet + verbe + complément d'objet direct et/ou complément de lieu. 💡

Livre de l'élève, page 63, *Vers l'avenir*
• Demander aux élèves de dire ce que font les personnages exerçant leur métier et le lieu où ils se trouvent en faisant des phrases selon le modèle de l'activité précédente. Par exemple : « *un acteur joue au théâtre, un pompier éteint des feux dans un appartement…* »
• Noter au tableau les réponses des élèves.

Cahier d'activités, page 55, activité 5 : *Trouve les bons métiers.*
• Lire la consigne tous ensemble.
• Faire réaliser l'activité individuellement et inviter les élèves à consulter la boîte à outils.
• Procéder à une correction collective.

Jeu des devinettes
• Demander aux élèves de se mettre deux par deux.
• Proposer de créer des devinettes à la manière des devinettes de l'activité précédente.
• Inviter les élèves à venir au tableau et à poser leurs devinettes à la classe.

15/20 min **Production orale et ancrage**

Livre de l'élève, page 68, jeu : *La ronde des métiers*
• Faire lire le titre du jeu et demander aux élèves d'identifier les cases « *Départ* » et la case « *Arrivée* ».
• Demander aux élèves de se mettre par quatre et de constituer deux équipes de deux.
• Faire lire les règles du jeu à haute voix. Les illustrations aident les élèves à comprendre les règles, faire des exemples, si nécessaire. 💡
• Insister sur l'importance de réaliser le jeu en français et de faire des phrases complètes.
• Pendant le jeu, observer les productions orales des élèves (évaluation formative) à l'aide de la grille d'observation (fiche n° 3).
• Encourager les productions et être l'arbitre en cas de litige.
• À la fin du jeu, identifier les gagnants et inviter tous les élèves à les féliciter : « *Vous êtes les premiers ! Bravo ! Vous avez gagné !* » (règle 5).

2/3 min **Clôture / Rituel de fin de séance** [voir page 187 de ce guide]

CORRIGÉS

Cahier d'activités, page 55, activité 5 : *Trouve les bons métiers.*

1. Il soigne les animaux. Il travaille souvent à la campagne. C'est un **vétérinaire**.

2. Elle joue au théâtre ou au cinéma. C'est une **actrice**.

3. Il éteint les feux. Il sauve des personnes et des petits chats. C'est un **pompier**.

4. Elle travaille dans une école. Elle donne des devoirs aux élèves. C'est une **maîtresse**.

5. Il dessine et il fait de la peinture. C'est un **peintre**.

6. Elle conduit des avions et transporte des personnes ou des objets. C'est une **pilote d'avion**.

REMARQUES ET CONSEILS

Livre de l'élève, page 66, boîte à outils : *Les métiers de nos rêves*

Il est possible que vos élèves trouvent des éléments complémentaires de ceux qui sont mentionnés dans l'encadré de la boîte à outils. Par exemple, le pompier sauve des chats, un astronaute fait des expériences scientifiques dans l'espace… Aidez-les à formuler ces idées qui viennent enrichir la discussion et leur vocabulaire thématique de l'unité (dans la limite du raisonnable).

Page d'ouverture 63 : *Vers l'avenir*

Cette activité, vous permet de réviser quelques verbes d'action (*que font les personnages ?*) et les lieux (*où sont les personnages ?*).

Livre de l'élève, page 68, jeu : *La ronde des métiers*

Les élèves sont par équipes de deux et doivent faire deviner à leur binôme le nom de certains métiers à l'aide de trois techniques différentes : le mime, le dessin ou la parole. Lorsqu'ils sont sur les cases « *devinette* », ils doivent décrire le métier sans dire son nom en indiquant le lieu où cette personne travaille et/ou ce qu'il fait. Si l'élève trouve la bonne réponse, l'équipe peut rester à sa place, sinon elle doit reculer d'une case. Chaque équipe doit faire un tour complet du plateau de jeu dans le sens des aiguilles d'une montre puis remonter la colonne, de sa case « *Départ* » jusqu'à la case « *Arrivée* ». Les règles générales de ce plateau de jeu sont proches de celles d'un jeu de *Trivial Pursuit*.

BLOC-NOTES

Unité 6

Séquence 2 ▶ 3 séances

OBJECTIFS • Se situer dans le temps
• Dire ce que l'on voudrait être plus tard

MATÉRIEL • Aucun

DÉROULEMENT

5 min **Rituel de début de séance** [voir page 187 de ce guide]

10/15 min **Compréhension**

Livre de l'élève, page 66, boîte à outils : *Le temps*
• Dessiner une ligne du temps au tableau et noter « *Avant* », « *Aujourd'hui* » et « *Demain* ».
• Faire observer l'encadré « *Le temps* » et demander aux élèves de donner d'autres exemples pour *avant* et *demain* (par exemple : avant = il y a trois heures… demain = dans 100 ans…).
• Écrire les exemples des élèves sur la ligne du temps.

5/10 min **Systématisation / Ancrage**

Cahier d'activités, page 55, activité 6 : *Remets l'histoire dans l'ordre et devine le métier.*
• Faire lire la consigne puis demander aux élèves de réaliser l'activité individuellement. 💡
• Procéder à une correction collective au tableau.

20/25 min **Systématisation / Ancrage**

Livre de l'élève, page 67, boîte à outils
• Faire lire et observer l'encadré « *hier, aujourd'hui, demain* ».
• Écrire au tableau les trois phrases de l'encadré : « *J'ai fait des mathématiques* », « *J'apprends le français* », « *J'irai au collège* ».
• Demander aux élèves d'observer les phrases et de repérer les verbes. Inviter un élève à venir au tableau pour souligner les verbes.
• Proposer aux élèves de se mettre deux par deux et de retrouver la conjugaison de ces verbes dans le précis de grammaire du livre de l'élève.
• Mettre en commun les résultats des recherches des élèves et reprendre la conjugaison des trois verbes au tableau (le verbe *faire* au passé composé, *apprendre* au présent, *aller* au futur simple). 💡

Cahier d'activités, page 56, activité 9 : *Coche la bonne case.*
• Faire lire la consigne puis demander aux élèves de réaliser l'activité individuellement.
• Procéder à une correction collective au tableau.

Cahier d'activités, page 57, activité 10 : *Complète les phrases.*
• Demander de lire la consigne. Les élèves réalisent l'activité individuellement en s'aidant de la boîte à outils.
• Proposer aux élèves de se mettre deux par deux et de comparer leurs réponses.
• Procéder à une correction collective au tableau.

5/10 min **Systématisation / Ancrage**

Livre de l'élève, pages 66 et 67, boîte à outils
• Revenir à la ligne du temps au tableau. Pour chaque exemple des élèves, les inviter à faire une phrase complète en employant le bon temps de l'indicatif. 💡
• Dans l'encadré « *hier, aujourd'hui, demain* » (page 67), faire remarquer la bulle « *Plus tard, je voudrais être astronaute* » et demander aux élèves à quoi elle correspond selon eux. Confirmer ensuite qu'il s'agit d'un souhait, d'un rêve qui n'est pas sûr pour le moment.
• Inviter les élèves à lire la phrase dans le bandeau orange « *Dans dix ans, je voudrais être pompier* » et leur proposer de la reprendre en y mettant le métier de leurs rêves.

2/3 min **Clôture / Rituel de fin de séance** [voir page 187 de ce guide]

Cahier d'activités, page 55, activité 6 : *Remets l'histoire dans l'ordre et devine le métier.*

[4] Demain, je ferai des études d'astronomie.
[3] Aujourd'hui, je suis au collège. J'adore la physique.
[5] Dans dix ans, j'irai sur la Lune.
[1] Il y a trois jours, j'ai regardé les étoiles.
[2] Hier, j'ai visité une fusée.

Plus tard, j'aimerais être **astronaute**.

Cahier d'activités, page 56, activité 9 : *Coche la bonne case.*

	Hier	Aujourd'hui	Demain
1. Il prépare un baccalauréat scientifique.		✗	
2. Elle sera dentiste.			✗
3. Ils sont allés à la journée des métiers.	✗		
4. Je vais au collège.		✗	
5. J'ai fait des études de biologie.	✗		
6. Vous irez au Lycée Pasteur ?			✗

Cahier d'activités, page 57, activité 10 : *Complète les phrases.*

1. Il y a trois jours, je **suis parti(e)** en France.
2. Hier, nous **sommes allés** à l'école.
3. Aujourd'hui, ils **sont** au collège.
4. Demain, vous **apprendrez** la biologie.
5. Après-demain, j'**irai** au lycée.
6. Dans cinq ans, elle **fera** des études à l'université.

REMARQUES ET CONSEILS

Cahier d'activités, page 55, activité 6 : *Remets l'histoire dans l'ordre et devine le métier.*

Commencez par travailler sur la révision des trois temps de l'indicatif puis faites remarquer la phrase au conditionnel et son sens général. C'est une première exposition sans exercice structural. La conjugaison des verbes au conditionnel présent ne sera apprise que dans les séances suivantes.

Jeu du temps

En fonction du niveau et des acquis de vos élèves, vous pouvez proposer une activité ludique complémentaire sur ces trois conjugaisons : *un jeu des temps*.

Demandez aux élèves de se mettre en face de vous sur une ligne virtuelle (vous pouvez aussi faire une ligne sur le sol avec du ruban adhésif de couleur). Dites des phrases et les élèves devront se positionner. Si vous dites une phrase au passé, les élèves reculent d'un pas. Si vous dites une phrase au présent, les élèves retournent sur la ligne virtuelle. Si vous dites une phrase au futur, les élèves avancent d'un pas. Les élèves qui se trompent sont éliminés. Pour habituer vos élèves, vous pouvez commencer par dire simplement « *hier* », « *aujourd'hui* », « *demain* ». Ensuite, lorsqu'ils auront compris les règles du jeu, vous pourrez faire des phrases. N'hésitez pas à laisser les élèves mener le jeu lorsqu'ils s'en sentiront capables.

Livre de l'élève, page 67, boîte à outils

Vous pouvez prolonger cette activité en demandant aux élèves de faire leur propre ligne du temps avec des événements passés (par exemple : « *il y a trois jours je suis allé(e) au restaurant, hier, j'ai joué au foot…* »), présents (par exemple : « *aujourd'hui, je suis à l'école…* ») et futurs (par exemple : « *dans deux jours, j'irai au cinéma…* »). Ils pourront ensuite placer leurs créations dans leur pochette de français ou les afficher en classe.

BLOC-NOTES

....
....
....
....

Unité 6

Séquence 2 ▶ 3 séances

OBJECTIFS • Dire ce que l'on voudrait faire plus tard

MATÉRIEL • Fiche n° 12 : *Étiquettes-mots - Unité 6*, page 184

DÉROULEMENT

5 min **Rituel de début de séance** [voir page 187 de ce guide]

15/20 min **Compréhension et systématisation**

Livre de l'élève, page 67, boîte à outils
- Faire observer à nouveau la bulle « *Plus tard, je voudrais être astronaute* » et noter la phrase au tableau.
- Faire de même pour la phrase du bandeau orange « *Au collège, j'aimerais apprendre la chimie.* »
- Rappeler que les verbes *vouloir* et *aimer* sous cette forme expriment un désir, un souhait.
- Demander aux élèves de regarder dans l'encadré la conjugaison des verbes *aimer* et *vouloir* au conditionnel présent.

Cahier d'activités, page 56, activité 7 : *Relie.*
- Faire lire la consigne puis demander aux élèves de réaliser l'activité individuellement.
- Procéder à une correction collective.

10/15 min **Ancrage**

Puzzle
- Inviter les élèves à se mettre en binôme.
- Distribuer à chaque groupe les étiquettes-mots de la fiche n° 12.
- Demander aux élèves de découper les étiquettes-mots.
- Expliquer aux élèves qu'ils devront faire des phrases. Faire un exemple au tableau avec l'aide des élèves.
- Demander aux élèves de faire le plus de phrases possibles et de noter sur une feuille leurs réalisations.
- Procéder à une correction collective. Demander à un élève de chaque groupe de venir écrire une phrase au tableau. Les autres élèves doivent valider ou corriger les phrases.

8/10 min **Reproduction orale**

Livre de l'élève, page 67, activité 2 : *Et toi, parle avec un(e) camarade.*
- Faire lire la consigne. Dire et faire répéter la question et la réponse.
- Demander aux élèves de réaliser l'activité deux par deux.
- Circuler dans la classe pour aider les élèves à formuler correctement les questions et les réponses.
- Après l'activité, demander aux élèves quelles ont été les réponses de leur camarade.
- Proposer ensuite aux élèves de faire la même activité en remplaçant « *plus tard* » par une autre indication de temps (par exemple : *demain, dans deux jours…*) et en utilisant « *je voudrais* ».

5/8 min **Phonétique**

Livre de l'élève, page 67, méli-mélodie, les sons [m], [n], [ɲ] [CD Piste 32]
- Faire observer l'illustration et demander aux élèves de la décrire.
- Passer l'enregistrement, puis répéter le méli-mélodie tous ensemble.

2/3 min **Clôture / Rituel de fin de séance** [voir page 187 de ce guide]

TRANSCRIPTIONS

Livre de l'élève, page 67, méli-mélodie, les sons [m], [n], [ɲ]

 Piste 32

Moi, j'aimerais devenir astronaute pour marcher sur Mars.
Astronaute, quel métier magnifique !

CORRIGÉS

Cahier d'activités, page 56, activité 7 : *Relie*

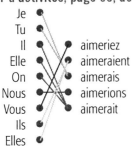

Je	
Tu	
Il	aimeriez
Elle	aimeraient
On	aimerais
Nous	aimerions
Vous	aimerait
Ils	
Elles	

être fleuriste(s)

REMARQUES ET CONSEILS

Livre de l'élève, page 67, boîte à outils

Prenez le temps d'expliquer à vos élèves que ces deux verbes au conditionnel présent sont suivis d'un verbe à l'infinitif.

BLOC-NOTES

....
....
....
....
....
....
....
....
....
....
....
....
....
....
....
....
....
....
....
....

Unité 6

Séquence 2 ▶ 3 séances

OBJECTIFS • Parler de l'avenir

MATÉRIEL • Aucun

DÉROULEMENT

5 min **Rituel de début de séance** [voir page 187 de ce guide]

15/20 min **Compréhension et systématisation**

Livre de l'élève, page 64, situation 1 (CD Piste 30)
- Demander aux élèves s'ils se souviennent des métiers que voudraient faire plus tard Djamila et Maé : « *vétérinaire et exploratrice* ».
- Passer à nouveau l'enregistrement puis demander aux élèves quelles sont les études qu'il faut réaliser pour devenir vétérinaire : « *un baccalauréat scientifique pour les mathématiques et la physique puis des études de biologie et de chimie à l'université* ». Procéder de même pour le métier d'exploratrice.

Livre de l'élève, page 66, boîte à outils
- Faire lire l'encadré « *L'avenir* » et expliquer le parcours pour arriver au baccalauréat en France.
- Préciser aux élèves que le baccalauréat en France est spécialisé d'après les études et le métier que l'on veut faire plus tard, par exemple : baccalauréat S (scientifique), ES (économique et social), L (littéraire), pro (professionnel)…
- Comparer avec les élèves les études et le parcours scolaire français avec celui de leur pays.
- Demander aux élèves de rappeler les matières scolaires qu'ils connaissent et les noter au tableau.
- Les inviter ensuite à rappeler le métier qu'ils aimeraient faire plus tard et à émettre des hypothèses sur les études qui sont nécessaires pour exercer ces professions dans leur pays.
- Confirmer ou infirmer leurs hypothèses et indiquer qu'ils découvriront les études pour exercer ces métiers en France grâce au projet de l'unité.

8/10 min **Reproduction orale**

Livre de l'élève, page 64, situation 1 (CD Piste 30)
- Proposer aux élèves qui le désirent de lire à haute voix le dialogue.
- Demander aux élèves de se mettre par groupes de quatre, de choisir un rôle et de répéter le dialogue.
- Inviter les élèves qui le souhaitent à jouer la scène devant la classe.

8/10 min **Reproduction orale / Production orale guidée**

Jeu de rôle
- Demander à chaque groupe de reprendre le dialogue : les élèves devront le transposer avec le nom des métiers qu'ils voudraient faire plus tard et les études qui correspondent à ces métiers.

5/10 min **Ancrage phonétique**

Cahier d'activités, page 57, activité 11 : *Compte combien de fois tu entends le son [m] de métier dans chaque phrase.* (CD Piste 33)
- Faire lire la consigne aux élèves.
- Passer l'enregistrement une première fois en s'arrêtant après chaque phrase. 💡
- Les élèves font l'activité individuellement.
- Passer une deuxième fois l'enregistrement. Les élèves vérifient leurs réponses.
- Procéder à une correction collective en écoutant une dernière fois et en s'arrêtant après chaque phrase.

2/3 min **Clôture / Rituel de fin de séance** [voir page 187 de ce guide]

Cahier d'activités, page 57, activité 11

Piste 33

1. Moi, j'aimerais devenir magicien ou mathématicien.
2. Mon père est journaliste pour un magazine de sport.
3. Demain après-midi, il ira au cinéma.
4. Au mois de mai, nous irons en vacances à la montagne.

CORRIGÉS

Cahier d'activités, page 57, activité 11 : *Compte combien de fois tu entends le son [m] de métier dans chaque phrase.* (CD Piste 33)

1. > 5 fois : **m**oi - j'ai**m**erais - **m**agicien - **m**athé**m**aticien
2. > 2 fois : **m**on - **m**agazine
3. > 3 fois : de**m**ain - après-**m**idi - ciné**m**a
4. > 3 fois : **m**ois - **m**ai - **m**ontagne

REMARQUES ET CONSEILS

Livre de l'élève, page 66, boîte à outils

Vous pouvez expliquer à vos élèves que le baccalauréat est un diplôme qui permet de suivre des études supérieures (à l'université par exemple). Il est intéressant de comparer le système éducatif français avec celui de votre pays. Vous pouvez comparer par exemple : le nombre d'années d'études au collège ou lycée, l'âge des élèves à l'entrée du collège et du lycée…

Pour en savoir plus sur le système éducatif français, vous pouvez consulter le site suivant : http://www.education.gouv.fr

Cahier d'activités, page 57, activité 11 : *Compte combien de fois tu entends le son [m] de métier dans chaque phrase.*

Dans un premier temps, cette activité de phonétique peut également être réalisée avec le livre fermé, puis vous demanderez aux élèves de regarder les phrases écrites pour la correction.

BLOC-NOTES

Unité 6

Séquence 3 ▸ 3 séances

OBJECTIFS • Comprendre l'expression d'une hypothèse
• Découvrir une poésie française authentique

MATÉRIEL • Aucun

DÉROULEMENT

5 min **Rituel de début de séance** [voir page 187 de ce guide]

10/15 min **Découverte / Compréhension orale**

Livre de l'élève, page 65, poésie : « *Si mon père était un ourson* » [CD Piste 31]
• Faire observer le document « *Si mon père était un ourson* » et montrer le pictogramme « *Je récite* ».
• Demander aux élèves ce que c'est : « *une poésie* » et s'ils se souviennent d'autres poésies de *Tip Top !* (voir *Tip Top !* 2, unité 5, page 45, « *Les beaux métiers* » de Jacques Charpentreau).
• Lire et expliquer le titre de la poésie pour leur permettre de mieux entrer dans ce texte et l'écoute qui va suivre. 💡
1ère écoute : écoute-plaisir et découverte de la poésie par les élèves
   • Proposer aux élèves d'écouter et de découvrir cette poésie. Après l'écoute, demander aux élèves ce qu'ils ont entendu, s'ils ont reconnu des mots. Toutes les propositions sont écoutées et reprises distinctement par l'enseignant(e).
2ème écoute • Passer l'enregistrement (avec le texte) et s'arrêter après chaque vers.
   • Demander aux élèves d'associer chaque vers à un élément de l'illustration de droite afin d'introduire le nouveau vocabulaire.
   • À l'aide des illustrations et de gestes explicites, expliquer le sens global de la poésie pour sensibiliser les élèves à ce texte. 💡

8/10 min **Écoute active**

Livre de l'élève, page 65, activité 2 : *Montre les bons dessins*. [CD Piste 31]
• Passer à nouveau l'enregistrement et demander aux élèves de désigner les images qui correspondent à la poésie.
• Écouter les propositions et demander aux élèves de justifier leur choix par un vers ou des mots de la poésie.
• Valider au fur et à mesure les bonnes réponses.

Cahier d'activités, page 54, activité 2 : *Relie*. [CD Piste 31]
• Demander aux élèves de réaliser l'activité individuellement
• Procéder à une correction collective avec l'aide de l'enregistrement.

5/8 min **Systématisation / Reproduction orale**

Livre de l'élève, page 67, boîte à outils : *Si j'étais un(e)…*
• Faire lire la phrase du bandeau orange en haut à droite : « *Si j'étais un objet, je serais un livre.* »
• Expliciter la signification de cette phrase.
• Proposer à chaque élève de répéter la phrase du bandeau avec un objet qui lui corresponde.

10/15 min **Reproduction orale**

Livre de l'élève, page 45, poésie [CD Piste 31]
• Afficher au tableau la poésie, et proposer aux élèves de la lire tous ensemble.
• Montrer qu'elle peut être lue de différentes façons, avec des intonations et une attitude différente. Laisser libre cours à leur imagination dans un moment de reproduction orale assez souple.

Livre de l'élève, page 65, activité 2 : *Montre les bons dessins*. [CD Piste 31]
• Proposer aux élèves de désigner les images de l'activité correspondant à la poésie dans leur ordre d'apparition dans le texte afin de la mémoriser plus facilement.
• Indiquer aux élèves qu'ils devront essayer d'apprendre la poésie pour la réciter à la séance suivante. 💡

2/3 min **Clôture / Rituel de fin de séance** [voir page 187 de ce guide]

TRANSCRIPTIONS

Livre de l'élève, page 65, poésie

 Piste 31

Si mon père était un ourson

Si mon père était un ourson,
Ma tante Alice, un gros pigeon,
Si mon oncle était un trapèze,
Ma sœur Anne, un bâton de chaise,
Si ma marraine était un mât,
Mon grand frère, un œuf sur le plat,

Si mon maître était une autruche
Et l'école, une vieille cruche,
Je ne sais pas comment irait
Le monde étroit que je connais,
Mais je rirais, ah, je rirais
À faire sauter les volets.

CORRIGÉS

Livre de l'élève, page 65, activité 2 : *Montre les bons dessins.* (CD Piste 31)
Dessins **e, f, g, i, j, k, l n, o**

Cahier d'activités, page 54, activité 2 : *Relie.* (CD Piste 31)

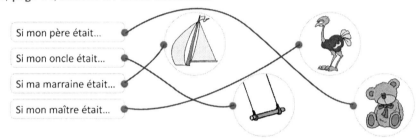

REMARQUES ET CONSEILS

Livre de l'élève, page 65, poésie : « *Si mon père était un ourson* »

Le poète imagine que les différents membres de sa famille pourrait être des objets, des animaux ou des aliments et que cela le ferait beaucoup rire : « *à faire sauter les volets* ». Les élèves connaissent déjà les noms des membres de la famille ce qui devrait faciliter la compréhension globale de cette poésie. Précisez aux élèves que l'emploi de *si* permet d'imaginer beaucoup de choses, que cela indique une hypothèse.

Les élèves connaissent sûrement déjà le principe des rimes en fin de vers avec les autres poésies de *Tip Top !* ou grâce à votre travail en langue maternelle sur les poésies. Vous pouvez ici les relever avec eux et leur faire remarquer le principe des rimes suivies (AABB), comme ici. Vous pouvez ensuite leur montrer la différence avec des rimes embrassées (ABBA) ou des rimes croisées (ABAB) qu'ils connaissent déjà.

Si nécessaire, afin de faire rêver les élèves et de développer leur imaginaire, vous pouvez aussi faire une parenthèse en langue maternelle pour expliquer le sens général de cette poésie. **[+ voir conseil général page 191]**

La récitation

Les poésies de Maurice Carême sont souvent utilisées à l'école primaire en France. L'activité de récitation des poésies est une activité très répandue et appréciée des élèves. Pour faciliter la tâche, vous pouvez également proposer à chaque élève d'apprendre un ou deux vers de la poésie et ils effectueront une récitation collective.

BLOC-NOTES

....
....
....
....
....
....

Unité 6

Séquence 3 ▶ 3 séances

OBJECTIFS • Exprimer une hypothèse

MATÉRIEL • Aucun

DÉROULEMENT

5 min **Rituel de début de séance** [voir page 187 de ce guide]

15/20 min **Systématisation / Ancrage**

Livre de l'élève, page 67, boîte à outils : *Si j'étais un(e)...*
- Faire observer l'encadré « *Si j'étais un(e)..., je serais...* ».
- Indiquer l'importance de la structure invariante ici : « *si + j'étais + un(e)* + nom, *je* + verbe au conditionnel présent + *un(e)* + nom ».
- Inviter les élèves à faire collectivement des phrases-exemples avec la même structure.

Cahier d'activités, page 56, activité 8 : *Complète le rêve de Jeanne et parle avec un(e) camarade.*
- Inviter les élèves à rappeler comment se forme le conditionnel présent et proposer à certains de venir écrire les verbes *aimer* et *vouloir* à ce temps : les autres élèves peuvent les aider en consultant leur boîte à outils.
- Faire lire et expliciter la consigne.
- Demander aux élèves de compléter l'activité individuellement avec l'aide de leur boîte à outils.
- Les inviter à comparer leurs réponses avec un camarade.
- Procéder à une correction collective et inviter les élèves à répondre à la dernière question du texte.

5/8 min **Stratégies d'apprentissage**

Cahier d'activités, page 61 : *Les astuces de Camille*
- Demander aux élèves comment écrire un texte en français. Noter leurs idées sur une feuille.
- Lire et découvrir tous ensemble les astuces de Camille et les comparer à celles des élèves.

10/15 min **Production écrite et créativité**

Cahier d'activités, page 54, activité 3 : *Continue « Si mon père était un ourson » et récite avec un camarade.*
- Expliquer aux élèves qu'ils vont imaginer et écrire une poésie à la manière de « *Si mon père était un ourson* » de Maurice Carême.
- Découvrir collectivement le texte à trous. Proposer et émettre des hypothèses amusantes sur ce qui pourrait être indiqué : quels membres de la famille, quels objets ou animaux amusants... ?
- Demander aux élèves de se mettre deux par deux pour réaliser l'activité. 💡
- Pendant l'activité, circuler dans la classe pour aider et soutenir les productions de chaque groupe.

8/10 min **Production orale guidée**
- Après l'activité, expliquer aux élèves qu'ils vont présenter leur poésie aux autres.
- Leur proposer de répéter leurs « mises en voix » par groupe.
- Circuler dans les groupes pour aider à la bonne prononciation.
- Inviter chaque groupe à réciter sa poésie « à la manière de Maurice Carême ».

2/3 min **Clôture / Rituel de fin de séance** [voir page 187 de ce guide]

Cahier d'activités, page 56, activité 8 : *Complète le rêve de Jeanne et parle avec un(e) camarade.*

Si mon père était magicien, qu'est-ce que nous ferions ?

Ma mère ....serait.................. (être) magicienne.

Ma sœur ....donnerait.................. (donner) à manger aux enfants du monde.

Mon grand frère ....protégerait.................. (protéger) la nature.

Mon oncle ....soignerait.................. (soigner) tous les animaux.

Nous ....voyagerions.................. (voyager) beaucoup.

Et moi, j' ....aimerais.................. (aimer) apprendre la magie et

je ....voudrais.......... (vouloir) être Harry Potter.

Et vous, qu'est-ce que vous ....aimeriez.......... (aimer) faire ?

Cahier d'activités, page 54, activité 3 : *Continue « Si mon père était un ourson » et récite avec un camarade.*
    Exemple de production attendue :
    Si mon père était un ourson,
    *Si ma **cousine** était un **petit bonbon**,*
    *Si mon **frère** était **un champignon**,*
    *Si mon/ma maître(sse) était une **tortue***
    *Et l'école, une **grande rue**,*
    Je ne sais pas comment irait
    Le monde étroit que je connais,
    Mais je rirais, ah, je rirais
    À faire sauter les volets.

REMARQUES ET CONSEILS

Cahier d'activités, page 54, activité 3 : *Continue « Si mon père était un ourson » et récite avec un(e) camarade.*
    Incitez vos élèves à s'entraider, à chercher des mots dans leur auto-dico, dans les boîtes à outils, dans un dictionnaire (illustré), sur Internet.

Unité 6

BLOC-NOTES

Séquence 3 ▶ 3 séances

OBJECTIFS
- Ancrer les nouvelles structures et le lexique
- Exprimer des hypothèses
- Demander et dire ce que l'on souhaiterait

MATÉRIEL
- Fiche n° 3 : *Grille d'observation d'un jeu*, page 46
- Des feuilles blanches, des feutres, du scotch
- Des dictionnaires ou Internet (facultatif)

DÉROULEMENT

5 min **Rituel de début de séance** [voir page 187 de ce guide]

5/8 min **Ancrage phonétique**

Cahier d'activités, page 57, activité 12 : *Compte combien de fois tu entends le son [ɲ] de montagne dans chaque phrase.*
- Faire lire la consigne aux élèves.
- Passer l'enregistrement une première fois en s'arrêtant après chaque phrase : les élèves font l'activité individuellement.
- Passer une deuxième fois l'enregistrement : les élèves vérifient leurs réponses.
- Procéder à une correction collective en écoutant une dernière fois et en s'arrêtant après chaque phrase.

5/8 min **Compréhension écrite et production orale guidée**

Livre de l'élève, page 65, activité 3 : *Choisis la bonne phrase.*
- Faire observer aux élèves les pages 64 et 65 de leur livre. Demander de dire avec leurs propres mots ce qu'ils font dans cette unité.
- Lire les deux phrases tous ensemble. Demander aux élèves d'identifier les différences et de choisir la bonne phrase, puis valider la bonne réponse.
- Expliquer aux élèves que maintenant, ils vont pouvoir parler de ce qu'ils aimeraient être et faire.

30/35 min **Production orale guidée / Ancrage**

Livre de l'élève, page 69 : *Le portrait chinois : « Si j'étais un… »*
- Présenter le jeu aux élèves : faire lire le titre et remarquer le pictogramme *« Nous jouons »*.
- Faire observer les illustrations et demander aux élèves s'ils savent ce qu'est un portrait, puis un portrait chinois.
- Inviter les élèves à lire le sous-titre et à répondre aux deux questions de manière générale.
- Lire tous ensemble le début de chaque hypothèse et si besoin rappeler la signification de certains mots par des exemples.
- Passer dans les groupes pour soutenir ces productions orales. Observer les productions orales des élèves (évaluation formative) à l'aide de la grille d'observation (fiche n° 3).
- Laisser les élèves chercher du vocabulaire manquant dans leurs auto-dicos, dans leurs boîtes à outils, dans leurs dictionnaires (ou sur Internet).
- Proposer aux élèves de se mettre deux par deux.
- Distribuer à chaque élève une feuille blanche et des feutres.
- Inviter les élèves à demander à leur camarade ce qu'il souhaiterait pour chaque hypothèse puis à dessiner chaque réponse sur leur feuille.
- Après cette activité de production orale guidée en binôme, demander aux élèves d'accrocher leurs dessins sur un mur de la classe sans indiquer le nom de leur camarade.
- Faire lire la dernière consigne puis inviter les élèves à circuler dans la classe pour observer les différents portraits chinois et deviner qui ils représentent : l'élève qui trouve une bonne réponse peut noter le prénom correspondant sur la feuille.

2/3 min **Clôture / Rituel de fin de séance** [voir page 187 de ce guide]

TRANSCRIPTIONS

Cahier d'activités, page 57, activité 12

1. J'aimerais manger des châtaignes toute l'année.
2. À la campagne, le vétérinaire soigne les animaux de la ferme.
3. Qu'est-ce qu'on gagne ? Un magnifique voyage en Bretagne !
4. Attention, tu ne dois pas marcher sur la ligne rouge !

CORRIGÉS

Cahier d'activités, page 57, activité 12 : *Compte combien de fois tu entends le son [ɲ] de montagne dans chaque phrase.* `CD Piste 33`

    1. > 1 fois : châtai**gne**

    2. > 2 fois : campa**gne**, soi**gne**

    3. > 3 fois : ga**gne**, ma**gn**ifique, Breta**gne**

    4. > 1 fois : li**gne**

Livre de l'élève, page 65, activité 3 : *Choisis la bonne phrase.*

    Réponse **2**

REMARQUES ET CONSEILS

Cahier d'activités, page 57, activité 12 : *Compte combien de fois tu entends le son [ɲ] de montagne dans chaque phrase.*

    Proposez aux élèves de souligner au crayon à papier les syllabes qui, selon eux, se prononcent [ɲ].

Le portrait chinois

    Cette activité propose de faire le portrait d'une personne de manière non conventionnelle. Ainsi, les élèves vont dire ce qu'ils aimeraient être ou représenter et leur camarade va dessiner ces éléments sur une feuille qui constituera son portrait chinois. On peut rapprocher cette activité des travaux du peintre Arcimboldo « *Les 4 saisons* » qui représentaient les différents éléments du visage de ces portraits avec des fruits et légumes.

Le sens des mots

    Dans l'idéal, la compréhension sera encore plus aisée si ce sont les élèves qui trouvent des exemples personnels.

Les couleurs du portrait chinois

    Afin de rendre les portraits plus attrayants, vous pouvez demander aux élèves de changer de couleur pour chaque élément.

Pour aller plus loin...

    En fonction de la durée de vos séances et du niveau de vos élèves, vous pouvez poursuivre cette activité de production guidée par la rédaction de petits textes de description de ces portraits chinois, en reprenant les phrases de l'activité page 69. Soit un élève décrit son propre portrait, soit il décrit le portrait de son camarade. Invitez les élèves à placer ce texte dans leur pochette de français.

BLOC-NOTES

....
....
....
....
....
....
....
....

Séquence 4 ▸ 2 à 3 séances

OBJECTIFS • Ancrage des acquis de l'unité par des activités transdisciplinaires et interculturelles en français : un peu de géographie

MATÉRIEL • Cartes de « *La ronde des métiers* », cahier d'activités pp. 75-78
• Internet (facultatif)

DÉROULEMENT

 Rituel de début de séance [voir page 187 de ce guide]

 Activité transdisciplinaire : un peu de géographie

Le pictogramme
• Faire observer le bandeau orange du haut de la page et le pictogramme « *J'explore* ».
• Demander aux élèves ce qu'ils pensent découvrir aujourd'hui.

Le titre de la page et le bandeau bleu
• Faire lire le titre de la page et le bandeau bleu pour attiser la curiosité des élèves.
• Reprendre les cartes des métiers et les accrocher au tableau. Demander aux élèves s'ils pensent que tous ces métiers s'exercent dans leur pays. Faire remarquer que le métier d'astronaute est une profession particulière puisque peu de personnes l'exercent et que seulement certains pays ont des astronautes (par exemple : la France, les États-Unis, la Russie…).
• Demander aux élèves s'ils connaissent des métiers spéciaux. Noter les suggestions des élèves.

Livre de l'élève, page 70, activité 1
• Lire la consigne tous ensemble. Laisser suffisamment de temps aux élèves pour découvrir les documents présentés.
• Faire observer les images et demander aux élèves ce qu'ils voient. Accepter toutes les propositions et les noter au tableau.
• Demander aux élèves de lire individuellement les quatre encadrés.
• Discuter avec les élèves de chaque métier.

REMARQUE : vous pouvez demander à vos élèves si ces métiers existent dans leur pays, quelles études d'après eux il faut faire pour les exercer…

Livre de l'élève, page 70, activité 2
• Faire lire la consigne et expliquer aux élèves qu'ils doivent retrouver sur la carte les pays où s'exercent ces métiers.
• Inviter les élèves à se mettre deux par deux pour faire l'activité.
• Circuler dans la classe pour aider les élèves.
• Procéder à une correction collective.

CORRIGÉ
• Éleveur de crocodiles > le Viêtnam
• Promeneur de chiens > la France
• Nettoyeur d'oreilles > l'Inde
• Sculpteur sur glace > le Canada

REMARQUE : si vous disposez d'Internet dans la classe, vous pouvez demander aux élèves de faire des recherches sur d'autres métiers rares. Lorsque les élèves auront terminé leurs recherches, ils pourront présenter à la classe les métiers qu'ils auront trouvés et les situer sur la carte.

Cahier d'activités, page 58, activité 13 : *Décris un métier spécial dans ton pays.*
• Reprendre les suggestions de métiers spéciaux des élèves.
• Faire lire la consigne et préciser que les élèves doivent choisir un métier spécial dans leur pays et compléter la fiche.
• Circuler dans la classe pour aider les élèves.
• Inviter les élèves à présenter leur « métier spécial ».

CONSEIL : cette activité peut également être réalisée en binôme. Si les élèves ne trouvent pas de métier spécial, ils peuvent laisser libre cours à leur imagination et inventer un métier. Après les présentations, discutez de ces métiers spéciaux avec la classe : qu'en pensent-ils ? Aimeraient-ils exercer un de ces métiers ?

Clôture / Rituel de fin de séance [voir page 187 de ce guide]

OBJECTIFS • Développer la compréhension écrite globale d'un document (semi)-authentique :
une fiche d'orientation

MATÉRIEL • Internet et site http://monecole.onisep.fr (facultatif)

DÉROULEMENT

 5 min **Rituel de début de séance** [voir page 187 de ce guide]

20/25 min ### Découverte d'un document écrit semi-authentique

Livre de l'élève, page 71, *Une fiche d'orientation : « Acteur - Actrice »*

• Annoncer aux élèves qu'ils vont découvrir un nouveau texte.
• Demander aux élèves d'observer la page et de dire où ils peuvent trouver ce type de document (*sur Internet*), de quel type de document il s'agit selon eux et ce qu'ils pensent découvrir à partir de ce texte en regardant seulement les images et la structure générale du document.
• Avant de commencer la découverte du texte, leur demander s'ils se souviennent des astuces de Wang sur la lecture d'un texte nouveau (cahier d'activités, unité 5, page 51). Leur suggérer d'appliquer les conseils de Wang pour cette la lecture.
• Réaliser une découverte globale du document : demander aux élèves de trouver le titre de la page, le nom du site internet, le titre de la fiche puis de lire les sous-titres.

Lecture et compréhension écrite

• Inviter les élèves à lire le texte une première fois individuellement dans le cadre d'une lecture-plaisir.

Compréhension écrite guidée

• Lire la consigne et expliciter les questions tous ensemble.
• Proposer aux élèves de chercher les réponses dans le texte en binôme.
• Faire une correction collective en demandant aux élèves de justifier leurs réponses avec des éléments du texte.

15/20 min ### Production écrite et production orale guidée

Cahier d'activités, page 58, activité 14 : *Complète la fiche d'orientation.*

• Lire tous ensemble la consigne et les éléments du texte à trous.
• Proposer aux élèves de se mettre deux par deux pour compléter le fiche d'orientation correspondant au métier de pilote d'avion.
• Faire lire et comparer les productions écrites des élèves soit collectivement soit par petits groupes.

> **REMARQUE :** ce document authentique est une fiche d'orientation concernant le métier d'acteur / actrice, issue de la page *Mon école*, du site Internet de l'onisep. Commencez par expliquer aux élèves ce qu'est l'onisep (Office national d'information sur les enseignements

et les professions) et à quoi sert ce site (parler de l'école et de l'orientation aux élèves de l'école primaire en France). Précisez que ce site internet interactif est un outil pour aider les élèves à choisir leur collège, leurs études, leur futur métier... Vous pouvez ensuite faire remarquer les différents éléments de la page de ce site avant de passer à la lecture de la fiche d'orientation : à droite, il y a une colonne avec les différentes rubriques, en haut vous avez le titre de la rubrique choisie *Plus tard, j'aimerais être…*, en-dessous il y a le logo avec le titre de la sous-rubrique *ABC des métiers*. Les métiers sont classés par ordre alphabétique et c'est la première fiche qu'ils peuvent découvrir ici. Vous pouvez leur demander quels autres métiers commençant par A ils connaissent dans la liste de droite.

> **CORRIGÉ**
> **1.** Le métier présenté est « Acteur / Actrice ».
> **2.** Cette personne joue des rôles au théâtre, au cinéma.
> **3.** Elle travaille au théâtre, au cinéma, à la télévision…
> **4.** Elle doit apprendre des textes.
> **5.** Un(e) acteur/trice doit aimer jouer, être sensible et rigoureux.

> **CONSEIL :** en fonction du niveau de vos élèves, explicitez les nouvelles expressions de la partie « ses qualités », par des gestes et exemples clairs ou dans le cadre d'une parenthèse en langue maternelle.

> **CONSEIL :** vous pouvez laisser les élèves imaginer le contenu de cette nouvelle fiche d'orientation à partir de leurs connaissances préalables de ce métier et du vocabulaire et des structures nécessaires. Ils peuvent consulter leur boîte à outils, leurs auto-dicos ou des dictionnaires (illustrés). En fonction du matériel à votre disposition, vous pouvez aussi leur indiquer qu'il s'agit d'une fiche du site de l'Onisep et leur proposer de la découvrir avant de compléter ce document.

> **CORRIGÉ**
> Exemple de production attendue :
> *Il / Elle conduit des **avions** qui transportent des **personnes** ou des **objets**.*
> *Il / Elle **travaille dans les avions**.*
> *Par exemple, le pilote d'avion **pilote des petits et des grands avions. Il voyage partout dans le monde**.*
> *Ses qualités : responsabilités. Être responsable et **ne pas avoir peur** (le caractère).*

2/3 min **Clôture / Rituel de fin de séance** [voir page 187 de ce guide]

Unité 6

Séquence 5 ▶ 2 à 3 séances

OBJECTIFS • Rebrasser les nouveaux acquis de l'unité
• Faire un bilan et une auto/co-évaluation

MATÉRIEL • Fiche n° 4 : *Grille de co-évaluation*, **page 47**

DÉROULEMENT

3/5 min ## Rituel de début de séance [voir page 187 de ce guide]

25/30 min ## Bilan oral et écrit

Cahier d'activités, page 59 : *Je fais le point !*
• Faire lire la consigne et demander aux élèves ce qu'ils pensent devoir faire.
• Expliquer qu'ils doivent inventer un dialogue entre deux personnes qui parlent du métier qu'ils voudraient faire plus tard.
• Faire observer et décrire collectivement les deux bulles.
• Inviter les élèves à se mettre deux par deux et à choisir un métier chacun, puis à imaginer le dialogue.
• Circuler dans la classe pour aider les élèves, vérifier les acquis et corriger la production écrite.

Retransmission orale et co-évaluation
• Distribuer aux élèves la grille de co-évaluation (fiche n° 4) et la faire relire à haute voix.
• Proposer aux élèves de jouer leur scène devant leurs camarades. Laisser un temps de préparation / répétition de la production orale aux binômes.
• Inviter chaque groupe à jouer la scène. Les autres élèves co-évaluent les présentations orales.
• Procéder à une discussion finale avec tous les élèves à partir des grilles (inciter les critiques constructives et les encouragements).

CORRIGÉ
Exemple de production attendue :
1. *Qu'est-ce que tu aimerais faire plus tard ?*
2. *Plus tard, je voudrais être pompier. Et toi ?*
3. *Moi, je voudrais être artiste de cirque.*
4. *Tu voudrais faire un spectacle de clown ?*
5. *Non, je voudrais dompter des lions. Et toi, tu voudrais sauver des chats et protéger des personnes ?*
6. *Oui, et je voudrais éteindre des feux.*

15/20 min ## Auto-évaluation

Cahier d'activités, page 61, portfolio : *Je dis ce que je voudrais faire en français !*
• Demander aux élèves ce qu'ils ont fait en français dans l'unité 6 : accepter toutes les propositions et reprendre distinctement les plus importantes en français.
• Faire remarquer le titre de la page et demander aux élèves si maintenant ils pensent pouvoir dire en français ce qu'ils voudraient faire plus tard et les aider à donner des exemples.

Et toi ? Lis, colorie et complète.
• Demander aux élèves de lire chaque phrase du tableau une par une et les laisser colorier individuellement.
• Les guider en fonction des questions et des difficultés.

J'apporte... et je note…
• Expliquer ce qui est attendu et inviter les élèves à compléter la phrase sous le tableau à la maison ou en classe à la prochaine séance.

2/3 min ## Clôture / Rituel de fin de séance [voir page 187 de ce guide]

OBJECTIFS • Rebrasser les acquis des 6 unités de *Tip Top !* 3 et des connaissances préalables
• Préparer au DELF Prim A2

MATÉRIEL • Aucun

DÉROULEMENT

 Rituel de début de séance [voir page 187 de ce guide]

 Je m'entraîne au DELF Prim

Cahier d'activités, page 60 : *Pour préparer l'examen*

REMARQUE : cette séance est consacrée aux stratégies et aux révisions pour bien préparer le jour de l'examen du DELF Prim A2, par compétences.

Compréhension de l'oral
• Faire lire les stratégies de Camille pour se préparer à cette épreuve.
• Inviter les élèves à proposer d'autres stratégies et à les noter ici.

CONSEIL : pour chaque épreuve, faites un petit bilan avec les élèves des impressions, des difficultés et répondre aux questions. Penser à rassurer et encourager tous les élèves.

Compréhension des écrits
• Faire lire les stratégies de Djamila pour se préparer à cette épreuve.
• Inviter les élèves à proposer d'autres stratégies et à les noter ici.

Production écrite
• Faire lire les stratégies de Martin pour se préparer à cette épreuve.
• Inviter les élèves à proposer d'autres stratégies et à les noter ici.
• Relire les stratégies de Camille page 61 du cahier d'activités.
• Donner les derniers conseils collectifs : *« lisez bien la consigne pour voir si c'est hier, aujourd'hui ou demain (le passé, le présent, le futur) »*, *« il faut bien se relire »*, *« faites attention aux verbes et aux accords »*…

Production orale
• Proposer aux élèves de s'entraîner avec un camarade pour cette épreuve : un élève joue le rôle de l'examinateur et pose des questions et l'autre répond comme s'il passait l'examen. Commencer par lire le tableau tous ensemble. Rappeler la structure des questions avec ces pronoms interrogatifs. Faire des exemples avec les verbes et les thèmes proposés. Laisser ensuite les élèves travailler deux par deux.
• Circuler dans la classe pour aider, encourager les élèves et donner des conseils personnalisés à chacun pour améliorer leur oral.
• Après quelques minutes, demander aux élèves d'inverser les rôles.
• Donner les derniers conseils collectifs et rappeler les phrases clés pour dire que l'on n'a pas compris ou pour demander de répéter, de préciser la question.

REMARQUE : vous trouverez le tableau récapitulatif des épreuves officielles du DELF Prim A2 à la page 186 de ce guide. Vous pouvez également télécharger un exemple de DELF Prim A2 blanc sur le site internet des éditions Didier dans la collection *Tip Top !*

Clôture / Rituel de fin de séance [voir page 187 de ce guide]

Unité 6

Séquence 6 ▶ 2 à 3 séances ▷ Projet

OBJECTIFS • Réinvestir les acquis de l'unité dans un projet créatif et collaboratif en français

MATÉRIEL • Des feuilles, des stylos, des enveloppes, du matériel divers pour décorer la salle et les stands « métiers »

DÉROULEMENT

REMARQUE PRÉLIMINAIRE : cet atelier propose d'organiser à l'école une journée des métiers en français. En fonction de vos possibilités et des disponibilités de chacun, elle peut prendre différentes formes.

- Un moment de classe avec uniquement les élèves de la classe sur une séance (dernière séance de l'année par exemple). Pour cette option, les élèves pourront préparer leurs présentations et leur stand sur une ou deux séances puis la réalisation aura lieu à la séance suivante.
- Une journée des métiers avec les parents des élèves de la classe pour laquelle les élèves auront préparé des stands « métiers » et pendant lesquels ils pourront présenter leurs travaux. Cette version de la journée des métiers devra être préparée plus en amont dans la mesure où il faudra prévoir une date qui convienne à tous, l'invitation des parents (suffisamment tôt), et les répétitions des présentations. Toutefois, cette option est la plus valorisante et la plus motivante pour les élèves, c'est pourquoi le cheminement proposé dans le mode d'emploi page 72 se réfère à ce type d'organisation.
- Une autre option est envisageable : une journée des métiers avec l'ensemble de l'école. Ceci devra alors être prévu en début d'année avec l'ensemble de l'équipe pédagogique et la direction.
- Dans tous les cas, pensez à demander à des collègues ou des parents d'élèves de vous aider pour les préparatifs et la journée en elle-même.

3/5 min **Rituel de début de séance** [voir page 187 de ce guide]

de 40 min à 2h30 **Création / Réinvestissement**

Projet, page 52, livre de l'élève : *Organisons la journée des métiers !*

- Rappeler aux élèves qu'il s'agit du dernier projet de *Tip Top !* 3 et qu'ils vont pouvoir utiliser tout ce qu'ils savent déjà en français.
- Faire observer et décrire les photos de la production finale. Expliquer avec enthousiasme aux élèves qu'ils vont organiser une journée des métiers.
- Faire lire le titre et aider les élèves à nommer la tâche finale à partir du pictogramme et du titre : *« Nous allons organiser une journée des métiers ! »*
- Indiquer que ce sont eux qui vont choisir et préparer tous les éléments de cette journée (les présentations des métiers, la préparation des stands, la lettre d'invitation, l'accueil des parents…).

CONSEIL : motivez les élèves en leur montrant qu'ils vont être à la fois responsables et décideurs pour l'événement.

- Commencez par annoncer la date choisie pour la journée des métiers(et la durée).
- Faites remarquer le temps qu'il reste pour préparer cette journée (nombre de séances / de jours).
- Demandez aux élèves ce qu'ils aimeraient faire pendant cette journée. Écoutez toutes les propositions et notez-les au tableau.
- Demandez aux élèves de parcourir individuellement le mode d'emploi une fois dans son ensemble.
- Lisez le mode d'emploi collectivement : expliquez que les élèves vont tous être responsables d'un des préparatifs et que chacun va préparer une présentation d'un métier et un stand pour présenter ce métier.

REMARQUE : en général, à la première séance, les élèves choisissent le métier qu'ils veulent présenter, ils font des groupes et se répartissent les tâches. Puis, ils préparent les cartons d'invitation. À la séance suivante, ils préparent et répètent leur présentation puis commencent à organiser les éléments constituant leur stand. La troisième séance correspond à la réalisation de la journée des métiers.

• Reprendre les étapes de la réalisation une par une et préparer la journée des métiers en une ou plusieurs séances.

Étape 1

Inviter les élèves à nommer tous les métiers qu'ils connaissent et à venir les noter au tableau.

Étape 2

Demander aux élèves de se mettre par groupes de deux et de choisir un métier qu'ils aiment dans la liste au tableau.

CONSEIL : laissez les élèves libres de constituer leur groupe et leur métier en fonction de leurs affinités. Encouragez-les en leur indiquant leurs points forts et en valorisant leur savoir-faire.

Étape 3

Inviter les élèves à préparer la présentation de leur métier grâce à la réalisation d'une fiche d'orientation en suivant les indications dans leur cahier d'activités page 62.

Étape 4

Les élèves découvrent et complètent le programme de la journée des métiers dans leur cahier d'activités, page 63. Faire lire le titre et la consigne. Faire découvrir la liste des préparatifs. Demander aux élèves de faire des groupes et les aider à se répartir les tâches à réaliser en fonction de leurs envies. Pour cela, expliquer aux élèves en quoi consistera chaque tâche.

REMARQUE : le groupe qui s'occupe de la liste de courses devra passer dans chacun des autres groupes pour savoir ce dont ils auront besoin, noter et transmettre la liste à l'enseignant(e) (voire aller faire les courses avec l'enseignant(e)). Deux lignes supplémentaires sont prévues dans la grille des préparatifs (« autre ») pour des propositions complémentaires des élèves. Tous les élèves prépareront une tâche à réaliser pour les préparatifs.

Demander ensuite à chaque groupe de noter les prénoms et le matériel nécessaire dans la grille. Les élèves cocheront la case *« C'est prêt ! »* le jour J lorsque les éléments seront prêts.

CONSEIL : une fois les groupes constitués, demandez le matériel dont ils auront besoin. Les autres élèves et vous-même complétez le tableau de la page 63 pour conserver une trace des choix.

Étape 5

Les élèves complètent la lettre d'invitation pour la journée des métiers dans leur cahier d'activités page 79 : faire lire et compléter la lettre tous ensemble. Établir la liste des personnes à inviter et le nombre de lettres à faire. Demander aux élèves de découper leur lettre et de préparer les enveloppes pour l'envoi des invitations.

Étape 6

Le jour J, chaque groupe se forme, met en place les différents éléments de la « journée des métiers » (les stands, la décoration, les tables, les chaises, les boissons, l'appareil photo…). Lorsqu'ils sont prêts, ils font une croix dans le tableau des préparatifs (page 63). Les élèves s'échauffent quelques minutes avant l'ouverture, tout le monde regarde la liste des préparatifs et vérifie que tout est au point.

CONSEIL : le jour de la fête, affichez le tableau des préparatifs en grand dans la salle pour permettre aux élèves de voir ce qui est fait et ce qui reste à faire, au fur et à mesure.

• Réaliser cette « journée des métiers » avec plaisir, enthousiasme et liberté : amusez-vous bien !

Pour aller plus loin...

• Proposer à certains parents d'élèves de venir présenter leur métier pendant cette journée spéciale.
• Prévoir une séance de projection photos après cette journée, pendant laquelle les élèves pourront découvrir les photos prises. Les commenter et faire un bilan de cette « journée des métiers ».
• Réaliser avec les élèves un album photos (en papier ou numérique) de la journée et de ses préparatifs.

2/3 min ## Clôture / Rituel de fin de séance [voir page 187 de ce guide]

Séquence 6

OBJECTIFS • Réinvestir les acquis
• Avoir un regard sur son apprentissage

MATÉRIEL • À déterminer en fonction des choix

DÉROULEMENT

CONSEIL : cette séance facultative est une séance « plaisir » qui permet de revenir sur les apprentissages de l'année, de motiver les élèves à poursuivre cet apprentissage et leurs efforts, de susciter leur curiosité pour la suite, de les féliciter, de les remercier et de prendre congé en leur disant « *au revoir* ». Cette séance est d'autant plus importante pour les élèves qu'ils vont passer au collège, changer d'école, de système d'enseignement. Il faut vraiment les encourager et les rassurer. Avant la classe, pensez à mettre en valeur toutes les réalisations de l'année et les affiches *Tip Top !* Vous pouvez également demander aux élèves de rapporter tous les éléments qu'ils ont créés s'ils en ont chez eux.

3/5 min | ### Rituel de début de séance
• Annoncer aux élèves qu'il s'agit de la dernière séance, que c'est une séance spéciale où ils vont jouer, chanter, parler en français avec tout ce qu'ils ont appris au cours de l'année.
• Proposer aux élèves une ou plusieurs activités de réveil corporel et phonétique vues dans *Tip Top !*

15/20 min | ### Créations collectives et chemin parcouru
• Proposer aux élèves de regarder dans la classe toutes les réalisations faites ensemble pendant l'année : les affiches des héros fantastiques, le journal de la classe, les livres de contes… Mener une discussion à partir de leurs souvenirs, faire décrire les objets et leur contenu.
• Proposer aux élèves de réaliser des activités de rebrassage à partir des cartes d'activités et des posters utilisés tout au long de l'année. Ces activités vont les placer dans la réussite et le plaisir de percevoir leurs progrès.

10/15 min | ### Réalisation individuelle et chemin parcouru
• Proposer aux élèves de présenter le contenu de leur pochette de français aux autres. Mener une discussion, collectivement ou par petits groupes autour de ce qu'ils ont appris pendant l'année, les souvenirs, ce qu'ils ont aimé et moins aimé, ce qui était facile ou difficile et pourquoi.
• C'est également l'occasion de proposer un moment « souvenirs » à partir des photos faites tout au long de l'année.

8/10 min | ### Auto-évaluation
• Proposer un temps de retour sur les pages portfolio du niveau 3 et laisser les élèves colorier d'une autre couleur les progrès qu'ils pensent avoir accomplis concernant certains items.
• Mener une discussion collective sur les progrès visibles de chacun et chacune.

10/20 min | ### Activités ludiques et réinvestissement
• Disposer sur les tables des livres ouverts aux différentes pages de jeu de *Tip Top !*, le matériel nécessaire (dés, pions, cartes…) et les jeux contenus dans la boîte de jeux de la classe.
• Proposer aux élèves de jouer à un ou plusieurs jeux par petits groupes.
• Circuler dans la classe pour aider et mettre en lumière les progrès réalisés.

Et la suite...
• Demander aux élèves ce qu'ils vont faire pendant les vacances et l'année suivante.
• Donner des pistes de lecture, de films, de lieux à visiter, d'activités possibles en français.

CONSEIL : faire une petite liste avec des titres de livres, de chansons, de films, des adresses d'institutions francophones organisant des activités pour les enfants pendant les vacances (Institut français, Centre culturel français, Alliance française…) et/ou d'une médiathèque disposant d'ouvrages francophones. Les élèves pourront remettre cette liste aux parents.
• Penser à attiser la curiosité et motiver les élèves au sujet de l'année au collège.
• Indiquer qu'ils sont également les bienvenus s'ils souhaitent passer à l'école et, pourquoi pas, à la « journée des métiers » l'année suivante.

3/5 min | ### Clôture / Rituel de fin de séance
• Féliciter les élèves pour leur bon travail en prenant le temps de faire de petites remarques positives personnalisées pour chaque élève.
• Proposer aux élèves de chanter l'une des chansons de *Tip Top !*, leur chanson préférée.

Test de l'unité 6
Guide de classe, page 185, test 6

Exercice 1

Piste 40

Écoute et coche la bonne case.
La fille : Vincent, qu'est-ce que tu aimerais faire plus tard ?
Le garçon : Plus tard, je voudrais être vétérinaire pour soigner des crocodiles. Et toi ?
La fille : Moi je serais astronaute dans l'espace et boulangère sur notre planète.
Le garçon : Waouh, c'est une super idée !

CORRIGÉS

Exercice 1 : réponse **a**

Exercice 2 : 1 > **c** – 2 > **d** – 3 > **b** – 4 > **a**

Exercice 3

4	1	3	2

Exercice 4
Exemple de production écrite attendue :
Pour être garde forestier, on doit faire des études de biologie. Le garde forestier protège la nature. Il travaille dans la forêt. Il est sportif et il aime la nature et les animaux.

Exercice 5
Circuler dans la classe et poser deux questions à chaque élève. Demander d'abord : *« Qu'est-ce que tu aimerais apprendre au collège ? »* Puis, lorsque l'élève a répondu, poser la question *« Qu'est-ce que tu voudrais faire plus tard ? »*
Exemple de production orale attendue :
- *Au collège, j'aimerais apprendre les mathématiques et la physique.*
- *Plus tard, je voudrais être astronaute.*

Barème : chaque exercice est noté sur 4 points.

REMARQUES ET CONSEILS

• Sachant que la délivrance de notes est souvent obligatoire dans les écoles pour attester d'un niveau atteint à un moment donné par chaque élève vis-à-vis d'un programme établi, un test noté vous est proposé à titre **facultatif** pour chaque unité. Il propose des exercices pour évaluer les 4 compétences : CO, CE, PO, PE.
Les tests ne comportent pas de piège et reprennent les éléments principaux de l'unité.

• Pensez à mettre les élèves en condition avant le test, à les rassurer et à bien expliquer les consignes avant.
[+ voir conseil général page 190]

Unité 6

Fiche n° 12 : Étiquettes-mots – Unité 6

Je	Tu	Il	Elle	Nous	Vous
Ils	Elles	la	.	vétérinaire	

voudrait	apprendre	voudriez
journaliste	aimerais	physique
aimerions	actrice	aimeraient
être	aimeriez	biologie
aimerait	peintre	voudrais
voudrions	chanteur	voudraient

Test 6

Nom : .... Prénom : ....

❶ Coche la bonne case.

J'écoute

(a) ☐   (b) ☐   (c) ☐

...../4

❷ Relie.

Je lis

1. un pompier   •
2. une boulangère   •
3. un garde forestier   •
4. un vétérinaire   •

• **a.** Il soigne les animaux malades.
• **b.** Il aime la nature et il travaille dans la forêt.
• **c.** Il sauve des personnes et éteint les feux.
• **d.** Elle fait du pain et des croissants.

...../4

❸ Remets les phrases dans l'ordre.

Je lis

1. Aujourd'hui, je vais au collège.
2. Plus tard, j'irai à l'université.
3. Demain, je vais apprendre la leçon de biologie.
4. Il y a trois jours, j'ai fait du français.

....	....	....	....

...../4

❹ Écris un texte sur un métier. Dis les études qu'il/elle doit faire, ce qu'il/elle fait, où il/elle travaille et quelles sont ses qualités. (4 phrases)

J'écris

....

....

....

....

....

...../4

❺ Réponds à ton professeur.

Je parle

- Qu'est-ce que tu aimerais apprendre au collège ?

- Qu'est-ce que tu voudrais faire plus tard ?

...../4

...../20

DELF Prim A2 blanc

Tip Top ! 3 propose des exercices d'entraînement réguliers permettant de préparer les élèves aux différentes épreuves officielles du DELF Prim A2 (Diplôme d'études en langue française pour les élèves de 8 à 12 ans, niveau A2 du *Cadre européen commun de référence pour les langues*). Cet examen permet d'évaluer les quatre compétences langagières : CO, CE, PO, PE. Les thématiques sont adaptées à la classe d'âge du public. Il donne droit à la délivrance d'un diplôme (source : http://www.ciep.fr).

Descriptif des épreuves officielles

DELF Prim A2

Epreuves collectives		Durée	Note sur
Compréhension de l'oral	Réponse à des questionnaires de compréhension portant sur trois ou quatre courts documents enregistrés ayant trait à des situations de la vie quotidienne (deux écoutes). *Durée maximale de l'ensemble des documents : 5 minutes.*	25 minutes	/ 25
Compréhension des écrits	Réponse à des questionnaires de compréhension portant sur trois ou quatre courts documents écrits simples ayant trait à des situations de la vie quotidienne.	30 minutes	/ 25
Production écrite	Rédaction de deux brèves productions écrites (lettre amicale ou message) : - décrire un événement ou des expériences personnelles ; - écrire pour inviter, remercier, demander, informer…	45 minutes	/ 25

Durée totale des épreuves collectives : 1 heure et 40 minutes

Epreuve individuelle		Durée	Note sur
Production orale	Epreuve en trois parties : 1. entretien dirigé ; 2. monologue suivi ; 3. exercice en interaction.	6 à 8 minutes	/ 25

Seuil de réussite pour l'obtention du diplôme DELF Prim A2 : 50 /100 **Note totale sur** | **/ 100**
Note minimale requise par épreuve : 5 / 25

Afin de permettre aux élèves de s'entraîner pour cet examen, *Tip Top !* 3 met à disposition des enseignant(e)s un DELF Prim A2 blanc complet, que vous pourrez télécharger gratuitement sur le site www.editionsdidier.com/collection/tip-top/

TRANSCRIPTION DES ÉPREUVES ORALES BLANCHES

Guide de classe, DELF Prim, compréhension de l'oral, exercice 1

Ce soir, les parents de Bruno sont chez des amis. Bruno est resté à la maison avec son petit frère. Leur mère a laissé un message. Lis d'abord les questions. Écoute le message et réponds aux questions.
Bruno, ce soir, tu es seul avec ton petit frère. C'est toi le grand. Tu dois préparer le repas. Il y a du poulet et des spaghettis dans le frigo. Ne surfez pas sur Internet tout seuls ! Mais vous pouvez regardez un film ou un reportage à la télévision, après le dîner. Et vous allez vous coucher à 21 h 30. Demain on doit se lever tôt parce que vous jouez au football à 9 h 00.

Guide de classe, DELF Prim, compréhension de l'oral, exercice 2

Manu va à l'école. Il entend une émission à la radio. Lis d'abord les questions. Écoute et réponds aux questions.
Bonjour à toutes et à tous, vous écoutez *Reportage*, l'émission préférée des jeunes dans le bus. Aujourd'hui, nous parlons des médias. Le sondage « Les médias et les jeunes » dit que les enfants ne lisent jamais les journaux et sont toujours sur Internet pour jouer. Attention, Internet ça se partage ! Tu…

Guide de classe, DELF Prim, compréhension de l'oral, exercice 3

Aujourd'hui, c'est la journée des métiers. Carole parle de l'avenir avec Félix. Lis d'abord les questions. Écoute le dialogue et réponds aux questions.

- Eh regarde Carole ! Il y a un garde forestier. Moi, je voudrais travailler dans les forêts. Je voudrais protéger notre planète. On va lui poser des questions ?
- Euh oui !
- Tu préfères parler avec le vétérinaire, là bas ?
- Pourquoi pas ?
- Tu es fatiguée ?
- Non non, je suis triste.
- Qu'est-ce que tu aimerais faire plus tard ?
- Je ne sais pas.
- Ah c'est ça. Alors, viens ! On va parler des études avec un professeur.

Les Rituels

Tip Top ! invite les enseignant(e)s à mettre en place des rituels pour chaque séance. Ces rituels sont structurants et formateurs pour les élèves.

Au début de la séance, ils permettent de rassurer les élèves et de les motiver en utilisant des éléments connus et « d'entrer dans la langue » progressivement. Ils ont également une fonction sociale en apprenant aux élèves à respecter des règles, à vivre ensemble, à se repérer.

En fin de séance, ils favorisent le retour au calme, le passage entre la séance et les leçons qui vont suivre en langue maternelle. Ils peuvent également annoncer des indices sur la prochaine séance pour attiser la curiosité des élèves.

Les rituels durent généralement entre 2 et 8 minutes maximum. Ils ne contiennent pas de nouveaux éléments. Toutefois, les rituels doivent évoluer petit à petit en fonction de la progression des élèves et être en rapport direct avec l'unité en cours pour ne pas en faire une routine démotivante.

EXEMPLES DE RITUELS DE DÉBUT DE SÉANCE

Se saluer

Le fait de commencer et de terminer les séances par des salutations collectives comme *« Bonjour les enfants ! / Au revoir les enfants ! »* permet d'attirer l'attention des élèves, de les avertir du début ou de la fin de la séance et/ou permet un retour au calme. Il y a bien entendu différentes variantes possibles et en voici quelques exemples pour commencer la séance :

- si les élèves arrivent dans la classe pour la séance de français, saluer collectivement les élèves en leur disant *« Bonjour (les enfants) ! »* et les inviter à répondre *« Bonjour (Madame / Monsieur) ! »*, puis à se saluer entre eux ;

- si les élèves sont déjà dans la classe lorsque la séance de français va commencer, marquer une transition entre les leçons précédentes et cet apprentissage en leur demandant, par exemple, de sortir et de rentrer à nouveau dans la classe, ou bien leur demander de se lever, puis les accueillir en français ;

- demander aux élèves de se mettre en cercle, serrer la main de l'élève à sa droite en disant : *« Bonjour* (+ prénom) *! »* et l'aider à répondre : *« Bonjour* (Madame / Monsieur) *! »* Procéder de même avec l'élève situé à sa gauche, puis inviter tous les élèves à faire de même avec leurs voisins en disant : *« Bonjour* (+ prénom) *! »* ;

- demander aux élèves comment ils vont : *« Comment ça va ? / Ça va ? »* et les aider à répondre : *« Ça va / Ça va bien / Ça va mal ! »*

Faire l'appel

- Nommer les élèves de la classe. S'ils sont présents, inciter les élèves à dire : *« présent(e) »*. Si un élève n'est pas là, inviter les autres élèves à dire : *« absent(e) »*. Demander ensuite à un élève d'écrire la date au tableau et, si un élève est absent pour maladie, écrire : *« prénom de l'élève + est malade. »*

Chanter une chanson ou réciter une poésie

- Proposer aux élèves de chanter une chanson ou de réciter une poésie apprise précédemment, soit tous ensemble, soit par petits groupes.

Réveiller la voix, les oreilles et le corps

- Commencer la séance en s'échauffant les oreilles et la voix grâce à une activité de phonétique ludique comme la répétition du méli-mélodie de l'unité.

- Demander aux élèves de se mettre en cercle. Taper en rythme dans vos mains en disant : *« tip ! tip-top ! tip-tip-top ! »* Inviter les élèves à reprendre le rythme avec vous puis dire : *« Je voudrais un tip ! »*, et demander aux élèves de répondre par un mot d'une syllabe. Continuer avec plusieurs demandes. Vous pouvez également poursuivre en disant : *« Je voudrais un tip (ou tip-top ou tip-tip-top) commençant par ch »* (ou par une lettre de l'alphabet).

- Accueillir les enfants en musique avec une chanson en français qu'ils apprécient.

- Mettre de la musique et demander aux élèves de marcher dans la classe. Arrêter la musique et poser une question simple, par exemple : *« Il est quelle heure ? On est quel jour ? »* Les élèves s'arrêtent en même temps que la musique et répondent. Remettre la musique et continuer ainsi l'activité avec plusieurs questions-clés du quotidien.

Parler du calendrier, dire la date

- Afficher un calendrier au tableau. Poser la question « *On est quel jour ?* » et demander aux élèves de dire la date de la séance en utilisant la structure « *On est le…* ». Proposer à un élève volontaire de venir l'écrire au tableau et/ou à tous les élèves de l'écrire sur une feuille. Si c'est un jour avec une fête spéciale notée sur le calendrier, rappeler aux élèves son nom et ce qu'elle signifie, puis leur proposer de souhaiter cette fête avec la/les expression(s) française(s) adéquate(s).

Parler de la météo

- Regarder par la fenêtre, demander aux élèves « *Quel temps fait-il ?* » et les aider à répondre.

Dire ce que l'on a fait pendant la dernière séance

- Proposer aux élèves de dire ce qu'ils ont fait à la séance précédente avec leurs propres mots et reprendre distinctement les éléments importants pour cette nouvelle séance.

Parler de l'emploi du temps de la journée et attiser la curiosité

- Présenter l'emploi du temps de la journée et demander aux élèves de l'observer puis de dire ce qu'ils vont faire.
- Attiser la curiosité des élèves en leur parlant de ce qu'ils vont faire aujourd'hui avec *Tip Top !*

Jouer pour réactiver du vocabulaire ou de la grammaire

- *Jeu « dessine et devine » :* commencer à dessiner un élément qui illustre un mot de l'unité en cours que les élèves doivent deviner. Le premier élève qui pense avoir trouvé la réponse dit le mot. Si c'est la bonne réponse, l'élève prend la place au tableau et fait un autre dessin. Poursuivre l'activité avec d'autres élèves.

- *Jeu de mime :* mettre des cartes avec des images de mots, de verbes ou d'expressions appris précédemment par les enfants dans un petit sac (ou une enveloppe). Demander à un élève de venir au tableau et de prendre une carte dans le sac en fermant les yeux. Il regarde ensuite sa carte sans la nommer et mime ce qui est représenté sur la carte. L'enseignant(e) demande aux autres élèves ce qu'ils miment et les élèves répondent. L'élève qui donne la bonne réponse gagne un point, prend la place de l'élève au tableau et mime à son tour. Continuer ainsi avec plusieurs élèves.

- *Jeu de ballon :* demander aux élèves de se mettre en cercle. Prendre un ballon. Commencer une phrase reprenant l'une des structures de l'unité en cours et lancer le ballon à un élève qui doit continuer la phrase. Puis, l'élève lance la balle à un(e) autre camarade en donnant un autre début de phrase ou un autre sujet.

  Variante : prendre un ballon. Annoncer un verbe et un temps puis proposer aux élèves de le conjuguer le plus vite possible en se lançant la balle. Si vous n'avez pas de ballon, cette activité peut se réaliser avec une boule de papier ou une balle imaginaire : les enfants font semblant de se lancer et de rattraper une balle imaginaire, l'avantage étant qu'elle ne tombe jamais !

- *Le jeu du pendu :* le professeur trace au tableau une rangée de tirets, chacun correspondant à une lettre d'un mot. À tour de rôle, les élèves proposent des lettres. Si elles font partie du mot, le professeur les note sur les tirets correspondants (autant de fois qu'elles se trouvent dans le mot). Si elles ne sont pas dans le mot, il commence le dessin du pendu. L'élève qui trouve le mot correct prend la place de l'enseignant. Une partie s'arrête si le personnage est pendu. On passe alors à un autre mot avec le même meneur de jeu. Le jeu du pendu est un jeu traditionnel très apprécié des élèves, qui les stimule et fait appel à leur mémoire visuelle, auditive et graphique.

- *Jeu de rapidité :* afficher au tableau des cartes-images représentant des mots du vocabulaire de l'unité en cours. Faire des équipes. Demander à chaque équipe de se placer en file indienne devant le tableau. Nommer un mot représenté sur l'une des cartes : les premiers de chaque équipe courent pour toucher la bonne carte. Le premier qui touche la bonne carte gagne un point pour son équipe. Les premiers se placent ensuite à la fin de leur file et le jeu se poursuit avec les deuxièmes de chaque équipe. Poursuivre le jeu avec tous les mots et/ou tous les élèves.

- *Jeu de mémoire (Memory) :* faire un jeu de *Memory* avec des cartes au tableau. Les élèves observent bien les cartes puis ferment les yeux. Au fur et à mesure, l'enseignant(e) retire une carte puis demande aux élèves d'ouvrir les yeux et de nommer la carte manquante.

- *Jeu de « Jacques a dit » :* l'enseignant dit des phrases avec des actions comme « *tu te lèves* ». S'il commence la phrase par « *Jacques a dit… tu te lèves* », les élèves devront mimer l'action ; s'il dit seulement « *Tu te lèves* », ils ne devront rien faire ou seront éliminés.

- *Jeu de puzzle :* inviter les élèves à se mettre en binôme. Distribuer à chaque groupe des phrases découpées en étiquettes-mots. Demander aux élèves de faire le plus de phrases possibles avec ces étiquettes et de les noter sur une feuille. Procéder à une correction collective en comparant les phrases trouvées. Les élèves doivent valider ou corriger les phrases.

- *Jeu de la phrase à rallonge :* demander aux élèves de se mettre en cercle. Proposer de réaliser une phrase à rallonge. Un élève commence par un mot (« *Nous* »), puis un autre continue (« *allons* ») et ainsi de suite jusqu'au point. Chaque élève prononce un seul mot et l'élève suivant répète le début de la phrase puis en ajoute un. La phrase peut-être insolite mais doit être correcte grammaticalement. Choisir un thème pour orienter le lexique utilisé pour cette phrase (exemple : « *à la radio* »).

EXEMPLES DE RITUELS DE FIN DE SÉANCE

Ranger le matériel et mettre en place des services dans la classe
- Inviter les élèves à ranger le matériel qui a servi pour la séance en leur demandant de nommer les différents éléments au fur et à mesure.
- Penser à instaurer des services dans la classe : il y a des tâches à accomplir à chaque séance et des équipes d'élèves qui doivent les accomplir (par exemple : essuyer le tableau, ranger le matériel…). Pour chaque séance, certains groupes sont responsables d'une tâche à réaliser avec des choses à dire et à faire en français. Bien entendu, à la séance suivante, les tâches varient en fonction des groupes et les groupes peuvent changer. Répartir les tâches développe l'autonomie et responsabilise les élèves.

Demander l'heure et annoncer la fin de la séance
- Finir la séance en demandant aux élèves : « *Il est quelle heure ?* » et les inviter à répondre l'heure exacte : « *Il est…* ». Indiquer alors que c'est la fin de la séance et saluer les élèves.

Faire un bilan et féliciter les élèves
- Finir la séance par une activité de bilan : féliciter les élèves pour leur travail, préciser les avancées remarquées de chacun et les encourager. Prendre le temps de faire des remarques constructives et personnalisées sur leur apprentissage, leurs avancées et leurs petites difficultés.

Se saluer
- Reprendre les salutations pour se dire au revoir : « *Au revoir, à la prochaine fois, à demain , à tout à l'heure, à la semaine prochaine, à mardi…* »

Les conseils Tip Top !
(Conseils généraux de la méthode)

Affichage en classe
L'environnement qui entoure les enfants pour l'apprentissage de cette langue est très important. Il doit être riche et sécurisant. Dans la mesure du possible, nous vous conseillons vivement d'afficher les posters de français *Tip Top !* qui seront des outils précieux pour les élèves, mais également leurs productions personnelles, des documents authentiques... Une fois affichés, invitez les élèves à regarder et à utiliser régulièrement ces outils pratiques qui seront bien plus que des objets décoratifs. Dans l'idéal, si vous disposez d'une classe spécifique pour cet enseignement ou d'un peu de place dans la classe, pensez à faire un coin lecture, une étagère avec leurs jeux et leurs créations, un mur d'affichage...

Auto-dico
Dans la pratique, pensez à prévoir des temps spécifiques pour permettre aux élèves de compléter cet auto-dico. En effet, ils peuvent choisir les mots mais ils ont l'obligation de le compléter régulièrement et devraient le consulter dès qu'ils cherchent à se souvenir d'un mot des unités précédentes. Il peut être intéressant de prévoir une parenthèse en langue maternelle pour détailler l'utilité et les usages de cet auto-dico à la fin d'une séance ou lors du bilan de l'unité.

Boîte à outils
La boîte à outils ne contient pas de métalangage pour ne pas surcharger l'apprentissage. Un code couleur permet aux élèves de repérer les structures grammaticales importantes. Toutefois, en fonction de l'âge des élèves et de leur parcours, vous déciderez de la manière, du moment et de la nécessité d'introduire ce métalangage dans votre enseignement. Les élèves le retrouveront dans leur précis de grammaire à la fin de l'ouvrage. Ce précis récapitule les éléments de grammaire et de conjugaison abordés dans le niveau. Notez qu'à cet âge, il est utile pour les élèves de pouvoir faire des comparaisons avec les structures de leur langue maternelle.

Contrats d'apprentissage
Ils sont rédigés dans un vocabulaire simple, à l'aide de phrases à la première personne qui permettront ensuite aux élèves de dire ce qu'ils savent faire en français. Même si les élèves ne comprennent pas tout au début de l'unité, ne traduisez pas le contrat d'apprentissage. Prenez un moment pour l'observer et attiser leur curiosité à propos du contenu de cette unité à partir de certains éléments, notamment le projet et les jeux. Il servira également de repère au fur et à mesure des séances. Les élèves pourront y revenir, notamment avant de compléter leur portfolio ou lors du bilan. En fonction du niveau des élèves, vous pourrez toutefois, en prolongement, parler avec eux de ce qu'ils vont apprendre dans le cadre d'une parenthèse en langue maternelle.

DELF Prim
« Le DELF Prim s'adresse aux enfants (âgés de 8 à 12 ans) scolarisés au niveau de l'enseignement élémentaire [...]. Il permet d'évaluer les quatre compétences langagières : compréhension de l'oral, compréhension des écrits, production orale, production écrite. [...] Les thématiques sont adaptées aux jeunes apprenants débutants de français langue étrangère, quelle que soit leur situation de scolarisation – sensibilisation au français, premiers apprentissages, langue de scolarisation ou enseignement. À l'étranger, le DELF Prim permet de valider les compétences en langue française par un diplôme internationalement reconnu. » (cf. www.ciep.fr/delf-prim)
Vous trouverez le tableau récapitulatif des épreuves du DELF Prim A2, de leur durée et du barème général à la page 186 de ce guide.
Les formulations des consignes utilisées dans « Je m'entraîne au DELF Prim » correspondent à celles que les élèves rencontreront lors de l'examen officiel. Prenez le temps de bien les lire avec les élèves, de les expliciter et, au besoin, de les rassurer : elles sont longues mais simples et récurrentes.

Développement de l'autonomie
Dans *Tip Top !*, nous vous conseillons vivement d'accentuer l'autonomie des élèves, notamment en leur proposant de réaliser des corrections en semi-autonomie. Bien entendu, il est important que vous circuliez dans la classe pour vérifier et les aider à corriger. Cela vous permet également de faire des remarques et une correction plus personnalisées en passant dans les groupes.

Grille de co-évaluation
Rappelez et insistez sur l'importance de cette co-évaluation qui est constructive et positive ; ce n'est pas pour critiquer mais pour aider ses camarades à progresser.
Par choix, cette fiche reste identique pour les niveaux 1, 2 et 3 de *Tip Top !* afin de permettre aux élèves de s'approprier pleinement cet outil de co-évaluation, de mieux comprendre et de percevoir réellement leurs progrès. En revanche, vous attendrez des élèves des remarques de plus en plus claires, construites et constructives, en français, au fil des unités. Vous pourrez même leur faire créer leurs propres grilles.

Grille d'observation des jeux

Participer à un jeu de société apprend à l'enfant à respecter des règles, à se socialiser et à agir en français. Les règles illustrées lui permettent de jouer de manière quasi autonome. Les jeux de *Tip Top !* permettent aux élèves d'utiliser les acquis de l'unité en production orale dans un cadre ludique et contextualisé. La grille d'observation vous permettra de percevoir les progrès et les difficultés de vos élèves dans le cadre d'une évaluation formative, afin d'ajuster régulièrement votre enseignement à la situation et aux réels besoins de vos élèves.

Motivation

Aux élèves qui manqueraient de motivation, donnez des indications sur toutes les activités sympathiques qu'ils vont faire dans la classe, en français, notamment les projets. Puis, afin de les impliquer dans leur apprentissage, indiquez-leur qu'ils vont découvrir la suite et qu'ils pourront au fur et à mesure de leur apprentissage donner leurs impressions et faire des propositions pour les activités.

Pages d'ouverture

Les illustrations des pages d'ouverture de *Tip Top !* 3 sont des pages thématiques très détaillées pour attiser la curiosité et stimuler les élèves. Elles permettent aux élèves d'exprimer ce qu'ils savent autour d'un sujet donné et de découvrir le nouvel environnement de chaque unité. Elles vous offrent également la possibilité de faire le point sur les connaissances préalables des élèves autour du nouveau thème abordé. Profitez de ces pages d'ouverture aux thématiques très détaillées pour laisser libre cours à l'expression et à l'imagination de vos élèves. Ils décrivent ce qu'ils voient en français et en langue maternelle. Reprenez distinctement en français les éléments-clés qui serviront pour la suite comme première exposition.

Parenthèses en langue maternelle

Lors de nouveaux apprentissages, les élèves ont une compréhension d'ensemble, mais il est tout à fait logique qu'ils ne comprennent pas tout. Dans la méthode *Tip Top !*, il est recommandé de ne pas traduire systématiquement et de faire du français la langue de la classe à part entière. Faites des gestes explicites pour chaque activité afin de bien faire comprendre ce qui est attendu. Toutefois, la parenthèse en langue maternelle vous permet, surtout au début, de résoudre une petite difficulté, transmettre une information capitale, gérer un conflit ou rassurer un élève. Les passages en langue maternelle se feront en fonction de vos besoins et de ceux des élèves.

Pictogrammes

Chaque personnage de la méthode correspond à une action à mener, reprenant les compétences du CECR et les actions récurrentes de la classe, formulées par une phrase-clé simple pour les élèves, à la première personne (sing. ou plur.), que les élèves utiliseront au quotidien dans la classe.

Pochette de français

La pochette de français est un complément du portfolio. Elle permettra aux élèves de conserver leurs créations, les traces de leur apprentissage et de leurs contacts avec la culture francophone ou les cultures du monde. Son contenu est personnel, mais vous pouvez proposer et encourager les élèves à présenter à leurs camarades ou à leur famille ce qu'ils ont mis à l'intérieur. Toutefois, n'en faites pas une obligation : cela serait en désaccord avec l'intérêt de cet outil, et risquerait de démotiver certains élèves.

Poésies

La langue poétique peut paraître plus difficile à aborder en classe de FLE. Mais il ne s'agit pas de faire de l'explication de texte approfondie : c'est une découverte de la langue, de structures, de mots dans un contexte différent, autre que celui du quotidien avec ses dimensions utilitaires et fonctionnelles. La poésie allie découverte de la langue et éducation artistique. Elle a une dimension plus libre de l'utilisation de la langue : elle joue avec les mots, les sons, l'intonation, la mise en page... Au travers de poésies choisies, *Tip Top !* propose aux élèves un panel d'activités intéressantes pour l'acquisition de la langue de manière différente : écoute / découverte de poésies authentiques, mises en voix, récitation, écritures et créations poétiques...

Portfolio

Dans la mesure où il s'agit d'une auto-évaluation, l'explication doit être bien comprise et ressentie positivement par l'élève, afin de l'aider à progresser et à devenir acteur de son apprentissage.

Projets

Les projets permettent aux élèves de réinvestir les acquis de l'unité, de coopérer et d'interagir en français. C'est également l'occasion pour vous de transmettre des valeurs positives, d'inciter vos élèves à collaborer et à s'entraider en français : « celui qui a compris montre aux autres. On ne rit pas de celui qui ne sait pas, mais on l'aide... »

Tests

Sachant que la délivrance de notes est souvent obligatoire dans les écoles pour attester du niveau atteint à un moment donné par chaque élève vis-à-vis d'un programme établi, un test noté vous est proposé à titre facultatif pour chaque unité. Il propose 4 exercices pour évaluer les 4 compétences : CO, CE, PO, PE. Les tests ne comportent pas de pièges et reprennent les éléments principaux de l'unité. Avant le test, pensez à mettre vos élèves en condition, à les rassurer et à bien expliquer les consignes.

Table des matières

Introduction méthodologique 3

Ca continue, c'est top ! 15

Unité 1 **Pendant les cours** **20**
    Fiches n° 1 et 2 44
    Fiche n° 3 : Grille d'observation d'un jeu 46
    Fiche n° 4 : Grille de co-évaluation 47
    Fiche n° 5 48
    Test 1 49

Unité 2 **Dans les médias** **50**
    Fiches n° 6 et 7 75
    Test 2 77

Unité 3 **Pour un concours** **78**
    Fiche n° 8 102
    Test 3 103

Unité 4 **Dans les contes** **104**
    Fiche n° 9 128
    Test 4 129

Unité 5 **Sur notre planète** **130**
    Fiches n° 10 et 11 155
    Test 5 157

Unité 6 **Vers l'avenir** **158**
    Fiche n° 12 184
    Test 6 185

DELF Prim A2 blanc **186**

Rituels **187**

Conseils généraux **190**